KB133314

해피크라시

HAPPY CRACY

행복학과 행복 산업은
어떻게 우리의 삶을 지배하는가

해피
크라시

에바 일루즈·에드가르 카바나스 지음 | 이세진 옮김

청미

한없는 사랑, 혜안, 남다른 정의감을 지닌 하라에게

에드가르 카바나스

행복보다 정의를 중시하셨던 내 아버지 에밀하임께,
내게 행복보다 더 큰 것을 주는 아이들 나다나엘, 임마누엘, 아미타이에게

에바 일루즈

차 례

"이보다 마음에 드는 종말론을 아는가?"

— 필립 리프, 『심리치료의 승리』

2006년에 개봉한 할리우드 영화 「행복을 찾아서(The Pursuit of Happyness)」는 박스오피스를 강타하고 3억 700만 달러가 넘는 수입을 올렸다. 이 영화의 원작 베스트셀러의 저자 크리스토퍼 가드너는 현재 세계에서 가장 부유한 사업가 중 한 사람이자 예약 없이는 들을 수 없는 인기 강연자로서도 명성을 날리고 있다. 영화는 1980년대 초를 배경으로 한다. 서민 집안 출신의 아프리카계 미국인 크리스 가드너는 직장에서 해고를 당한 후 아내와 다섯 살배기 아들을 먹여 살리기 위해 의료기 영업에 뛰어들었다. 로널드 레이건이 미국 경제가 침체에 빠졌고 정부 형편도 좋지 않다고 공식적으로 텔레비전 연설까지 했던 바로 그 시절이다. 가드너 집안의 경제 사정 역시 비극적이다. 얼마 지나지 않아 이 집안은 집세, 청구서, 생활비, 양육비를 감당할 수 없는 지경에 이른다. 하지만 가드너는 악착같은 데가 있고 재주도 있으며 일에서 성공하겠다는 열망과 의지가 남다른 사람이다. 더욱이 그는 온갖 시련을 겪으면서도 긍정적인 자세를 잃지 않는다.

어느 날 가드너는 미국에서 가장 알아주는 증권사 앞을 지나가다가 그 회사에서 나오는 직장인들과 마주친다. 그는 그들의 얼굴을 보면서 문득 생각한다. '저 사람들은 참 행복해 보이는구나! 나라고 해서 저렇게 살지 말라는 법은 없잖아?' 결심은 섰다. 그는 그 회사에서 주식중개인으로 일하고 말 것이다. 그는 인간적인 매력과 사교성을 발휘해 무급 인턴사원으로 일할 기회를 얻고 정직원이 되기 위한 치열한 경쟁에 돌입한다. 그러나 아내 린다조차도 그를 응원해주지 않는다. 아내는 그가 주식중개인이 되겠다고 하자 "차라리 우주비행사가 되지 그래?"라며 빈정거린다. 린다는 가드너와 성격이 정반대다. 그녀는 매사에 비관적이고 불평이 많다. 늘 죽을상을 하고 사는 딱한 인물일 뿐 아니라, 가세가 최악일 때 남편과 자식을 버리고 도망간 비겁한 인물이다. 아내의 물질적 도움이 없으면 가드너는 대책이 없다. 그는 집세를 못 내서 아파트에서 쫓겨나고 나중에는 싸구려 모텔에서까지 쫓겨나 아들과 함께 노숙자 쉼터를 전전한다.

장해물이 널려 있지만 가드너는 굴하지 않는다. 그는 인사 담당자와 다른 인턴들 앞에서 당당한 모습을 잃지 않는다. 밤낮없이 일을 하고, 아르바이트를 두 탕이나 뛰고, 어린 아들도 돌보면서 정규직 채용을 준비한다. 가드너는 의지의 화신이다. 그는 아들과 농구를 하다가 이런 말을 한다. "네가 어떤 일을 절대 못할 거라고 말하는 사람을 그냥 두지 마. 설령 그 사람이 아빠라고 해도 그런 말을 듣고만 있지는 마. 꿈이 있다면 그 꿈을 지켜. 원하는 게 있다면 반드시 쟁취하렴." 결국 가드너는 가장 우수한 인턴으로 뽑혀 그 회사의 정직원이 된다. 영화는 막바지에 이르고 가드너는 "이게 행복이군요."라고 말한다.

이 영화의 세계적인 성공을 어떻게 생각하는가? 이 영화는 행복이라는 이상과 그 이상의 추구가 오늘날 우리의 삶에서 차지하는 위치를 명약관화하게 보여준다. 행복은 도처에 있다. 행복은 텔레비전, 라디오, 책, 잡지, 헬스클럽, 요리 접시와 다이어트 팁, 병원, 직장, 전쟁터, 학교, 대학, 기술, 웹, 경기장, 가정, 정치, 그리고 당연히 상점 진열대 위에 있다. '행복'은 단 하루도 이 단어를 듣지 않고 보내기 힘들 만큼 무소부재의 단어다.

행복은 우리의 문화적 상상에 깊이 침투하여 '구역질이 나도록' 삶의 중심을 차지한다. '행복'이라는 단어를 검색 엔진에 넣어보라. 수백만 개의 결과가 바로 튀어나올 것이다. 20세기가 끝나갈 무렵만 해도 아마존닷컴에서 제목에 '행복'이 들어가는 책을 찾으면 300여 권이 나왔다. 지금은 그런 책이 2,000권도 넘는다. 행복에 대해서 사람들이 일상적으로 주고받는 트윗과 페이스북, 인스타그램 포스트도 폭발적으로 늘어났다. 이제 행복 개념이 우리 자신과 세계를 이해하는 데 근본적인 역할을 한다는 사실을 인정하지 않을 수 없다. 이 개념은 너무 친숙해진 나머지 누구나 완벽하게 얻을 수 있는 것으로 간주될 뿐 아니라 우리가 아무런 이질감을 느낄 수 없을 정도로 자연스러운 것이 되었다. 오히려 행복을 전면적으로 문제 삼는 자세가 괴팍하고 발칙한 것일지도 모른다.

행복 개념은 지난 수십 년 동안 줄기차게 변해왔고 행복에 대한 우리의 이해도 그와 마찬가지로 변해왔다. 우리는 행복이 운명, 상황, 혹은 생의 무탈함과 관련되어 있다는 생각 자체를 폐기하기에 이르렀다. 이제 행복은 덕스러운 삶의 보상도 아니요, 순박한 영혼에게 주어지는 위로도 아니다. 행복은 오히려 의지로 수립할 수 있는 심리 상태들의 총체처럼 인식되기에 이르렀다. 우리 내면의 힘, 우리의 '참다운 자아'를 잘 다스린 결과가 행복이다. 추구할 만한 가치가 있는 유일한 목표도 행복이다. 우리 삶의 가치, 성공과 실패, 정신적·정서적 발달 정도를 가늠하는 기준도 행복이다.

어디 그뿐인가. 이제 행복은 우리가 선량한 시민 하면 떠올리는 특징이 된 듯 보인다. 이런 면에서 가드너의 이야기는 다분히 흥미롭다. 「행복을 찾아서」가 그토록 대중의 마음을 얻었던 이유는 행복 그 자체를 이야기해서가 아니라 행복에 도달한 시민의 전형적 모습을 보여주었기 때문이다.[1] 이 영화 속에서 행복은 개념이라기보다는 특정한 인간 유형이다. 개인주의적이고, 자기 자신에게 충실하며, 회복 탄력성이 뛰어나고, 자기 주도성을 드러내며, 대단히 낙관적이고, 감성 지능이 높은 사람 말이다. 이런 면에서 영화는 두 가지 흐름으로 나아간다. 가드너를 행복한 사람의 완벽한 구현으로 소개하는 한편, 행복을 모범 사례 서사의 큰 줄기로 삼아 '자아'를 특정 인류학적 전제, 이데올로기적 가치, 정치적 미덕에 부합시키는 것이다.

영화에는 끝이 있지만 실존 인물 크리스토퍼 가드너의 이야기는 아직 끝나지 않았다. 미디어는 그의 사연과 그가 수백만 대중에게 영감을 불어넣는 방식에 관심을 두고 여전히 추이를 살핀다. 가드너는 부와 가난, 성공과 실패, 행복과 불행이 진정 선택하기 나름이라는 확신을 사람들에게 불러일으킨다. 영화에서 가드너 역을 맡았던 배우 윌 스미스는 2006년에 한 인터뷰에서 자기가 가드너를 좋아하는 이유는 "그가 아메리칸 드림의 화신이기 때문"이라고 설명했다. 오프라 윈프리 쇼에 출연해서는 "미국은 크리스 가드너 같은 사람이 존재할 수 있는 유일한 나라"이기 때문에 "미국은 참으로 위대한 발상"이라고 말하기도 했다. 이 배우는 세계 다른 곳 뿐만 아니라 북미에서도 가드너 같은 경우는 보기 힘들다는 사실을 망각하고 있다. 또한 미국이 세계에서 제일 부유한 나라이자 사회적 불평등도 제일 심한 나라[2], 가난의 굴레에서 벗어나기가 극도로 어려운 나라라는 점도 언급하지 않았다. 미국은 (국가적·문화적 무의식 수준에서) 가난뱅이 팔자를 개인의 노력이 부족한 탓이라고 굳게 믿는 사람들의 나라다.[3] 이 영화는 그러한 사고방식을 전형적으로 보여준다. 가드너는 '자수성가한 인물'의 대표처럼 그려지고 그의 삶은 흡사 사회적 상승을 향한 진화론적 투쟁처럼 그려진다.

영화 막바지에서 이 투쟁은 더없이 명확한 메시지를 던지며 마무리된다. 그 메시지는, 개인의 노력과 끈기는 늘 보상받기 때문에 능력주의는 효과가 있다는 것이다.

영화의 성공으로 크리스토퍼 가드너는 세계적인 스타가 되었다. 개봉 이후 몇 년 동안 그가 응한 인터뷰만도 수백 건이다. 그러한 인터뷰들을 통해 그는 행복의 비결을 나누고 영화 제목(「The Pursuit of Happyness」)에 i가 아니라 y를 쓰는 '해피니스(happyness)'가 들어가는 이유를 설명할 기회를 얻었다. "여러분(you) 모두에게 오직 여러분만이 자기 자신의 삶을 결정할 수 있고 그게 바로 '여러분의(your)' 책임이라는 사실을 일깨우기 위해서 일부러 y를 쓴 겁니다. 아무도 여러분을 도와줄 수 없습니다. 게임은 여러분이 하는 겁니다." 가드너는 재빨리 업종 변경에 들어갔다. 성공한 주식중개인은 엄청난 강연료를 벌어들이는 국제적인 인기 강사로 변신하여 복된 말씀, 이마의 땀으로 투박하게 거둬들인 '지혜'를 전파했다. 2010년에 가드너는 전 세계 회원이 4,000만 명이 넘는 비영리 단체 AARP(미국 은퇴자협회)의 '행복홍보대사'로 위촉되었다. 가드너의 메시지는 단순하다. 가드너 자신이 의지와 적절한 기량으로 자기 자신을 빚어내고 다듬고 변모시켰듯 행복도 설정하고 가르치거나 배울 수 있다는 얘기다.

그러한 메시지는 최소한 역설적이다. 가드너는 행복은 "오직 '여러분의' 책임입니다."라고 말하는 동시에 행복을 찾는 사람들에게 자기 같은 전문가들이 길잡이가 되어줄 수 있노라 주장한다. 그는 인간 개조라는 신화의 함정에 빠져 있는데, '셀프 메이드 맨(Self-Made Men: 자수성가한 사람)'조차도 교육과 지도를 받을 필요가 있다고 말하고 있으니 얼마나 모순적인가. 게다가 그의 발언은 독창적이지도 않았다. 그는 이미 사회에 깊이 뿌리내린 전통을 그대로 답습했을 뿐이다. 이데올로기, 가짜 영성, 대중문화가 혼합된 이 전통은 이미 오래전부터 제법 큰 시장을 먹여 살리고 있다. 이 시장에서 거래되는 상품은 자아의 변모, 개인적 구원, 실존적 승리의 이야기다. 사람들이 자기 자신과 자신을 둘러싼 세상에 대해 느껴야 하는 방식을 빚어내고자 하는 일종의 '감정 포르노'라고 할까. 1850년경의 새뮤얼 스마일스[*]부터 19세기 말의 허레이쇼 앨저[**], 1950년대의 노먼 빈센트 필[***], 그리고 1990년대의 오프라 윈프리에 이르기까지, 행복을 가르쳐준다는 미화된 전기물(傳記物)은 미국 대중문화의 불변적인 요소다.[4]

사실, 행복의 추구는 북미 문화의 가장 뚜렷한 특징 중 하나일 뿐 아니라 주요한 정치적 지평이기도 하다. 북미는 '정치성 없는'

---

[*] 스코틀랜드 출신의 작가. 성공학의 고전으로 꼽히는 『자조론(自助論)』과 "하늘은 스스로 돕는 자를 돕는다."는 메시지로 유명하다. (이하, 별도의 표시가 없는 각주는 옮긴이 주이다)

[**] 「골든 보이 딕 헌터의 모험」으로 유명한 아동문학가. 가난한 구두닦이 소년이 역경을 딛고 끝내 성공한다는 이야기로 아메리칸 드림과 성장소설을 결합했다는 평가를 받는다.

[***] 긍정적 사고방식의 중요성을 강조한 미국의 목사이자 베스트셀러 작가.

발언자들의 무리를 발판으로 삼아 이 '열망'을 전방위로 설교하고, 수출하고, 전파했다. '자조(self-help)'라는 주제를 전문적으로 다루는 작가, 다양하게 특화된 코칭 전문가, 사업가, 재단, 그 밖의 사설 조직, 영화 산업, 토크 쇼, 유명인, 그리고 물론 심리학자를 빼놓을 수 없다. 행복의 추구가 전형적인 북미의 정치적 지평에서 벗어나 수십억이 오가는 세계적인 산업으로 성장하고, (옳다구나 손을 맞잡은) 경험적인 자연과학 쪽에도 영향을 미치게 된 것은 아주 최근의 일이다.

「행복을 찾아서」(2006년)가 1990년대에 나왔다면 거의 주목받지 못했을 확률이 높다. 당시에는 시장이 개인의 성공담을 파는 이런 유의 상품(특히 논픽션 서적과 할리우드 영화)들로 포화 상태였다. 그러다 금세기 초부터 사정이 달라졌다. 1998년에 북미의 막대한 재정 지원으로 탄생한 긍정심리학이 어째서 행복의 추구가 미국인들에게 한정되어서는 안 되는지 온 세상에 설명을 하고 나섰기 때문이다. 긍정심리학자들의 말대로라면 행복은 만인이 자연스럽게 열망하는 바요, 행복의 추구는 자아실현의 지고한 표현으로 보아야 한다. 그들은 과학적 학문 분과로 자리매김한 심리학이 행복한 삶에 도움이 되는 변수들을 이미 발견했고, 누구든지 간단하지만 이미 검증된 '전문가'의 조언을 따라가기만 하면 그러한 발견의 수혜자가 될 수 있다고 주장했다. 물론 발상 자체는 그리 새롭지 않았다. 그러나 심리학의 사령부에서 내놓은 발상이니만큼, 진지하게 고려되어야만 했던 모양이다. 불과 몇 년 사이에 이 세력권은 그때까지 그 누구도 해내지 못한 일을 해냈다. 행복이라는 주제가 대학 강의 프로그램에 올라오고, 수많은 국가가 행복에 상당한 사회적·정치적·경제적 우선순위를 부여하게 된 것이다.

긍정심리학의 은총을 입은 행복은 이제 뜬구름 같은 생각, 유토피아적인 목표, 가질 수 없는 사치로 여겨지지 않았다. 행복은 되레 모두가 다다를 수 있는 목표가 되었다. 행복은 건강하고 성공한 개인, 최적으로 기능하는 개인을 정의하는 심리적 조건들을 규정하는 개념이 되었다. 그리 놀랍지도 않은 얘기지만, 그러한 특징들은 가드너 같은 사람의 특징들과 거의 완벽하게 겹친다. 가드너처럼 자율적이고, 진실하고, 명랑한 사람들. 자존감이 높고 감성지능이 남다른 그들은 낙천적이고, 회복 탄력성이 뛰어나며, 자기주도성을 드러냈다. 「행복을 찾아서」의 등장인물 가드너가 행복한 사람의 프로필에 딱 부합했기 때문에 이 영화가 긍정심리학의 눈부신 기수 노릇을 할 수 있었던 것이다.

20세기가 저물어갈 무렵에 긍정심리학이 등장함으로써 이제 사람들은 가드너의 설교를, 스스로 일어나 자기 자신을 책임지라는 호소로만 여기지 않고, 순수한 과학적 진리로 보려 들기 시작했다. 실제로 긍정심리학의 사도들은 강력한 기관, 세계에서 손꼽히는 다국적 조직, 수십억이 오가는 세계적인 산업에 (반박할 수 없다고 가정되는) 과학적 정당성을 부여했다. 그 산업의 핵심은 가드너에게 강연 섭외를 한 조직들이 팔고 다니는 바로 그 단순한 생각을 과는 것이다. 자기 자신과 세상을 순진하게 긍정적인 눈으로 바라보면 누구나 자기 삶을 새롭게 만들 수 있고 최선의 자기 자신에게 도달할 수 있다는 생각 말이다. 많은 이에게 이제 행복의 추구는 진지한 목표가 되었고, 과학이 이 목표를 부양하는 것은 사회적인 면에서나 심리적인 면에서나 지극히 이로운 일일 터였다. 그렇지만 또 다른 많은 이들의 눈에는 긍정심리학의 과학 행세가 눈 가리고 아웅 하는 짓으로밖에 보이지 않았다. 이론과 임상을 막론하고 긍정심리학의 주장들은 자아실현과 사회 진보라는 근사한 약속 아래 근본적으로는 호교론(護敎論)*적인 성격, 위험한 활용 실태, 부작용을 은폐하는 역할을 했다.

그 후의 일은 회의주의자들과 비판론자들이 걱정한 그대로 이루어졌다. 반짝이는 것이 전부 금은 아니다. 그러므로 이 과학과 이것의 근사한 약속에 신중하게 접근할 필요가 있다.

반짝이는 것이 전부 금은 아니다 : 의혹과 불신

행복은 우리 모두 다다르고자 힘써야 할 지고의 목표인가? 어쩌면 그럴지도 모른다. 설령 그렇다 해도 행복학을 전파하는 이들의 담론에 비판적인 거리를 유지하지 못하란 법은 없다. 이 책이 반기를

---

* 종교의 비합리성·비과학성을 비판하는 사람들에 대하여 종교를 옹호하는 학문.

드는 대상은 행복이 아니라 '좋은 삶'을 특정 요소로 환원하여 파악할 수 있다는 긍정심리학의 시각(그러나 지금은 너무나 흔해진 시각)이다. 사람들이 좀 더 기분 좋게 살아가도록 돕는 것 자체는 결코 흠잡을 일이 아니다. 의도는 두말할 나위 없이 가상하다. 그러나 긍정심리학이 옹호하는 행복 관념에 심각한 한계, 문제 있는 주장, 모순적인 결과와 안타까운 여파가 없음을 확신할 수 없다.

이러한 행복 개념에 대한 유보적인 자세를 지금부터 인식론적·사회학적·현상학적·도덕적 사유로 차차 풀어보려 한다. 첫째, 행복학이 과연 과학으로서 정당성이 있는지 의문을 제기한다는 점에서는 인식론적 사유라고 할 수 있겠다. 좀 더 나아가, 행복 개념 자체가 객관적이고 과학적인 개념일 수 있는지 그 정당성도 따져보아야 할 것이다. 솔직히 말해 행복학은 순전히 오류투성이 전제와 논리를 펼치는 사이비 과학이다. 실용주의 철학자 찰스 퍼스는 추론의 연쇄는 그 추론에 포함된 가장 약한 연결 고리보다 강한 것이 될 수 없다고 했다. 사실 행복학은 근거 없는 전제, 이론상의 부정합성, 미흡하기 짝이 없는 방법론, 입증되지 않은 결과, 자민족 중심주의적이고 기만적인 일반화에 너무 많이 기대고 있다. 이상을 고려하건대, 이 과학이 진리와 객관성을 표방하며 주장하는 바를 무비판적으로 수용해서는 안 될 것이다.

둘째, 사회학적 성찰은 우리가 신중을 기하게 되는 또 다른 이유다. 행복학이 그 자체로 좋으냐 나쁘냐라는 문제와는 별개로, 어떤 사회적 행위자들이 행복 관념을 유용한 관념으로 보는지,

이 관념이 어떤 이해관계와 어떤 이데올로기적 전제에 힘을 실어주는지, 이 관념이 대규모로 실천될 때는 경제적·정치적으로 어떤 결과가 있는지 생각해보는 것이 중요하다. 이런 면에서 행복에 대한 과학적 접근과 그와 함께 등장해서 번성하는 행복 산업은 부와 가난, 성공과 실패, 건강과 질병이 모두 우리의 책임이라는 생각의 주입에 일조한다. 또한, 구조적 문제는 없고 개인의 심리적 결함이 문제일 뿐이라는 생각을 정당화하는 역할도 한다. 달리 말해보자면, 마거릿 대처가 프레데릭 하이예크를 본따서 말한 바 대로, 사회는 없고 단지 개인이 있을 뿐이라고 할까.* 우리는 여기서 오늘날 공식화된 행복이 신자유주의 문화혁명이 강요하는 가치관의 노예로 사는 것과 별반 다르지 않음을 단박에 이해할 수 있을 것이다. 시카고학파가 구상하고 1950년대에 수많은 신자유주의 경제학자들이 계승한 이 혁명은 개인의 행복 추구가 공유재의 추구를 대체하는 (가장 찬양할 만한 방안이자) 가장 현실적 대안이라고 사실상 온 세상을 설득하기에 이르렀다. 1981년에 마거릿 대처는 《선데이 타임스》와의 인터뷰에서 아무 거리낌 없이 이렇게 말했다. "지난 30년 동안의 정치는 언제나 전적으로 집단주의적 사회 모델을 지향해왔습니다. 나는 그 점이 몹시 짜증이 났습니다. 사람들은 중요한 건 개인뿐이라는 사실을 잊기에 이르렀지요.

---

* 1987년에 마거릿 대처는 "사회라는 것은 없다(There is no such thing as society)."라는 발언으로 유명세를 탔다.

(…) 경제의 변화가 이러한 시각을 변화시키는 수단입니다. (…) 경제는 방법입니다. 목표는 마음과 영혼을 바꾸는 것이고요."[5] 그러므로 행복학의 사도들이 생각하는 행복 추구는 우리 모두 의심의 여지 없이 추구해야 할 최고선이 아니라, 집단주의 사회에 대한 개인주의 사회(심리치료의 사회, 원자화된 사회)의 승리를 상징한다고 주장한다 해도 과언이 아니다.

셋째, 우리의 신중한 태도는 또한 현상학적 차원의 성찰에서도 비롯되었다. 행복학은 스스로 정한 목표에 도달하지 못할뿐더러 실제로는 역설적이고 바람직하지 못한 결과를 낳을 때가 너무 많다. 행복학의 기반이 되는 치유 효력이 있는 이야기들은 개인의 결함, 진정성의 결여, 자아실현의 미흡을 질병 취급하고 약을 주겠다고 약속한다. 여기서 행복은 끝이 정해져 있지 않고 계속 변동하는 절대 목표로 제시된다. 그러므로 다양한 '행복 연구자들'과 늘 자기 자아에 초점을 맞추며 끊임없이 자신의 심리적 부진을 만회하려 애쓰고 자기 변모와 자기 개선에 고민하는 '행복염려증 환자들'이 등장할 수밖에 없다. 이 때문에 행복은 우리의 신체적·정신적 건강에 대한 강박을 정상으로 여기게 하려는 시장에서 완벽한 상품이 된다. 그러나 웰빙 전문가를 자처하는 연구자들과 임상가들이 제안하는 다양한 치료, 상품, 서비스에 희망을 걸었던 이들은 이 강박에 역습을 당한다.

마지막으로, 우리는 도덕적 차원의 성찰, 특히 행복과 고통의 관계에 대한 성찰에 기대려 한다. 행복과 긍정을 생산성, 기능성, 탁

월성, 심지어 정상성(正常性)과 동일시하면서(그리고 행복의 부재를 이러한 개념들의 대척점에 있는 모든 것과 동일시하면서) 행복학은 우리에게 고통과 안녕감(well-being) 중에서 선택을 하라고 강요한다. 이러한 입장을 취하는 것은 우리가 언제나 선택을 할 수 있고, 우리에게 여러 선택지가 있으며, 긍정과 부정은 완전히 상반되는 양극이라고 전제하는 것이다. 또한 마음만 먹으면 삶에서 고통을 완전히 제거할 수 있다고 전제하는 것이기도 하다. 비극은 불가피하다. 그런데도 행복학은 고통과 행복이 개인의 선택 문제라고 고집스럽게 주장한다. 역경을 자아를 단련할 기회와 수단으로 삼지 않는 자는 사정이 어떻든 불운을 자초한 자, 고통받아도 싼 자가 되고 만다. 그렇다 보니 실상은 선택할 것도 별로 없다. 행복학은 우리에게 행복을 강요할 뿐 아니라 우리가 더 큰 성공과 성취를 누리지 못하는 이유가 죄다 우리 탓이라고 말한다.

이 책의 전체 구조

제1장에서는 행복과 정치의 관계를 다룬다. 우선 긍정심리학과 행복경제학(21세기로 접어든 이래, 행복에 대한 과학적 연구의 가장 영향력 있는 분야들)의 등장과 강력한 부상을 이야기할 것이다. 여기서 문제 삼는 것은 기본 목표, 방법론적 전제, 그것들이 학계와 사회 내에서 미치는 영향력, 그리고 역으로 사회와 학계가 그것들에 미

치는 영향력이다. 그다음에는 행복에 대한 탐색이 정치로 향하는 것을 보게 될 것이다. 행복을 객관적이고 측정 가능한 요인으로 제시하는 것은 결국 행복을 정치적 의사 결정을 이끄는 정당하고 중요한 기준으로 삼는 것이기 때문이다. 국가 수준에서 사회의 진보를 가늠하는 기준, 그리고 도덕적 문제 제기를 회피하려 드는 기술관료적 접근에 따라 민감한 이데올로기적·도덕적 쟁점(가령, 불평등)을 대하는 기준 말이다.

제2장에서는 행복과 신자유주의 이데올로기의 관계를 조명한다. 행복 관념은 이데올로기와 일견 무관해 보이는 용어들을 동원하여 개인주의를 정당화할 때 특히 유용하다. 이 과정은 특히 실증과학의 담론(중립화하고 권위 있는 논증을 활용하는 담론)을 통하여 이루어진다. 이 장에서는 우선 긍정심리학에서 나온 문헌들을 검토함으로써 이 세력권이 얼마나 강경한 개인주의적 전제들과 사회문제에 대한 편협한 생각을 특징으로 하는지 보여줄 것이다. 그다음에는 (특히 이 사회적 불확실성의 시대에) 긍정심리학에 대한 수요가 부정할 수 없는 지경에 이르렀지만 이 학문이 제안하는 행복의 레시피들이 되레 자기가 치유해줄 수 있다는 그 불만족을 불러일으키고 더 크게 키운다는 점을 지적할 것이다. 이 장은 행복을 교육에까지 끌어들이는 추세를 간략히 비판하면서 끝을 맺는다.

제3장에서는 노동 조직의 문제를 집중적으로 살펴본다. 행복을 알고자 작정한 노동자의 개인적 참여가 새로운 노동 환경에서 살아남기 위해 '없어서는 안 될' 조건이 되었다. 행복학은 이전의 심

리학적 모델을 직장에서의 개인 행동에 적용했다. 노동자의 정체성이 그렇게 재정립되고 조직이 행동 모델을 어려움 없이 적용한 나머지, 노동자 스스로 자신의 가치나 개인적 관점을 조직 관리, 유연성, 기업 내에서 분배된 권력의 새로운 욕구와 요구에 맞춰 생각하기에 이르렀다. 이 장에서는 행복의 어휘와 기법이 노동자가 기업 문화에 종속되고 순응하는 데 어떤 식으로 일조하는지도 보여줄 것이다. 그러한 어휘와 기법이 어떻게 긍정적 감정을 이용하여 개인을 기업과 생산성이라는 절대명령에 복종하게 만드는지, 어떻게 전망이 보이지 않고 구조적 무기력과 경쟁이 심화되는 노동 시장의 불확실성의 책임을 노동자의 어깨에 떠넘기는지 살펴볼 것이다.

제4장에서는 행복이 21세기에 들어 수십억이 오가는 세계적인 산업의 물신적 상품이 되었음을 확인할 것이다. 이 산업이 기본적으로 파는 상품은 긍정심리치료, '자조'를 다루는 저술, 코칭 서비스, 전문 컨설팅, 자기 개선을 도모하는 온갖 다양한 방법들과 스마트폰 애플리케이션 등이다. 행복은 이제 '이모디티(emodities)'[*6], 즉 감정의 변화를 약속하고 그 실천을 돕는 서비스, 치료, 상품 들로 이루어진 집합이다. 이러한 이모디티들은 표 나지 않게 파고든다. 상당수 경우는 일부 대학에 이론 형태로 진출했다가 얼마 지나지 않아 기업, 연구 재단, 라이프스타일 산업 등 다양한 시장으

---

* emotion과 commodities(편의를 돕는 상품, 서비스)를 합쳐서 만든 신조어.

로 편입되었다. 자기 자신과 감정을 다스리고 진정성과 자아실현을 모색하는 사람은 끊임없이 자신을 도야하지 않을 수 없다. 또한 다양한 기관들은 이로써 이모디티를 사회체(社會體) 안에서 유통할 수 있다.

제5장에서는 앞에서 언급한 점들을 바탕으로 행복에 대한 과학적 담론이 차츰 기능성의 언어를 자기 것으로 삼는 양상을 살펴볼 것이다. 이 언어가 사회적·심리적 기대와 기준을 규정함으로써 행동, 행위, 감정을 평가할 수 있게 한다. 그래서 행복학의 옹호자들은 건강하고 적응 잘하는 개인의 기준, 심지어 정상인의 기준마저 자기네 생각대로 정할 수 있는 것이다. 이 장에서는 일단 행복학의 사도들이 상정하는 긍정적 감정과 부정적 감정의 뚜렷한 구별 기준을 분석한다. 그들은 '평균적 개인'에 대한 연구에서 이러한 개념을 끌어냈다. 우리는 사회학적 관점에서 이 개념에 숨어 있는 함정을 강조함으로써 그러한 구분 자체를 문제 삼는다. 그 후에는 행복과 고통의 관계를 살펴보면서 고통을 부수적인 것, 마음만 먹으면 피할 수 있는 것, 궁극적으로는 아무 쓸모도 없는 것으로 치부하는 태도의 위험성을 비판적으로 고찰하면서 이 장을 마무리하고자 한다.

최근 몇 년 사이에 사회학자, 철학자, 인류학자, 심리학자, 저널리스트, 역사학자가 행복이라는 문제를 비판적인 시각에서 다룬 글이 다수 나왔다. 이 책에 영감을 불어넣어준 가장 주목할 만한 저

자들을 꼽자면 긍정적 사고의 횡포를 분석한 바버라 에런라이크[7]
와 바버라 헬드[8], 행복과 시장의 관계를 분석한 샘 빙클리[9]와 윌리
엄 데이비스[10], 그리고 웰빙 이데올로기를 고찰한 칼 세데르스트룀
과 앙드레 스파이서[11]를 들 수 있다.

　행복에 대한 작금의 열띤 논쟁에 이 책이 뭔가를 보탤 수 있다
면 그 이유는 비판사회학적 관점에 있을 것이다. 우리는 여기서 이
전에 진행했던 연구(감정, 신자유주의, 심리치료 문화에 대한 연구)[12]를
바탕으로 이미 다른 곳에서 표출했던 몇 가지 관념을 좀 더 깊이
파헤치고 몇 가지 새로운 관념을 도입한다. 특히 이 새로운 관념은
행복 추구와 신자유주의적 자본주의 사회에서 권력이 행사되는
양상의 관계에 대한 것이다. 우리가 만든 말인 '해피크라시
(happycracy)'는 이 책의 주요한 지향점, 즉 행복의 시대라는 흐름
을 타고 시민권의 새로운 개념, 새로운 강압적 전략, 새로운 정치적
의사 결정, 새로운 경영 방식, 새로운 개인의 강박과 감정의 위계가
등장하게 된 양상을 보여주고 싶다는 우리의 목표를 잘 드러낸다.

Experts on

your

well-being

제 1 장

전문가들이
여러분을
보살펴줍니다

CRACY

"정신 숭배는 우리가 살아가는 시대를 집어삼켰다. 심리적 행복의 복음은 인종적 분열, 사회적·성적 격차로 피폐해진 사회에서 사회적 유대를 대체했다. 부자와 빈자, 백인과 흑인, 남성과 여성, 이성애자와 동성애자를 막론하고 우리는 모두 감정의 신성 불가침성을 굳게 믿는다. 자존감은 구원의 동의어요, 행복은 자신에 대한 심리적 작업을 통해서만 도달할 수 있는 궁극적 목표라고 믿는 것이다."

— 에바 S. 모스코비츠, 『우리가 믿는 치료 안에서: 미국의 자아실현 강박』

셀리그먼이 긍정적인 꿈을 꾸던 때

"나에게는 사명이 있습니다."[1] 마틴 셀리그먼은 APA(미국 심리학회) 회장이 되기 한 해 전부터 자주 이렇게 말하고 다녔다. APA는 회원 수만 11만 7,500명인, 미국에서 가장 큰 심리학자들의 단체다.[2] 셀리그먼은 그 사명이 정확히 무엇인지는 몰랐지만 일단 회장으로 선출되고 나면 알게 될 거라 굳게 믿었다.[3] 그렇긴 해도 이미 몇 가지는 염두에 두고 있었다. 정신 건강에 대한 연구 재정을 두 배로 확대할 것, 실험심리학 영역을 예방에까지 확장할 것, 임상심리학의 낡고 부정적인 모델들에서 완전히 돌아설 것……. 그는 훗날 "하지만 그런 게 결국 내가 정말로 생각하고 있던 것은 아니었습니다."[4]라고 쓸 것이다. 실제로 셀리그먼의 목표는 훨씬 더 야심만만했다. 인간 본성을 규명하는 심리학의 새로운 패러다임을 찾아야 했다. 이 학문에 다시 한번 신선한 피를 돌게 할 패러다임을.

셀리그먼의 "계시(본인의 표현)"는 그가 1998년에 "기대하지 않았던" APA 회장 자리에 오르고 나서 몇 달 후에 찾아왔다. 그가 다섯 살짜리 딸 니키와 함께 정원에서 잔디를 깎을 때 일어난 일이라고 한다. 딸이 기껏 깎은 잔디를 아무 데나 날려버리기에 호통을 쳤더니, 그 아이가 셀리그먼에게 다가와 이렇게 대꾸하더란다. "아빠, 아빠는 내가 다섯 살 되기 전에 어땠는지 기억나요? 나는요, 세 살부터 다섯 살 때까지는 허구한 날 징징대기만 했어요. 그렇지만 다섯 살이 되면서 더는 투정 부리지 않기로 결심했다고요. 여태까지 내가 한 일 중에서 가장 어려운 일이긴 했어요. 나도 투정 부리는 버릇을 고쳤으니까 아빠도 그렇게 화내는 버릇을 고쳤으면 좋겠어요."[5] 셀리그먼의 말을 그대로 믿자면 "니키는 정곡을 찔렀다." 그는 "니키를 잘 키우는 일은 그 애의 질질 짜는 버릇을 바로잡는 게 아니라" 아이가 "경이로운 힘"[6]을 잘 펼칠 수 있도록 돕는 것이라고 깨달았다. 수많은 부모가 자기 자식을 대할 때 그렇듯, 심리학도 인간의 부정적 특징에 더 주목한다는 문제가 있었다. 오히려 긍정적 특징을 잘 끌고 나가 잠재력을 최대한 키울 수 있도록 돕는 데 마음을 썼어야 했는데 말이다. "그건 계시나 다름없었습니다."[7] 셀리그먼은 2000년에 《아메리칸 사이콜로지스트(American Psychologist)》에 기고한 칼럼 「긍정심리학 입문 선언」에서 이렇게 말했다. 셀리그먼은 카리스마 넘치는 종교 지도자들이 신도 무리에게 전하는 말씀 비슷한 계시적인 이야기를 대중에게 제시하면서 다음과 같이 명시했다. "내가 긍정심리학을 선택한 게 아닙니다. 긍정심리학이 나를 부른 겁니다. (…) 불타는 떨기나무가 모세를 불렀던 것처럼, 긍정심리학도 딱 그렇게 나를 불렀습니다."[8] 셀리그먼은 신들의 축복을 받아 자신의 사명을 기어이 찾았다. 어째서 "인생은 살 만한 가치가 있는지" 보여주고 자아실현의 심리학적 열쇠를 전해줄 수 있는 새로운 행복의 과학을 수립하는 것이 그의 사명이었다.

그러나 계시를 받았다는 경우들이 으레 그렇듯 이 선언이 그려보인 긍정심리학이라는 분야는 모호하기 짝이 없었다. 진화론, 심리학, 신경과학, 철학의 개념들을 여기저기서 끌어다가 뚝딱뚝딱 급조한 판이었으니 일관성이나 치밀함이 심히 부족했고, 탄탄한 과학적 프로젝트라기보다는 의지 표명에 더 가까워 보였다. 저자들은 "다른 모든 선택과 마찬가지로 이 선택도 어느 정도는 불완전하고 임의적이다."라고 인정하지만 "이 연구 분야가 제공하는 시각들"에 대해서 "독자들의 호기심을 더 자극할"[9] 의도에서 그랬을 뿐이라고 서둘러 덧붙인다. 그 시각들이라는 게 도대체 뭔가? 많은 이들이 보기에 그 시각들은 조금도 새롭지 않았다. 구태의연할 뿐 아니라 일관성도 없는 자아실현과 행복에 대한 부름, 개인의 자기 결정이 중요하다는 지극히 미국적인 신념이 가짜 과학의 어법으로 다시 쓰였을 뿐이다. 1950년대와 1960년대의 인본주의심리학과 적응심리학, 1980년대와 1990년대의 자존감 운동, 21세기에 위세를 떨치는 '자조' 문화와 더욱더 굳건한 세력을 자랑하는 '심리 치유'에 이르기까지, 이 여정은 쉽게 추적할 수 있다.[10]

사실을 말하자면 긍정심리학은 마치 프랜시스 스콧 피츠제럴드의 소설 「벤저민 버튼의 시간은 거꾸로 간다」의 등장인물처럼 태어날 때부터 늙은이였다고 할까. 그렇지만 긍정심리학의 창시자들은 그렇게 보지 않았다. 셀리그먼과 칙센트미하이(긍정심리학의 또 다른 '거듭남')를 인용하자면 새롭게 나타난 이 연구의 장은 "진정한 과학의 기념비(무엇이 인생을 살 만한 것으로 만드는가에 대한 이해를 우선 과제로 삼는 과학)를 세울 (…) 역사적인 기회"[11]였다. 긍정적인 감정, 스스로 삶에 더하는 의미, 낙천주의, 그리고 물론 행복도 연구할 만한 것이 되었다. 긍정심리학은 이렇게 심히 낙천적인 어조로, 학문 분과의 가장 높은 수준에서 "다른 곳에도, 아니 어쩌면 시간과 장소를 막론한 그 어떤 곳에라도"[12] 성과를 전파할 수 있을 법한 새로운 과학적 기획으로서 제시되었다. 더도 덜도 아닌 과학적 기획 말이다.

의아하면서도 웃음 나오는 발상이었지만 셀리그먼은 자기 사명을 다하겠다는 결심이 투철했다. 과거에 행동주의*를 지지했던 이 인물은 그 사이에 인지심리학**의 열렬한 옹호자가 되어 있었다. 그는 1990년에 『낙관주의를 배우자』에서 문제의 낙관주의가 "가끔은 현실을 정면으로 보지 못하게 한다."[13]라고 인정했다. 하지만 그 계시는 셀리그먼을 근본적으로 변화시켰다. "나는 그 자리에서 당장 달라지기로 결심했지요."[14] 셀리그먼은 자신의 행보에 '행동주의적', '인지적', '인본주의적' 등등의 수식어가 붙는 것을 원치 않았다. 그는 모든 라벨을 거부했다. 그가 원했던 것은 완전히 처음부터 개척할 수 있는 새로운 학문의 장을 열고 최대한 많은 사람의 지지를 얻어내는 것이었다. 어쨌거나, 행복에 더욱 실증주의적으로 접근하는 길은 이미 뚫린 셈이었다. 실제로 이러한 접근은 심리학계에서 이미 1990년대 초부터 (소심하게나마) 마이클 아가일, 에드 디

---

* 객관적 관찰을 중시하고 외부적으로 관찰 가능한 행동, 개인과 환경의 상호 작용, 자극과 반응의 관계에 주로 관심을 기울이는 과학적 심리학의 한 유파.
** 객관적인 행동을 대상으로 하는 행동주의 심리학에 대하여, 행동의 주관적인 측면을 중시하여 지식 획득의 내재적인 과정을 연구 대상으로 하는 심리학.

너, 루트 페인호번, 캐롤 리프, 다니엘 카너먼의 연구에서 나타난 바 있다. 당시에 이 연구자들은 행복을 이해하려는 이전의 시도들이 이론적 일관성과 진지한 방법론을 찾아볼 수 없는 미흡한 결과밖에 얻지 못했다고 지적했다. 또한 그 시도들에서 저자들의 편견을 찾아볼 수 있다고 주장했다. 「긍정심리학 입문 선언」의 저자들은 (그들 자신도 "여러분은 아마 이게 다 순전히 환상이라고 생각할 테지만"이라고 썼을 만큼) 자기네 연구 방식의 특이성을 의식하기는 했지만 그 선언은 되레 고무적이고 미래를 자신하는 문장으로 끝을 맺는다. "긍정심리학에는 아주 이로운 시대다. (…) 우리는 이 새로운 세기에 심리학자들이 긍정심리학에 힘입어 개인, 공동체, 사회의 성취 요인들을 이해하고 수립하게 될 거라 예측한다."[15]

셀리그먼이 APA 회장이 되고 나서 몇 주 동안 그의 사무실로 수표가 쇄도했다. '위너(winner)' 아니면 부르지도 않는 "진회색 정장 차림에 수염이 희끗희끗한 법조인들"이 "익명의 재단"을 표방하며 그에게 뉴욕의 초호화 강연장에서 대화의 시간을 마련해달라고 제안했다. 그는 "긍정심리학이란 무엇인가?"라는 질문에 10분간 답변하고 세 쪽 남짓한 설명 자료를 제공한 대가로 "한 달 후에 150만 달러를 수표로 지급받았다." "이런 유의 재정 지원 덕분에 긍정심리학은 서서히 알려지고 번성하기 시작했다."[16] 실제로 긍정심리학은 매우 짧은 시간 안에 전례 없는 성장세를 보였다. 2002년에는 3,700만 달러에 달하는 재정을 확보했다. 드디어 "이 연구 분야의 독립을 선포할" 최초의 『긍정심리학 핸드북』을 내놓을 시점이 된

듯했다. '긍정심리학의 미래: 독립 선언'이라는 제목이 붙은 장에서는 "약점"과 인간 행동의 "병리학적 모델"에 기초한 "전통적인 심리학"과 이제 "결별"할 때가 되었다고 주장했다. 이 핸드북의 편집자들은 "나와야만 했던 책이 나왔을 뿐"이라고 의기양양하게 선언하면서 다음과 같이 결론을 내렸다. "우리는 (…) 과학적 운동의 첫 단계에 도달했다고 본다. 이 첫 단계는 병리학적 모델에 대한 독립 선언으로 제시할 수 있을 것이다."[17] 유행에 부응하려는 전 세계 언론의 열광적인 지지를 바탕으로 긍정심리학의 사도들은 그들의 생각을 학계, 자유 전문직 종사자, 그리고 대중에게 홍보하고 확산시키는 데 성공했다. 새로운 행복학은 마침내 안녕감, 생의 의미, 자아실현에 도달하는 심리학적 열쇠들을 제공할 수 있다는 생각을 말이다.

돈이 많이 드는 기념비

사도들은 불과 몇 년 사이에 강좌에서 대학의 어엿한 학업 과정으로, 연구회에서 세계 곳곳에서 조직된 학회로 진출하면서 국제적 네트워크를 구성했다. 이 네트워크는 삶의 만족, 긍정적 감정, 행복에 대한 방대한 정보(주로 온라인 설문 조사에서 얻어낸 정보)를 축적하고 확산했다. 무수히 쏟아져 나온 개론서, 저술, 개별 연구, 블로그, 웹사이트가 이 모든 것을 가능케 했다. 오로지 이 분야에서의 연구 성과만을 보고하는 대학 학술지들도 나왔다. 예를 들어 2000년에는 《행복 연구 저널》이 창간되었고, 2006년에는 《긍정심리학 저널》, 2008년에는 《응용심리학 저널: 건강과 안녕감》이 선을 보였다. 셀리그먼이 예고한 대로 긍정심리학은 하나의 기념비가 되었다. 그러나 학술지, 국제적인 학계 네트워크, 미디어가 확산시킨 유행만으로는 이토록 신속한 성공을 설명할 수 없을 것이다. 이 탄탄대로를 닦는 데에는 어마어마한 돈이 들었다.

긍정심리학에 큰 힘이 되었던 기부금이나 그 밖의 오만 가지 다양한 재정 지원은 사실 셀리그먼이 APA 회장이 된 후에 받은 수표들에만 국한되지 않았다. 그 후로도 몇 달, 아니 몇 년 내내 이 연구 분야에 직접적인 이해관계가 있는 수많은 사설 기관과 공공 기관은 긍정심리학의 너그러운 돈줄이 되었다. 2001년에는 미국의 극우파 기독교 단체 존 템플턴 재단이 긍정심리학의 아버지에게 220만 달러를 보냈다. 셀리그먼은 APA 회장 취임 연설에서도 이 재단을 잠시 칭송하고 넘어간 바 있다. 그 돈은 펜실베이니아대학 부설 긍정심리학센터 건립에 주로 쓰이게 될 터였다. 존 템플턴 경은 정신을 지배함으로써 상황을 이겨내고 세상을 자기 뜻대로 만든다는 생각에 매료된 사람이니만큼 이 프로젝트에 완전히 마음을 빼앗겼던 것이 분명하다. 그는 (앞에서 언급했듯이 이 분야의 연구 독립을 선언한) 『긍정심리학 핸드북』(2002)의 서문을 직접 쓰기도 했다. "나는 우리 모두 앞으로 나아가기를, 긍정심리학의 관점을 더 많은 연구자들이 공유하기를, 이 혁명적이고 참으로 유익한 작업을 지지하는 프로그램을 더 많은 재단과 정부가 만들어주기를 간절히 바랍니다." 이후에도 존 템플턴 재단은 긍정적 감정, 노화, 영성, 생산성 사이에 존재한다는 관계를 연구하는 프로그램들을 다수 지원했다. 2009년에는 긍정의 신경과학에 대한 심도 깊은 연구와 "성공적인 삶에서 행복과 영성이 차지하는 역할에 대한 탐색"이 잘 이루어지기를 바란다면서 다시 한번 인심 좋게 580만 달러 수표를 끊어주었다.

존 템플턴 재단이 이 연구 분야에 돈을 댄 유일한 기관은 아니었다. 불과 몇 년 사이에 사설 기관과 공공 기관, 소규모 단체와 대형 단체 할 것 없이 다들 돈을 대겠다고 나섰다. 그중에서도 갤럽, 메이어슨 재단, 애넌버그 신탁재단, 애틀랜틱 자선재단 등은 기존에 없던 학업 과정, 학위, 상, 장학금까지 필요하다면 신설해가며 긍정심리학의 건설 현장에 돈을 댔다. 일례로 2008년에 로버트 우드 존슨 재단은 셀리그먼의 연구 팀에 긍정 건강 개념에 대한 연구 지원금으로 370만 달러를 댔다. 마찬가지로 또 다른 기관들, 가령 NIA(국립노화연구소), NCCAM(국립보완대체의학센터)도 안녕감, 삶의 만족, 행복이 건강과 정신 질환 예방에 미치는 효과에 대한 긍정심리학의 연구에 자금을 댔다. 코카콜라 같은 다국적 기업은 긍정심리학이 생산성은 높이고 업무 스트레스를 낮추며 직원들을 기업 문화에 끌어들이는 저비용 고효율 방법을 찾아줄지도 모른다는 기대를 품고 지갑을 열었다. 시기적으로 가장 최근에 해당하면서 가장 주목받았던 예로는 CSF(Comprehensive Soldier Fitness, 포괄적 군인 건강) 프로그램을 들 수 있겠다. 2008년에 미군이 셀리그먼과 긍정심리학센터에 감수 및 관리를 맡긴 이 프로그램은 자그마치 1억 4,500만 달러짜리였다. 2011년에 《아메리칸 사이콜로지스트》 특별 호는 이 프로젝트를 더 광범위한 대중에게 소개했다. 셀리그먼은 여기서 병사들과 군 사무직 종사자들에게 긍정적 감정, 행복, 종교를 통해서 얻는 삶의 의미를 가르침으로써 "심리적인 면에서나 신체적인 면에서나 더 강한 군대를"[18](그가 썼던 다른 표현을 빌리자면 "불굴의 군대를"[19]) 양성할 수 있다고 주장했다(이 부분은 제5장에서 좀 더 자세히 볼 것이다). 물밀듯 쏟아지는 신망과 재정 지원이 미국에만 국한되었다고 생각하지 말라. 유럽에서 아시아 국가들까지, 그리고 최근에는 중국, 아랍에미리트연방, 인도에서도, 사설 기관, 공공 기관 따질 것 없이 행복과 긍정심리학 연구에 돈을 대겠다고 나섰다.

셀리그먼이 재빨리 긍정적 정신 건강과 정신 질환 예방 쪽으로 공공 및 민간 재정 지원 유치를 늘렸다는 점을 짚고 넘어가자. 처음에는 우선적인 목표가 그쪽이 아니었지만 물 들어올 때 노를 저었던 것이다. 지도에도 나와 있지 않은 땅, 과학적 관점에서는 아직 탐색이 더 필요한 땅인 행복은 엄청난 노다지였다. 여전히 답을 기대하고 있는 질문들이 너무 많았다. 긍정적 감정이 왜 그렇게 중요한가? 어렵고 힘든 상황에서도 행복하게 사는 법은 무엇인가? 낙관주의와 건강은 어떤 관계에 있는가? 낙관주의와 생산성의 관계는 또 어떠한가? 낙관주의와 성과의 관계는? 과학이 자아실현에 도달하는 비결을 찾아줄 수 있을까? 이러한 질문들이 학술지와 전문 잡지까지 파고들기 시작했다. 상당수는 이미 다른 저술에 나왔던 질문, 답변, 논증, 창립 신화, 참고 문헌, 전개 방식을 재탕하면서 독자에게 뭔가 일관성이 있고 이론적·개념적 합의가 이루어진 것 같다는 착각을 불러일으키는 데서 그쳤지만 말이다.

2004년에 크리스토퍼 피터슨과 셀리그먼은, 아마도 이 같은 일관성 결여를 바로잡아야겠다는 뜻에서, 『성격상의 강점과 덕성』을 발표했다. 그들이 말하는 이 "정신 건강 매뉴얼"은 긍정심리학에서 DSM(정신 질환 진단 및 통계 편람)과 ICD(국제 질병 분류)에 대응하는 것이다. 이 매뉴얼은 인간의 다양한 질병을 진단하고 평가하기보다는 인간의 강점과 덕성을 보편적으로 분류함으로써 "사람들이 자신의 잠재력을 최대한 발휘하도록" 돕는다. 저자들은 또한 이 매뉴얼이 연구자들과 업계 전문가들이 각 사람의 가장 진정성 있는 부분을 알아보고, 가늠하고, 지켜나갈 수 있도록 돕고 자아실현에 직접적으로 이바지한다고 보았다. "이 매뉴얼은 인간의 긍정적인 모든 면, 그리고 특히 인생을 잘 살아갈 수 있게 하는 성격적 특질들을 다룬다. 우리는 DSM과 ICD를 본보기로 삼았지만 (…) 질병이 아니라 심리적 건강에 초점을 맞추었다는 결정적 차이가 있다."[20] 게다가 이 매뉴얼은 긍정심리학의 임상가들에게 이 학문이 지금까지 마련하지 못했던 '공통 용어집'을 제공하고자 했다.

긍정심리학은 임상가들의 일치를 꾀하는 용어집에서 대단한 수혜를 입을 것이요, 실제로 그로써 크게 달라질 것이다. 이 매뉴얼은 DSM과 ICD가 정신의학, 임상심리학, 사회복지학에 공통의 용어를 제공함으로써 그 학문들을 육성했던 그 방식 그대로 작용할 것이다. DSM과 ICD가 인간의 부정적 특징과 질병에 대해 실시했던 작업을 여기서 우리는 긍정적 특징에 대해 실시했다. 우리는 이 매뉴얼에 제시된 분류가 긍정적 특징을 가늠하는 업계의 공통 용어라는 방향에서 중대한 진일보를 이루었다고 생각한다.[21]

 저자들은 이 매뉴얼이 인간의 긍정적 특징을 무엇 하나 빠짐없이 계통적으로 분류하지는 못했다고 인정한다. "지금 당장은 설득력이 완벽한 행복론을 내놓을 수 없으므로"[22] 여러 가지 분류 중 하나를 제시할 뿐이다. 그렇지만 이 매뉴얼은 그 후 교육과 심리치료 종사자들은 물론, 조직 컨설팅 종사자들에게 상당한 영향력을 행사함으로써(나아가 그 영향력이 정치권으로도 확대됨으로써) 새로운 학문 분과의 입지를 다지는 데 한몫했다.[23]

예고된 연합

10년이 채 안 되는 기간 동안, 행복과 그 관련 주제(주관적 안녕감, 성격상의 강점과 덕성, 긍정적 감정, 진정성, 자아실현, 낙관주의, 회복 탄력성)에 대한 학계 연구는 그 범위와 파장이 폭발적으로 확대되었다. 얼마 안 가 그러한 연구는 비단 심리학만의 사안은 아닌 것이 되었다. 경제, 교육, 치료 일반, 보건, 정치, 범죄학, 스포츠과학, 동물복지, 디자인, 신경과학, 인문학, 경영, 사업[24]⋯⋯ 뭐든지 갖다 붙일 수 있었다. 긍정심리학이 터뜨린 대박은 흡사 거대한 파도처럼 과연 행복과 긍정적 태도에 대한 과학적 연구가 성립하는지 의심하고 비판하던 사람들을 일거에 쓸어갔다. 그전까지만 해도 낙관주의, 긍정적 사고, 긍정적 감정, 자아실현, 희망 같은 개념은 미심쩍은 것, 욕망과 현실을 착각하는 어정쩡한 태도의 부산물처럼 여겨졌다. 자조는 사기꾼들이나 떠들어대는 관념이었다. 놀랍게도 긍정심리학은 비판 정신의 동의어나 다름없던 이 의심을 완전히 시대에 역행하는 부정적인 태도로 치부하는 데 성공했다. 그런 태도는 억눌려 있는 인간의 잠재력을 해방하려는 연구자들에게 걸림돌이 될 뿐이다. 점점 더 많은 심리학자들과 사회과학 연구자들이 신념 혹은 기회주의에 힘입어 이 열차에 올라탔다. 그만큼 긍정심리학의 질문들에 대한 관심이 경제, 교육, 정치 등의 분야에서 점점 커지고 있었고, 조직 컨설팅과 심리치료 업계에서 긍정심리학의 사도들은 문화적 영향력, 사회적 권력, 학술적 권위를 획득했다.

이 연구 분야의 성공과 확장으로 학계만 재미를 보았을 리 있나. 'psy-'가 붙는 여러 직종, 즉 '심리' 관련 종사자들은 톡톡히 재미를 보았다. 심리상담사, '자조론' 유의 자기 계발서 저자, 다양한 유형의 코치, 의욕을 불어넣는 좋은 말을 뿌리고 다니는 강연자, 경영 코치 및 컨설턴트, 그들 모두가 심리치료 시장에서 길을 찾는 한편, 이 시장을 확고하게 다지고 크게 키웠다. 라이프스타일을 형성하고 감성의 발현, 심리적·정서적 체질의 발현을 인도할 책임을 진 이 "문화 매개자들"[25]은 1980년대, 1990년대에 기하급수적으로 늘어나 치료, 건강, 교육, 조직 컨설팅과 관련 있는 모든 환경에 단단히 뿌리를 내렸다. 그들은 모두 자아, 영성, 개인의 자기 개선 능력, 정신이 신체에 미치는 힘과 관련된 문제들에 매료되었다. 이들은 공통의 엄정한 지식 체계 없이 주로 절충주의에 기댔고, 각자 다양하다 못해 서로 이질적인 출처에서 끌어온 영감으로 실무를 뒷받침했다. 정신분석학, 종교, 행동주의, 의학, 오컬트, 신경과학, 동양의 지혜, 개인적 경험까지도 그러한 출처가 될 수 있었다.

바버라 에런라이크가 폭로한 대로[26] 이러한 면에서 긍정심리학은 그러한 전문가들에게 넝쿨째 굴러들어온 호박이었다. 실제로 이 학문 분과는 전문가들에게 공통의 용어집과 기법들을 제공했고, 그로써 긍정적 사고, 긍정적 감정, 자아실현, 건강, 직업적 성공 사이에 어떤 관계가 있음을 과학적으로 입증할 수 있을 것처럼 보였다. 훈련만 하면 끈기와 자제력을 얻을 수 있다는 식의 생각은 이미 수많은 저자를 통하여 대중에게 퍼져 있었다. 노만 빈센트 필이 1959년에 출간한 『긍정적 사고의 힘』이나 대니얼 골먼이 1990년대에 발표한 감성 지능 개념만 보더라도 그렇다. 학술 공동체가 초기에는 냉랭하고 비판적인 태도를 고수했기 때문에 그러한 개념들은 개인적 관심사, 서점의 '자조' 관련 서가, 잡지의 '라이프스타일' 섹션, 대중의 눈높이에 맞게 풀어 쓴 저술에만 국한되어 있었는데, 이제 임상심리학, 진지하다고 인정받는 학술 저작, 대학에까지 진출한 것이다. 갑자기 모든 업계 종사자들과 과학자들이 같은 언어를 쓰기 시작했다. 게다가 긍정심리학의 사도들은 업계 종사자들로 하여금 깊이가 없다든가 엄정함이 부족하다는 평판을 벗어던질 수 있게 해주었다. 미래가 두렵지 않고, 외향적이며, 건강하고, 부유하고, 성공한 사람들도 이제 우울, 절망, 고립, 질병, 가난 혹은 '실패'를 겪은 사람들과 똑같이 심리학자들의 관심을 받을 권리가 있다. 이제 중요한 것은 정신적 비참에서 벗어나는 것이다. 이제 모든 사람이, 어떤 예외도 없이, 전문가의 조력으로 자기 자신의 가장 좋은 부분을 끌어낼 수 있고 그래야만 한다.

그야말로 누이 좋고 매부 좋은 일이었다. 긍정심리학은 설립 초기부터 일레인 스완이 말하는 "자기 계발 전문가들"과 함께 강력하고 실리적인 시너지 효과를 냈다. 그들은 진즉부터 건강한 사람들을 목표 고객으로 삼아 "고객이 일을 더 잘하거나, '더 나은 사람'이 되거나, '더 나은 삶'을 살 수 있게끔 돕는 임상 치료를 제공하는"[27] '심리' 관련 종사자들이다. '자기 계발 전문가들'은 긍정심리학의 사도들이 일궈낸 성공에 기대어 정당성을 얻었고, 이 사도들은 이 전문가들의 '발견'을 전방위로 확산시키면서 크게 덕을 보았다. 그러한 발견은 부부 생활, 성생활, 섭식, 노동, 교육, 대인 관계, 수면, 다이어트, 중독 등 일상생활의 거의 모든 면에 적용 가능했다. 긍정심리학의 사도들은 '전문가'와 비전문가를 구분한답시고 늘 자연과학의 언어에서 빌려온 수사법을 구사하지만 사실상 그러한 구분은 실현 가능성 없는 소원일 뿐이다. 셀리그먼 본인도 자기 글은 "대중심리학이나 자기 개선에 대한 저술 대부분과는 달리, 과학으로 뒷받침되고" 있으므로 "신용할 만하다."[28]고 수시로 강조했지만 말이다.

'긍정심리학자'들은 재빨리 코칭 같은 영리 사업에 관심을 기울이기 시작했다. 그들은 코칭이라는 영역 하나만도 세계적으로는 연간 23억 5,600만 달러 규모〔ICF(국제코치연맹)의 발표[29]〕라는 것을 잘 알고 있었다. 2004~2005년에『기업 관리직 코칭의 긍정심리학을 향하여』나『긍정심리학과 코칭심리학, 융합의 시각들』같은 책들이 출간되고 호응을 얻기 시작했다. 2007년에는 셀리그먼이 직접「코칭과 긍정심리학」이라는 기고문을 발표했다. "코칭은 중추를 탐색하는 임상이다. 정확히 말하자면 두 갈래의 중추를 찾아야 한다. 한 갈래는 증명을 집행하는 과학적 유형이고, 다른 한 갈래는 이론적 유형이다. 나는 긍정심리학이라는 새로운 학문이 코칭에 바로 이 두 갈래의 중추를 제공한다고 생각한다."[30] 행복학과 코칭을 융합한 첫 번째 저작인 비스바스 디너의『긍정심리학 코칭: 고객에게 실천할 수 있는 행복학』이 발표되고 나서 1년 후인 2011년, 셀리그먼은 긍정심리학이 코칭 종사자들에게 "이 직업의 실무에 적합한 참조 자료"[31]를 제공해야 한다고 강조했다. 그는 마치 무거운 속박을 벗어던지려는 것처럼 이제 코칭과 '자조론' 특유의 어조를 취했다. 이 무렵에 발표한『플로리시(Floush): 행복과 웰빙에 대한 새로운 이해』의 도입부만 보아도 알 수 있다.

이 책은 여러분이 플로리시(번성)하도록 도울 것이다. 그렇다,

마침내 이 말을 할 수 있게 되었다. (…) 긍정심리학이 사람들을 더 행복하게 한다. 긍정심리학을 가르치고, 긍정심리학을 연구하고, 코치나 치료사로서 긍정심리학을 연습에 사용하고, 고등학생들에게 긍정심리학 연습법을 가르쳐주고, 긍정심리학으로 어린아이들을 양육하고, 외상 후 스트레스 피해자들에게 긍정심리학의 기법을 가르쳐주고, 이 분야의 다른 임상가들을 만나고, 단지 긍정심리학을 다룬 책을 읽는 것만으로도 사람들을 더 행복하게 한다. 이 새로운 학문 분과에서 일하는 사람들은 내가 만났던 사람들 가운데 안녕감의 수준이 가장 높은 이들이었다.[32]

심리학을 다시 일으키자

긍정심리학의 창립 선언은 차츰 심리학자들에게 윈-윈 시장으로 인정받기 시작했다. 행복에 대한 연구는 연구 대상을 찾는 데 고질적 난항을 겪고 있던 심리학에 산소를 공급했다. 심리학은 제 위상을 지키고 충분한 연구 재정을 끌어오고 계속 '유행'을 타기 위해 개념의 재발견을 끊임없이 필요로 했다. 게다가 이 새로운 '연구 분야'는 '전통적인' 심리학과 심리학의 상업적 버전들을 그나마 구분하게 해주었던 가느다랗고 구멍 많은 구획선을 희미해지게 만들었다. 긍정심리학의 사도들은 일관성 없이 '자기 계발 업계 종사자'들의 영향력 있는 활동을 차용했고, 업계 종사자들은 업계 종사자들대로 긍정심리학의 과학적 수사법을 신나게 빌려다 썼다.

이제 진짜배기 심리학과 심리 관련 서비스 시장, 행복과 자아실현의 비결을 전해준다고 약속하는 상품들의 결합을 부끄러워할 이유는 당최 없었다. 그래도 행복학자들은 인간 행복의 불분명하고 상스러운 요구를 처리하는 정화 요원 역할을 하기는 했다. 그들은 그러한 요구에서 대중적이고 상업적인 흔적을 모조리 '씻어내고' 그러한 요구를 정당하고 과학적인 형태로 다시 썼다. 결국, 긍정심리학은 심리학자들에게 기대할 만한 전망을 보여줄 터였다. 전에 없던 연구회, 양성 과정, 강좌의 새로운 시장이 보였다. 조직 컨설팅 활동도 아직 개발할 여지가 많았고, 준(準)학술 서적 시장은 폭발적으로 성장하는 중이었다. 이러한 상황에서 쏟아져 나온 새로운 출판물들은 저술을 발표하지 않으면 도태되는 문화가 지배적이던 그 당시에 (특히 젊은 연구자들에게) 새로운 생존과 번영의 가능성을 열어주었다.

심리학 학계 내에서 긍정심리학이 성공할 수 있었던 비결 중 하나는 긍정심리학이 심리학의 다른 학파들과 이론적·내적 갈등 없이 그 분야의 확장을 꾀했다는 것이다. 사실, 셀리그먼은 새로운 심리학적 접근을 제안한 것이 아니라 기초심리학과 응용심리학을 정체 상태에서 구해낼 새로운 긍정적인 태도를 제안했고, 연구자들과 업계 전문가들로 하여금 '건강하고 정상적인' 사람들이라는 아직 개발되지 않은 거대한 시장에 초점을 맞추도록 했다. 그는 심리학의 역사에서 몇 번째일지도 모를 이론적 논쟁을 일으키고 싶은 마음이 조금도 없었다. 수십 년 전에 인본주의심리학이 지향했던 바와 달리(그래서 인본주의심리학은 행동주의와 인지심리학을 상대로 한 싸움에서 패배했던 것이다) 셀리그먼은 이미 굳건하게 수립된 분파들에 도전하지 않고 새로운 긍정적 신념에 가급적 많은 심리학자들을 합류시키기를 원했다. 게다가 그의 선언은 모호하고 절충주의적이어서 누구나 자기가 추종하는 분파나 이력을 쌓은 대학에 상관없이 지지를 표할 수 있었다. 조지 밀러의 냉혹한 표현을 인용하자면 심리학의 "지성 동물원"[33]은 이런 식으로 내부 경쟁을 치를 필요 없이 계속 번성할 수 있었다.

이런 면에서 긍정심리학의 사도들은 자기네 분야의 독립을 표방하고 나서면서도 정작 자기네들의 작업을 '전통적인', '판에 박힌', 혹은 '부정적인' 심리치료라는 것의 대체물처럼 제시했다. 그들은 임상심리학자들과의 가교를 끊을 생각이 없었고 심리학계에서 일반적으로 동의하는 이론적·방법론적 원칙을 문제 삼지도 않았다. 그들이 보기에 전통적 심리학은 임상병리학을 탐구한다는 면에서나 심리적 결함에 대처한다는 면에서 여전히 유용했다. 심리학은 그런 부분은 이미 매우 잘해왔다. 유일한 문제는, 코칭과 자조 전문가들의 주장과 달리, 혼란스러운 심리를 치료하고 일상의 어려움에 대처하는 전략을 배우는 것만으로는 '정상적이고', '적절하며', 적응에 유리한 행동과 인격을 수립하기에 부족하다는 것이다. 긍정심리학자들은 그 점을 강조하며 다음과 같이 말했다. 사람들은 상황이 안 좋게 흘러갈 때만 좀 더 행복해지고 싶다고 생각하는 게 아니다. 인생이 지극히 순탄할 때도, 아니 그럴 때일수록, 행복에 대한 욕구는 살아 있다. 그러므로 고전적 심리학은 근본적으로 지금껏 맡은 적 없는 역할을 해야 할 필요가 있다. 심리학이 고통을 치료하는 것으로 만족해선 안 된다. 심리학은 개인의 잠재력을 극대화해야 한다.

실제로 전략은 완벽하게 먹혔다. 상황을 긍정적으로 보려고 노력해야 한다는 생각은 비단 심리학 분야뿐만이 아니라 학계 전체로 확산되었다. 그러니 긍정심리학의 아버지가 다른 후보보다 3배나 많은 표를 얻어 APA 회장이 된 것도 그리 놀라운 일은 아니었다. 셀리그먼이 주도한 전환은 보수적인 동시에 혁신적이었다. 저 유명한 「표범」의 대사*를 조금 바꿔 말해보자면, 셀리그먼은 심리학이 변함없이 유지되려면(그리고 심리학이 발전하고 번영하려면) 심리학의 어떤 요소들이 바뀌어야 한다고 생각했다. 어쨌거나 낙관주의(결국은 셀리그먼이 자기 자신에 대해서도 채택한 낙관주의)는 그저 보수적인 태도만은 아니었다. 헨리 제임스가 지적했듯이[34] 낙관주의는 성공하는 기업가들의 특징이기도 하다. 그렇지만 셀리그먼이나 이 분야의 확장을 이끈 심리학자들이 단순한 지식인이나 업계 전문가가 아니었다는 점을 짚고 넘어가자. 그들은 이미 대학이나 국가 기구, 힘 있는 관리 기구나 정부 기관에서 한자리를 차지하고 있었다. 셀리그먼이 APA 회장이 된 직후에 이 새로운 분야가 전례 없

---

* 주세페 토마시 디 람페두사의 소설. 출세를 꿈꾸는 청년 탄크레디는 자신의 외삼촌이자 구체제 질서를 대표하는 인물 돈 파브리치오에게 "변하지 않기 위해서, 모든 것이 변해야 한다."라고 충고한다.

는 발전과 확대를 이뤄내고 강력한 연합이 이루어진 것은 결코 우연의 산물이 아니다.

지난 20여 년 사이에 긍정심리학은 수많은 비판의 표적이 되었다. 어떤 비판들은 치밀한 논증으로 긍정심리학의 근본 전제들을 공략하고 문맥에서 벗어나고 자민족 중심주의적인 주장[35], 지나친 이론의 단순화, 동어 반복과 모순[36], 방법론적 결함[37], 심각한 재현 불가능성[38], 지나친 일반화[39]를 지적했고 치료 효과와 학문으로서의 위상[40]을 근본적으로 문제 삼기도 했다. 긍정심리학은 분명히 '학문'이라는 기반만으로는 그렇게까지 발전할 수 없었을 것이다. 실제로 지적 불충분, 학문적 성과 결여는 풍부한 대중성 못지않은 긍정심리학의 특징이다. 20여 년 동안, 소위 '인생을 살 만한 가치가 있게 하는 것'에 대한 학술 연구가 6만 4,000건 이상 이루어졌는데도 긍정심리학은 여전히 잡다하고 모호하며 설득력이 없을 뿐 아니라 모순적이기까지 한 결과들만 내놓고 있다. 그러한 연구들은 의도나 방법론에 따라서 서로 심하게 엇갈릴 수 있다. 즉, 어떤 연구에서는 어떤 특징, 어느 한 측면이나 성격적 요인이 행복을 경험하기에 유리하다고 주장하는 반면, 다른 연구에서는 정반대를 주장할 수 있다.[41]

이 연구들은 긍정심리학의 열렬한 지지자들, 그리고 학술 기관, 보건 기구, 레저 산업, 공공 정책 기구, 군 수뇌부에서 행복론이 번성하는 데 특히 관심을 보인 사람들에게 이데올로기적 의도가 분명히 있음을 보여주었다. 긍정심리학이 숫자로 채워진 그래프,

표, 도식으로 위장한 이데올로기나 다름없다는 주장에는 근거가 없지 않다. 상업화하기 쉬운 대중심리학에 불과하니 임상 쪽에서야 당연히 좋아라 선전하지 않을까. 긍정심리학의 눈부신 성공은 정확히 이로써 설명할 수 있다. 긍정심리학의 예찬자들은 선견지명이 있었다. 그들은 자아에 대한 문화적이고 이데올로기적 가설에 불과한 것을 객관적이고 실증적인 사실처럼 교묘하게 제시할 줄 알았다. 이 전략 덕분에 긍정심리학은 행복 산업과 나란히 발맞추어 발전할 수 있었다. 그러한 행복은 공적 영역과 사적 영역에서 점차 제도화되었고, 긍정심리학은 정치, 교육, 노동, 경제, 그리고 물론 모든 형태의 심리치료와 더욱더 활발히 연합을 이루어 나갔다. 우리는 이 책에서 그 영역들을 하나하나 살펴볼 것이다. 그러나 일단은 긍정심리학과 또 다른 변화의 움직임이 체결한 유착 관계부터 살펴보기로 하자. 그 자체로 강력하고 학계에 큰 영향력을 행사하며 정계와도 가까운 움직임, 그건 바로 '행복경제학'이다.

전문가들이 여러분보다 잘 압니다

긍정심리학은 힘을 얻으면서 '심리' 관련 자유 전문직이나 그 밖의 대학 외부 업계와 연합하는 정도로 만족하지 못했다. 긍정심리학은 행복경제학자들과 강력한 시너지를 이루었다. 행복경제학이라는 경제학의 하위 분야는 1980년대 이후로 꾸준히 성장하긴 했지만 금세기 초에 이르러서야, 리처드 레이어드 경의 사회 운동을 계기로, 지금과 같은 영향력을 누리게 된다. 레이어드는 1997년부터 2001년까지 영국 블레어 정부의 경제자문을 지내기도 했지만 그의 활동은 그 정도로 요약될 수 없다. 그는 2000년에 귀족원(상원) 의원이 되었고, 1993년부터 2003년까지 10년간 런던정경대학교 경제성과센터를 이끌었으며, 2003년부터는 이 센터 안에서 본인이 설정한 '웰빙 프로그램'을 감수 관리했다. '행복의 차르'라는 별칭으로도 알려져 있는 리처드 레이어드 경은 긍정심리학이 대학에 도입된 이후로 늘 열렬하게 이 분야를 옹호해왔다. 2003년부터 레이어드는 런던정경대학교 내 강연 시리즈를 통하여 행복을 온전히 이해하려면 경제학자와 심리학자가 협력해야 한다고 강조했다. 그는 당시에 다음과 같은 말도 했다. "천만다행으로 심리학이 방향을 제대로, 대단히 신속하게 잡아주었습니다. 나는 경제학도 머지않아 그 뒤를 따르기를 바랍니다."[42] 공리주의의 창시자인 영국 철학자 제러미 벤담처럼 레이어드도 정치의 주요 목표, 가장 정당한 목표는 사회의 행복을 양적으로 최대화하는 것이라고 보았다. 이전의 공리주의자들이 그랬듯이 그 역시 행복은 기본적으로 기쁨을 극대화하는 것과 관련된 문제이며 정확한 측정이 가능하다고 믿었다. 셀리그먼이 전통적 심리학에 대해서 사유했던 방식 그대로, 레이어드는 전통적 경제학에 심각한 결함이 있으므로 근본적인 재고가 필요하다고 보았다. 그의 주장에 따르면, 경제학은 돈과 유용성의 직접적인 관계를 파악하는 데 너무 많은 시간을 할애한 나머지 행복이 경제적 가치의 더 나은 기준, 더 올바른 기준이라는 사실을 망각하기에 이르렀다. 레이어드는 행복에 더 관심을 기울임으로써 경제학에 꼭 필요한 개혁의 물꼬를 트게 될 거라고 주장하면서 특히 경제학사들이 "새로운 행복 심리학의 결정적 기여들"[43]을 잘 활용할 수 있을 거라고 강조했다. 실제로 경제학자들은 이 신탁(神託)을 지체 없이 따르게 될 터였다.

과연 1990년대부터 행복이라는 주제와 이 분야의 연구 양상에 관심을 두는 심리학자들과 경제학자들의 협력 연구가 활성화되기 시작했다. 그전까지만 해도 행복은 매우 주관적이고 파악할 수 없는 개념으로 여겨졌기에 이 방면으로 진정한 관심을 보이는 연구자가 별로 없었다. 행복을 정확히 측정할 수 있노라 주장하는 극소수의 연구는 실증주의 학계에서 크나큰 의심을 사곤 했다. 경제학자 리처드 이스털린의 연구는 이러한 상대주의적 접근의 좋은 예다. 1974년에 이스털린 역설은 심리학자들과 경제학자들에게 수많은 논쟁을 불러일으켰다. 이스털린은 다음과 같은 증명으로 상대주의적 가설을 옹호했다. 특정 시점 t에서 어느 한 국가에 집중한 연구는 고소득과 높은 행복 수준 사이에 직접적 관계가 있음을 보여주지만, 여러 국가에 대한 비교 연구, 혹은 한 국가 내에서 여러 시기를 비교한 연구는 오히려 (GDP로 측정된) 국가의 번영이 국민의 행복 수준과 직접 연결되지 않는다는 사실을 보여준다. 이스털린이 여기서 끌어낸 가장 중요한 결론은, 인간은 자기가 처한 환경에 적응하게 마련이므로 행복을 결정하는 진정한 요인은 상대적이라는 것이다. 즉 "사람들은 자신의 행복을 판단할 때, 자신의 실제 상황을 과거 혹은 현재의 사회적 경험에서 도출한 규범 혹은 참조 기준과 비교하는 경향이 있다."[44]

경제학자들과 심리학자들이 연구에 난항을 겪을 수밖에 없는 이유도 여기에 있었다. 일단 경제학자들의 문제는 다음과 같았다. 행복이 상대적인 것이라면 객관적인 경제 개선과 부양이 반드시 국민의 실질적 수혜를 불러일으킨다고 볼 수가 없다. 심리학자들의 문제는 조금 다르다. 행복이 상대적인 것이라면 감정과 기분에 대한 객관적 과학이 가능한지조차 의심스러워진다. 이 문제를 신속하게 해결하는 것이 절대적으로 중요했다. 진짜 문제는 사람들이 자신의 감정 상태를 파악하지 못하는 이 심각한 불능 상태가 아닐까? 그들이 단지 행복처럼 까다로운 개념을 이해하지 못하고, 합리적 의사 결정을 내리는 데 서툰 것처럼 행복을 가늠하고 평가하는 데 서툰 것은 아닐까? 제기된 질문들 속에 이미 답이 있는 것 같았다. 1980년대 말에 이미 심리학자 다니엘 카너먼과 아모스 트버스키는 사람들이 보통 일상의 직접 경험에 의거한 직관적인 추론을 활용하는데 이 추론이 편향적 휴리스틱(heuristic)에 의거하므로 부실하고 오류가 많다고 주장했다.[45] 카너먼은 이러한 결론으로 경제학에 상당한 반향을 일으키고 2002년에 노벨 경제학상을 받기에 이른다. 심리학자들과 경제학자들은 일단 좀 더 정확한 방법론들의 필요성을 인정해야 한다는 데 합의했다. 그래야만 지나친 주관적 성찰의 문제점을 극복하고 감정을 객관적으로 측정할 수 있을 터였다. 그들은 또한 지금까지 볼 수 없었던 유형의 전문가가 대중을 올바른 길(행복의 길)로 이끌고 그들에게 각자의 삶을 제대로 평가하는 기준들을 가르쳐야 한다는 데에도 합의했다.

그리하여 1990년대 내내 경제학자들과 심리학자들은 서로 손을 꼭 잡고 설문 조사, 가치 척도, 그리고 행복, 주관적 안녕감, 긍정 정서와 부정 정서 사이의 쾌락 균형을 객관적으로 측정한다는 방법을 대대적으로 동원하여 이 과업을 수행했다. 여러 사례 중에서 특히 알려진 것만 해도 OHI(Oxford Happiness Inventory, 옥스퍼드 행복 척도), SWLS(Satisfaction with Life Scale, 삶에 대한 만족도 척도), PANAS(Positive Affect, Negative Affect Schedule, 긍정 정서와 부정 정서 척도), ESM(Experience Sampling Method, 경험 표집법), DRM(Day Reconstruction Method, 일상 재구성법) 등이 있다. 이 업계 종사자들은 줄곧 자기네들이 두 가지를 입증했노라 주장했다. 첫째, 행복의 다양한 수준들은 "고통의 양에 대한 쾌락의 양"으로 표현될 수 있으므로 인간에게 행복의 쾌락적 측면은 완전히 객관적으로 근거 있는 것, 나아가 정확하게 측정하고 실증적으로 비교할 수도 있는 것이다. 이렇게 본다면 행복은 완전히 상대적일 수가 없다. 둘째, 행복은 강도보다는 빈도의 문제다.[46] 그렇지만 행복의 강도를 아예 제쳐놓지는 않는다는 점도 짚고 넘어가자. 오히려 그들은 행복의 강도를 과학적으로 측정하고 심장 박동 수, 혈압, 혈당 소비, 세로

토닌 수치, 얼굴 표정 등의 신체적 요인들과 관련짓는 작업이 심리학자, 신경과학자, 심리생리학자 들이 앞으로 개척해야 할 새로운 연구 분야라고 주장한다.

1999년에 『웰빙』은 이 분야에서 지난 10여 년간 이룩한 신보를 결산하고 심리학과 경제학의 상호 의존성을 확고히 했다.[47] 이 저작은 행복 개념과 유용성 개념 사이에 존재한다는 근본적 관계와 이와 관련된 공공 정책을 다루었다. 또한 고통과 쾌락의 쟁점을 직시하고 공공 정책 평가에 이미 쓰이고 있는 사회 지표들을 보완할 수 있는 새로운 방법들을 활용할 것을 행정 당국에 촉구했다. 그 새로운 방법들이란 물론 레이어드와 행복경제학 쪽에서 얼마 전부터 개발하고 있던 방법들이었다. 행복경제학의 방법들은 이렇게 탄력을 받고 이후로 승승장구하게 된다.

자명하고 측정 가능한 선(善)

2014년, 서점 데스크에는 『번성(Thrive)』이라는 희한한 책 한 권이 도착했다. 이 책은 예상을 깨고 어마어마한 성공을 거둬들이게 된다. 경제학자들이 쓴 이 책은 공권력이 비용 대비 효과가 좋은 긍정 치료 부문에 예산을 늘려서 정신 질환이라는 현대 사회의 재앙을 뿌리 뽑아야 한다고 주장했다.[48] 다니엘 카너먼은 이 책을 극찬하면서 "열광을 자아내는 메시지"를 전하는 "영감 넘치는 성공담"이라고 소개했다. 셀리그먼도 찬사를 아끼지 않았다. "정신 질환에 대한 공공 정책을 다룬 책 중에서 이보다 더 잘 쓴 책은 없었다." 이 책의 핵심 필자는 이미 다들 알고 있던 리처드 레이어드 경이었다. 그렇다고 뭔가 새로운 이야기를 하는 책도 아니었다. 이 책이 출간될 무렵, 행복과 "긍정적 정신 건강"은 이미 미국, 칠레, 영국, 스페인, 오스트레일리아, 프랑스, 일본, 덴마크, 핀란드, 이스라엘, 중국, 아랍에미리트연방, 인도 등에서 정치적 화두가 되어 있었다.[49]

행복경제학자들과 긍정심리학의 사도들이 여기서 근본적인 역할을 했다. 금세기 초부터 이 두 분야는 학계와 정치계에 영향을 미치기 시작했다. 2008년 금융위기도 이 흐름에 박차를 가했다. 세계 경제가 무너진 이후로, 점점 더 많은 국가가 국민의 '사기를 살리려면', 국민이 생활 수준의 지속적 하락과 불평등의 심화에도 불구하고 여전히 '행복'을 말할 수 있으려면, 심리학자들과 경제학자들의 조언을 듣고 그들의 지표를 참조해야 한다고 생각하게 되었다. 행복을 연구하는 학자들은 재빨리 여기에 부응하며 국민의 행복을 확실하게 반영하는 지표가 있노라 주장했다. 사회경제적 진보처럼 객관적이고 딱딱한 지표가 아니라 훨씬 주관적이고 유연한 지표가 사회를 종합적이고 타당하게 파악할 수 있다는 식이었다. 국민이 주관적으로 행복하다고만 하면 걱정할 게 없었다. 어쨌든 다수의 행복은 정치의 진정한 궁극적 목표, 정의와 평등이라는 목표마저 대체하는 절대적 우선순위 아니었는가.

칠레는 가장 먼저 이 노선을 택한 국가 중 하나다. 아마도 당시 아우구스토 피노체트가 밀턴 프리드먼과 그 외 시카고 경제학파의 조언을 바탕으로 실시한 '쇼크 독트린'이 결과를 낳는지 확인하고 싶어서 그랬을 것이다.[50] 영국의 데이비드 캐머런 정부와 프랑스의 니콜라 사르코지 정부도 곧 이 노선에 합류했다. 각 정부는 국가 통계국에 국민 행복에 관한 대량의 통계 데이터를 모을 것을 명령했다. GNH(Gross National Happiness, 국민총행복)라는 개념을 GNP(Gross National Product, 국민총생산) 개념만큼 타당한 지표처럼 내세울 뿐만 아니라 여기서 확대된 다른 개념들, 즉 '경제 웰빙 지수', '웰빙의 경제적 측면', '지속 가능한 웰빙 지수', '인간 개발 지수' 등을 통해서도 공공 정책의 효율성과 국가 차원의 경제 발전을 가늠할 수 있다고 보았다. 2008년 이후 행복과 긍정적 정신 건강에 관심을 가진 모든 국가들은 점차 정도의 차이는 있으나 모두 이러한 실태를 보였다.

그래도 이러한 흐름이 대세가 되기까지는 세계적인 주요 기관들이 행복 지수가 한 나라의 믿을 만한 사회적·경제적 발전 지표인 것처럼 선전하고 활용을 권고해야만 했다. 가령, 레이어드는 유엔과 갤럽이 공동으로 매년 세계 각국의 행복 순위를 분석해서 출간하는 『세계 행복 보고서』의 편집진이 되면서 유엔과 협력 관계를 맺었다. 2012년에 유엔은 3월 20일을 세계 행복의 날로 정하고 "행복과 웰빙"이 "전 세계의 보편적인 열망이자 목표"라고 선언했다. 유엔은 "모든 국가가 이를 공공 정책의 목표로 인정하고 표명하는" 것이 중요하다고 보았다. OECD(경제협력개발기구)는 또 한 가지 좋은 예를 보여주었다. 경제 정책을 옹호하고 30여 개 이상의 부자 나라들에 대한 통계 연구들을 조율하는 이 영향력 있는 국제기구는 자체적인 행복의 측정 도구와 데이터베이스를 갖고 있다. 게다가 OECD는 '더 나은 삶 지수'와 '더 나은 삶 주도' 같은 프로젝트들도 추진했다. OECD 자문 중에는 긍정심리학 옹호론자, 행복경제학자, 그 외에도 루트 페인호번, 에드 디너, 브루노 프레이 같은 학자들이 다수 포진해 있다. 2009년부터 OECD는 각국 통계 연구소에 "국가의 성과를 통제하고 평가하며, 정치적 선택을 이끌어주며, 그에 따른 공공 정책을 세우고 실시할 수 있도록"[51] 대단히 다양한 영역(외부 효과, 공공 재정, 신탁 관리, 도시 계획, 실업 대책, 조세 등)에서 웰빙 지수 채택을 강력하게 권고했다.

코카콜라 같은 다국적 기업들도 춤판에 합류했다. 이 기업은 자기네가 사업을 하는 모든 나라에 코카콜라 행복연구소 지부를 두고 매년 국가별로 『행복 평가 지표』를 출간하고 있다. 물론 이 연구 보고서가 출간되기까지는 행복경제학자들과 긍정심리학자들의 협력이 있어야 했다. 이 연구소는 현재 파키스탄을 비롯한 세계 곳곳에 지부를 운영하고 있다.

긍정심리학자들과 행복경제학자들은 일찌감치 연합을 맺은 이후, 그들을 갈라놓는 차이에도 불구하고 동일한 신념을 공유해왔다. 그 신념이란 행복은 어떤 개념의 결여가 문제시되는 구성물이 아니고, 역사와 철학의 50가지 회색 그림자를 보여주는 사색적 개념도 아니라는 신념이다. 그들에게 행복은 보편적이고 객관적이며 정확하고 공정한 방식으로 측정 가능한 개념이다. 사실, 행복의 측정이라는 문제는 두 학문 간에 이루어진 중요한 합의 중 하나였다. 비록 이 두 학문이 그 이상의 이론적 합의에 도달하지 못했고 앞으로도 이해가 요원할지라도 말이다. 어쨌든, 중요한 것은 행복을 양으로 측정 가능하다는 것이었다. 그들은 행복을 그 어떤 이론적·철학적 사변(思辨)보다 타당한 방식으로, 방대한 데이터를 정확하게 참작할 수 있는 실증적 개념으로 소개하는 데 집착했다. 레이어드는 2003년에 한 강연에서 다음과 같이 주장했다. "행복은 소리 같은 것입니다. (…) 트롬본 소리부터 고양이 울음까지 아주 다양한 성질의 소리가 있습니다. 그래도 데시벨이라는 공통의 측정 단위로 비교할 수 있습니다."[52] 2년 후에 출간한 『행복』은 레이어드의 가장 중요한 저작이자 영향력 있는 저작으로 꼽히는데, 그는 여기서 행복은 측정 가능할 뿐 아니라 그 자체로 명백히 좋은 것이라고 주장한다. 또한 행복을 자연스러운 목표, 인간이라면 누구나 추구하게 마련인 목표로 보아야 한다면서 긍정심리학의 사도들에게 동의하는 모습을 보인다.

> 우리는 자연스럽게 이 궁극의 목표를 추구한다. 다른 목표들은 이 최종 목표에 얼마나 이바지하는가에 비추어 판단하면 된다. 행복이 궁극의 목표인 이유는 그것이 단지 선(善)이기 때문이다. 행복이 좋다는 것은 굳이 따질 필요도 없을 만큼 명백하다. 우리에게 행복이 왜 그렇게까지 중요하냐고 묻는다면, 우리는 달리 설명할 도리가 없다. 행복의 절대적 중요성

은 지극히 당연하고 자명하기 때문이다. 미국의 독립 선언문
에도 나타나 있듯이 행복은 '그 자체로 명백한' 목표다.[53]

　그렇지만 이 주장이 증명보다는 전제에 해당한다는 점을, 레이
어드 자신도 말했듯이 이 주장을 뒷받침하는 진정한 근거는 없다
는 사실을 은폐하는 명백한 동어 반복에 지나지 않는다는 점을
짚고 넘어가자.

　레이어드가 행복을 공평무사하고 정확하게 측정할 수 있다고
확신하는 양 자신감을 드러냈기에 행복에 대한 과학적 담론은 이
론적 근거가 전혀 없는데도 신자유주의 정치의 영혼(개인주의적·
기술관료적·공리주의적 영혼)에 침투할 수 있었다. 행복경제학자들
이 하는 말대로라면 제러미 벤담의 꿈은 실현될 것 같았다. 공리
주의는 사회공학적인 유토피아가 아니라 과학적 현실이 되어야
할 터였다. 이제 행복한 삶은 테크노크라시의 요구와 맞아떨어졌
다. 정신 상태, 감정, 의도, 경향, 그리고 정신의 가장 구석진 부분
을 측정하고 평가함으로써 대량 소비, 효율성, 생산성, 국가 수준
에서의 경제 발전에 대한 대규모 계산은 좀 더 정확성을 얻게 될
터였다. 행복경제학자들의 주장대로 "연구자들은 [이미] 벤담이
할 수 없었던 일을 해냈다. 일상의 사건과 상황에서 경험하는 고
통과 쾌락의 양은 물론, 행복을 측정할 수 있는 수단을 만들어냈
으니 말이다."[54]

감정 온도계

연구 방법과 뇌 영상 촬영이 지속적으로 발전하면서 기분을 파악하는 기법, 스마트폰 애플리케이션, 소셜네트워크 등으로 우리의 존재 방식, 일상 활동, 대인 관계, 언어 사용, 우리가 자주 드나드는 장소 등의 방대한 정보를 실시간으로 수집할 수 있게 되었다. 그래서 행복경제학자들은 지금까지 그들을 가로막았던 방법론적 문제들이 해결되었노라 주장한다. 그 방법론적 문제들은 기본적으로 행복에 대한 설문 조사의 자진신고적 성격, 즉 자기성찰적 답변이나 문화적 상대성과 관련된 것들이었다. 그들은 이제 행복이 과학적 차원에서 충분히 확고한 근거가 있는 기준이 되었으므로 경제적·사회적 진보의 증거가 될 수 있노라 주장했다. 사실, 행복에 대한 연구와 실증심리과학을 국가 기구 속으로 끌고 들어가는 것이 중요했다. 현재 이 목표는 달성되었다.

　행복이 기술관료적 통치에 도입되는 양상은 그 어떤 분야보다 '빅 데이터'에서 단연 뚜렷하다. 데이터 분석이 띠는 막대한 중요성(《하버드 비즈니스 리뷰》는 '데이터 사이언티스트'를 "21세기에 가장 매력적인 직업"[55]으로 소개했다)은 "21세기에 가장 치열한 주제"와 완벽한 공명을 이루었다. 실제로 오늘날 행복은 대량 통계와 개인정보 경제의 문제가 되었다. 2015년에 올랜도의 월트디즈니 월드 리조트에서 열린 제5차 세계긍정심리학대회는 행복과 빅 데이터의 관계, 행복과 정치의 관계 같은 문제를 장시간 생각해보는 기회가 되었다. 2017년 두바이 세계정부정상회의에서도 이러한 문제들은 장시간 다루어졌다. 행복 관련 연구자들과 데이터 분석 전문가들은 페이스북 사용자 프로필, 트윗, 인스타그램 메시지, 구글 검색어 등을 연구하고 소셜네트워크에 나타난 어휘들 가운데 긍정적 함의가 있는 단어와 부정적 함의가 있는 단어의 사용을 비교했다. 그들은 이로써 엄청나게 방대한 정보를 수집했다. 그 덕분에 명실상부한 행복의 지리 파악과 지도 제작을 생각할 수 있게 되었고 문화권 간의 비교, 행동 모델과 디지털 정체성에 대한 연구, 행복을 활용하여 여론을 이해하고 조성하는 방법도 생각할 수 있게 되었다. 그와 동시에, 행복을 측정하는 새로운 방법들이 등장했다. 감정을 분석할 뿐 아니라 자아까지 수량화할 수 있는 것으로 여겨지는 이 방법들도 인터넷 네트워크, 휴대 전화, 소셜네트워크에서 끌어온 데이터 활용에 기반을 두고 있으며, 인간의 긍정적 기분과 부정적 기분을 계산해서 그것을 시장 동향 예측, 선거 예측, 특정 상품의 소비 진작을 위한 개인 맞춤형 마케팅 등에 활용한다.

데이터 활용 전문가들이 진정한 진보를 뽐내려면 갈 길이 아직 멀다는 것은 분명하다. 놀라운 계시처럼 포장되었을 뿐, 지금 당장은 알아낸 것이 별로 없다. 목요일보다는 주말을 좋아하고, 날씨가 궂으면 사기가 저하될 확률이 높고, 우울한 사람일수록 어두운 색조와 색감을 선호하고, 크리스마스가 일 년 중 가장 행복한 날이라는 사실 정도……. 그렇지만 대량 데이터 활용이 중대한 쟁점이 되는 이유는, 빅 데이터가 행복에 대해 말하는 내용 때문이 아니라 데이터가 여러 가지 방식으로 활용될 수 있기 때문이다. 진짜 문제, 오늘날 정말로 중요한 문제는 데이터가 행복에 작용하고 행복에 대한 우리의 이해를 수정하기 위해 어떻게 사용될 것인가, 우리가 우리 자신을 바라보는 방식, 우리를 둘러싼 세상을 바라보는 방식에 행복이 어떤 영향을 미칠 것인가이다. 우리가 무슨 일이 일어나고 있는지 의식하지 못하는 사이에 말이다. (우리는 일상 속에서 사실상 생각 없이 하는 활동이지만) 전문가, 기관, 대기업 들은 우리의 활동과 선호 대상을 파헤치고 우리가 무엇을, 언제, 얼마나 자주, 어떤 사건들의 흐름을 따라서 하는지 조사하면서 귀중한 정보를 손에 넣는다. 그로써 그들은 개인적 삶의 가장 일상적인 측면에 영향을 미친다. 우리가 봐야 할 정보나 광고로 우리를 이끌고, 그때그때 우리 기분에 따라서 들을 만한 음악을 알려주고, 어떤 건강 습관이나 라이프스타일을 고려해야 하는지 알려주는 것이다. 그뿐만 아니라, 개인의 행복에 도움이 되는 것과 그렇지 못한 것을 정해줌으로써 가장 일반화된 행동 모델에도 영향을 미친다.

2014년에 페이스북은 68만 9,000명의 사용자에게 동의도 구하지 않고 사용자 자신이나 페이스북 친구에 대한 긍정적 감정과 부정적 감정을 조종하는 실험을 개진했다.[56] 콘텐츠 조작을 바탕으로 하는 이 실험은 "페이스북의 데이터 사용 정책에 어긋나지 않았다. 모든 이는 페이스북 계정을 생성하고 소셜네트워크 사용자가 되기 전에 개인 정보 활용에 동의하게 되어 있다. 따라서 사용자는 정보를 제공받고 충분히 의식한 상태에서 이런 종류의 연구에 대해서도 동의한 셈이다."[57] 얼마 지나지 않아 대형 스캔들이 터졌다. 페이스북은 피험자들에게 명시적으로 동의를 구하지 않았을 뿐 아니라 자기네가 실험에 사용한 알고리즘도 공개하지 않았다. 진짜 문제는 페이스북 같은 기업이 개인 정보와 사회 정보를 조종해서 사용자의 기분과 생각에 얼마나 막대한 영향력을 행사할 수 있는가였고, 지금도 문제는 다르지 않다. 영국 하원에서 미디어 산업 관련 위원회에 소속된 한 의원은 이러한 기업들의 지배력, 사용자 조종 능력, 특정 권력과의 정치적 연루 가능성에 대한 우려를 공개적으로 표명했다.[58] 이 에피소드를 통해 우리는 기본적인 두 가지를 알게 되었다. 첫째, 행복은 기업과 정치인 들의 사활이 걸린 사안이 되었다. 그들은 시민들의 감정, 시민들이 자신의 삶이나 타인의 삶을 평가하는 방식을 알고 싶어 할 뿐만 아니라 그 감정, 반응, 평가 방식에 영향력까지 미치고 싶어 한다. 둘째, 행복은 어느 한 인구 집단의 전반적 안녕감을 측정하는 양적 기준, 그것도 일급 기준이 되었다. 이제 이 기준이 공공 정책, 경제 정책, 공적 영역과 사적 영역을 막론한 일반적인 의사 결정 과정을 이끌고 영향을 미친다.

현대 신자유주의 사회에서 행복이 어쩌다가 사회 현상의 측정과 수량화(좀 더 정확히는, 웬디 에스퍼랜드와 미첼 스티븐스가 말하는 '통약'[59])라는 문제를 진지하게 건드리지도 않고서 이 정도 위치까지 차지하게 되었는지는 실로 불가해하다. 행복의 측정은 학문적

엄정함을 기울여 연구할 만한 객관적이고 정확한 개념으로 행복을 '팔기' 위해서 꼭 필요하다. 그뿐만 아니라 행복은 측정 가능해야만 상품(효력의 양적 환산에 의해 시장 가치와 정당성이 크게 좌우되는 상품)이 될 수 있다. 이에 대해서는 제4장에서 좀 더 상세히 살펴볼 것이다.

행복의 측정은 행복을 학술적으로나 정치적으로나 다양한 방식으로 활용할 수 있게 해준다. 첫째, 행복을 숫자화되고 가중법이 적용된 단위나 변수 들로 쪼갤 수가 있다. 그러한 단위나 변수 들로 측정 체계를 만들 수 있을 것이고 산발적이고 모순적이며 일관성 없는 정보들(생물학적·감정적·행동적·인지적·사회적·경제적·정치적 정보들)을 그 체계에 비추어 평가하고 비교하게 될 것이다. 둘째, 연구자들은 이렇게 측정된 개념이 행복의 의미와 속성을 변질시키지 않는다는 원칙에서 출발하여 인과 관계들을 수립하고 실증적 연구를 이끌어나갈 것이다. 셋째, 삶의 어떤 측면, 어떤 사건, 어떤 행동이 개인의 행복에 가장 크게 이바지하는지 파악하게 해주는 체계 속의 변수들을 분류하고 정리하려면 '통약'이 결정적으로 중요해진다. 양질의 수면, 고급 승용차 구입, 아이스크림 먹기, 가족과 보내는 시간, 이직, 디즈니랜드 관광, 주 4회 명상, 감사 편지 쓰기 등 이 모든 것은 어떤 식으로든 사람을 좀 더 행복하게 한다고들 한다. 따라서 '통약'은 (이게 가장 중요한 점인데) 행복을 전달 가능한 사회 현상처럼, 완전히 객관적이고 근거가 충분한 기준처럼 제시하게 한다. 이 기준에 기대어 광범위한 스펙트럼의 정치적·경제적 개입과 의사 결정을 다룰 수 있고, 기술과학적이고 신공리주의적인 정치의 특징이라고 할 수 있는 중립성과 객관성도 표방할 수 있게 된다.

　행복의 측정은 실제로 행복경제학자들과 지역 혹은 세계 규모의 정책 기관들이 삶에 대한 만족이라는 기준을 분석에 도입하게 했다. 그들은 특정 공공 정책의 비용과 효율을 저울에 재어보면서 전통적인 경제학의 접근을 근본적으로 문제 삼았다. 지금까지 화폐 단위로만 측정되었던 비용과 효율을 이제는 행복 단위로 따지게 되었다. 레이어드는 민주 국가에서 정치적 결정을 평가하는 올바른 방법은 "각각의 정책이 1달러당 얼마만큼의 행복을 생성할 수 있는지에 따라 모든 가능한 정책의 순위를 매기는 것"[60]이라고 권고했다. 효율의 단위로 간주된 행복은, 국가를 막론하고, 매우 다양한 방식으로, 소비 행동과 직접 연결된다. 행복은 이러한 과정을 거침으로써 일종의 통화 가치를 띠게 되었다. 예를 들어 전문가들은 영국인이 돈이 이 정도 있으면 행복하다고 생각하는 기준이 무려 700만 파운드(약 100억 원)라고 말한다.[61] 게다가 이 과정은 "가계의 사기"가 경제에 미치는 반향을 제대로 깨닫게 한다. 갤럽 연구소는 미국 노동자들의 사기 저하가 미국 경제에 연간 5,000억 달러(약 650조 원)의 손실을 입힌다고 보고하기도 했다.[62]

　객관적인 것처럼 보이는 숫자로 일단 옮겨지고 나면 문화적 경계가 별로 문제가 되지 않고 대규모 비용-효율 계산이 이루어진다. 그리하여 행복은 신자유주의 사회의 주요한 경제적·정치적·도덕적 나침반 중 하나가 되었다. 행복경제학자들은 명백한 학문을 하는 것처럼 보였다. 그들의 증거는 세계 여러 나라의 행복 수준을 공정하게 비교할 수 있을 만큼 확고해 보였다. 여러 나라와 기관들이 이 기준을 마음 놓고 채택해도 좋을 성싶었고, 이 기준을 완전히 중립적인 '감정 온도계' 삼아 경제적 효용을 가늠하고 사회의 진보를 평가하고 공공 정책을 이끌어도 될 것 같았다.[63]

해피테크노크라시

그렇지만 측정 방법들의 적용에는 어려움이 없지 않았다. 우선 일부 저자들이 이 방법들의 합당성을 의심하고 나섰다.[64] OECD조차도 이 방법들 중 다수는 "여러 국가의 경우를 비교할 때 반드시 필요한 일관성이 부족하다."[65]고 경고성 지침을 발표하기도 했다. 또 어떤 저자들은 이 방법들이 지나치게 주관적이라고 우려를 표했다. 한 가지 예를 들어보겠다. 어떤 사람이 설문에 답변을 하고 행복 척도 10점 만점에 7점을 받았다 치자. 이 사람이 받은 7점은 다른 사람이 받은 7점과 엄밀하게 등가적이라고 볼 수 있을까? 그러한 등가성을 어떻게 명확히 주장한단 말인가? 아일랜드에서 획득한 7점이 정말로 캄보디아에서 획득한 6점보다 좋고 중국에서 획득한 8점보다 미흡하다고 보아도 될까? 5점을 받은 사람은 3점을 받은 사람보다 어느 정도로 더 행복한가? 행복 척도 검사에서 10점 만점에 10점은 무엇을 의미하는가? 우려할 만한 이유는 또 있다. 이런 유의 방법은 조사 대상이 제공할 수 있는 정보의 범위를 심각하게 제한한다. 이건 상당히 큰 문제다. 닫힌 질문은 일부 연구자들로 하여금 자신의 편견을 더욱 공고하게 만들도록 하는 경향[66]이 있을 뿐 아니라 정치적 의사 결정에서 매우 중요한 정보를 무시할 가능성이 있기 때문이다. 최근의 한 논문에서는 양적 평가를 하도록 하는 설문 조사가 면접에서 얻어낸 이야기들에 비해 생애 고찰에 중요한 사회적 변수들(특수한 상황, 부정적인 자기 평가, 혼란스러운 감정 등)을 등한시한다고 보았다. 이 논문에서는 행복 연구의 '대재앙'[67]은 "조사 대상자들이 그러한 평가를 잘 하지 못하는데도 연구자들이 그 점을 인지하지 못하는" 것일 수도 있다고 결론 내렸다. 실제로 이런 유의 양적이고 제한된 측정은 심각한 위험을 내포하고 있다. 개인에게 아주 중요한 여러 변수를 지나치게 과소평가할 위험 말이다.

그러나 방법론에 대한 우려가 유일하거나 가장 중요한 우려는 아니다. 그 방법들의 사용 실태도 우려해야 한다. 행복을 주요한 기준으로 삼는 공공 정책들이 정치와 경제의 중대한 구조적 결함을 은폐하는 연막에 불과하지 않은가라는 의문은 충분히 타당하다. 그러한 의문은 보수당 출신 총리 데이비드 캐머런의 집권기에 이미 영국에서 제기되었다. 캐머런은 영국 역사상 최대의 예산 삭감을 발표하고 나서 얼마 지나지 않아 영국이 행복을 발전의 지표로 삼아야 한다고 선언했다. 그러한 선언은 사회적·경제적 관건들을 새로운 생각으로 대체하는 방식, 혹은 아예 회피하는 방식에 불과했다. 캐머런은 영국인들이 "돈을 챙길 방법만이 아니라 가슴속에 기쁨을 불어넣을 방법을 생각해야 한다."고 했다. 다른 상황에서라면 그러한 주장이 쉽게 먹힐 수도 있었겠지만 경제 몰락의 충격파가 가시지 않은 당시로서는 이데올로기적 함의가 명백한, 서툴러빠진 교란으로밖에 보이지 않았다. 최소한의 통찰력이라도 갖춘 자라면, 국민의 행복과 개인의 행복을 강조하는 그러한 방식이 더 객관적이고 문제를 제기하는 사회경제적 지표들(소득 재분배, 물질적 불평등, 사회적 차별, 성 불평등, 기관 운영 상태, 부패, 투명성 결여, 객관적 기회와 실제로 지각되는 기회의 괴리, 사회 원조, 실업률 등)로부터 주의력을 돌리려는 전략임을 간파할 것이다. 또 다른 예로, 이스라엘은 세계를 통틀어 보아도 심각한 수준인 사회적 불평등을 세계 행복 순위가 감춰주고 다른 문제에 몰두할 수 있게 하기라도 하는 것처럼 자기네가 세계 행복 순위의 상위권에 있음을 자랑스럽게 떠벌린다.

아랍에미리트연방과 인도처럼 빈곤 인구가 많고, 인권이 지속적으로 무시되고 있으며, 영양실조, 영아 사망, 높은 자살률로 골머리를 앓는 국가들조차 국가 정책의 발전을 '더 잘 평가하고자' 행복이라는 척도를 채택한다고 나섰을 때, 이런 유의 우려, 이런 유의 회의는 더욱 팽배할 수밖에 없었다. 2014년에 두바이 통치자이자 아랍에미리트연방 총리인 셰이크 무하마드 빈 라시드 알막툼은 두바이가 "세계에서 가장 행복한 도시"가 되기를 바라는 뜻에서 국민들에게 태블릿 PC를 나눠 주고 삶의 질에 대한 설문 조사에 실시간으로 답하게 함으로써 그들의 행복과 만족도를 공권력에 알리도록 했다. 이러한 의향은 44년 전 설립된 이래로 가장 전면적인 국가 기관 재조직을 2016년에 단행함으로써 새삼 확인되었다. 특히 "사회의 만족과 안녕감"을 고양한다는 목표로 '행복부'를 신설한 것은 눈에 띄는 조치였다. 행복부 장관 오후드 알루미는 CNN에서 "사람들이 잠재성을 극대화함으로써 번영하고 성취를 이룰 수 있는 환경, 행복해지기를 선택하는 환경을 조성하는 것"이 국가적 사명이라고 밝혔다. 또한 그녀는 다음과 같이 말했다. "우리 아랍에미리트연방 사람들에게 행복은 굉장히 중요합니다. 나 자신도 아주 행복합니다. 나는 긍정적인 사람이고 매일매일 행복하게 살려고 합니다. 그 덕분에 나는 전진하고 의욕을 얻습니다. 삶의 목표와 의미도 얻게 되고요. 어떤 상황에서든, 매사에 좋은 면을 보려고 노력하게 되기도 합니다." 인도에서도 이 비슷한 발언들이 정치권에서 슬슬 나오기 시작했다. 나렌드라 모디 총리가 속해 있는 집권당 의원이자 요가 애호가인 시브라지 싱 초한은 주저 없이 다음과 같이 말했다. "행복은 물질적 소유의 문제가 아닙니다. 경제 개발과 관련된 물질주의적 목표와는 상관이 없어요. 사람들은 삶을 긍정적으로 바라봄으로써 행복을 알게 될 겁니다."

민감한 정치·경제적 쟁점을 이데올로기적이지 않은 방식으로, 순전히 기술관료적인 방식으로 환기한다는 것 또한 행복 측정의 중요한 결과 중 하나라고 하겠다. 예방 접종 프로그램, 교육 개혁, 새로운 조세 대책 등을 평가할 때 행복은 세상에서 제일 객관적인 것처럼 제시될 것이다. 가령, 아들러와 셀리그먼은 행복이라는 기준이 조세 대책의 수립을 지배함으로써 "시민의 안녕감을 저해하지 않는 선에서 세수(稅收)를 극대화하는 최적 구조에 도달해야 한다."고 했다. "안녕감이라는 기준은 과세의 모든 수준에서 고려되어야 한다. 그로써 국가의 안녕감을 극대화하는 효율적인 과세 구조를 구상할 수 있다."[68] 여기서 과세는 더는 사회·정치적 고려의 사안, 사회 정의의 사안이 아니다. 과세가 어떤 기법을 선택함으로써 행복의 양을 최대한으로 끌어낼 것인가를 최우선으로 삼는, 순전히 기술적인 사안이 된 것이다. 이 두 저자는 정치적 쟁점뿐만 아니라 도덕적 문제를 대할 때에도 동일한 논리를 적용해야 한다고 주장한다.

> 우리 사회는 매춘, 낙태, 약물 소비, 체벌, 도박 등 도덕적 차원의 논쟁을 낳는 문제들에 대해 어떻게 결정을 내릴 수 있을까? 정합성을 완벽하게 갖춘 논증으로 이러한 악습을 옹호할 수도 있고 비난할 수도 있다. 그렇지만 개인이나 소집단의 가치관이 일목요연하게 파악 가능한 경우는 드물다. 안녕감이 공공 정책을 이끄는 지표로서 좋은 점 중 하나는 자기 평가 도구들의 주관적 성격에 있다. 개인의 선호도에 대해서 알려주는 주관적 표지들은 삶의 목표와 가치관을 반영한다. 이 주관적 표지들이 공공 정책을 설계하는 모든 이에게 민주적이면서도 (공리주의적 관점에서의) 정의로운 도구를 제공

하여 행여 크나큰 도덕적 결과를 야기할 수도 있는 사안들
에 대해 결정을 내릴 수 있도록 한다.[69]

이 방법들, 행복의 테크노크라시의 방법들은 (가장 최근의 예를
들자면) 이제 불평등에까지 적용되었다. 지금까지 다들 행복과 소
득 불평등은 반비례한다고, 특히 빈곤층에서는 더욱 그 양상이 뚜
렷하다고 이야기해왔건만 일부 행복경제학자들이 그 반대를 주장
하고 나선 것이다. 이들의 연구를 액면 그대로 따르자면, 방대한
데이터베이스를 살펴보니 소득 불평등과 자본 집중이 행복과 경
제 발전에 오히려 비례하더라는 것이다. 특히 개발도상국에서는
그러한 양상이 뚜렷하다고 한다. 그들이 확인한 결과는 다른 수많
은 경제학자들이 확인한 결과와 정반대다. 다른 경제학자들은 모
든 이에게 최소한의 존엄, 인정, 삶의 질을 보장하기 위해 최소한의
부가 반드시 재분배되어야 한다고 주장하니 말이다.[70] 행복경제학
자들의 주장대로라면 사회적 불평등에는 원한이 전혀 따라오지
않는 듯 보인다. 아니, 오히려 사회적 불평등이 "희망의 요인"을 낳
는다나. 그래서 부자의 성공은 가난한 사람에게 일종의 자극이 된
다나. 희망과 행복은 피차 이런 식으로 성공을 향한 동기 부여 요
소들이라는 위상을 차지한다.

이런 식의 전개는 사실 놀랍지도 않다. 행복 이데올로기를 떠받
치는 능력주의·개인주의 가치관은 계급 차이를 완전히 은폐하지
만, 사실 그러한 차이는 더없이 근본적이다. 행복 이데올로기를

외치는 자들은 조건의 평등보다 심적 기회의 평등을 선호한다. 바꾸어 말하자면, 경제적 불평등을 완화하자는 생각을 옹호하는 것보다 불평등한 체계 속에서 공정한 경쟁 조건을 설파하는 것을 더 중시한다. 새로운 행복경제학은 수많은 연구를 근거 삼아 불평등이 첨예할수록 언젠가는 기회가 있으리라 확신하는 개인은 행복을 얻는다는 식으로 주장한다. 가령 최근에 켈리와 에번스는 "소득 불평등은 더 큰 행복과 연관 관계가 있음이 분명하다."라는 결론을 내렸다. 이 '중대한 사실'은 개발도상국에서 으레 확인할 수 있을 것이다. 선진국의 불평등은 개인의 행복을 "돕지도 않고 침해하지도 않으므로" 개인의 행복과 "관련이 없는 것으로" 보인다.[71] 이런 유의 주장들의 정치적 귀결은 명백해 보인다. 불평등을 해소하기 위한 노력이 아무 쓸모가 없음을 보여주겠다는 것 아닌가.

과거나 지금이나 소득 불평등을 완화하려는 노력은 막대하다. 불평등을 해소하기 위해서라면 경제 성장을 희생할 수 있노라 선언하는 이들도 많다. 우리가 도달한 결과를 보건대, 그러한 노력이 본질적으로 신중하지 못하다는 생각이 든다. 그럴 수밖에 없었던 이유는, 우리가 관찰한 세상에서 소득 불평등은 일반적으로 사기 저하나 개인의 주관적 안녕감 실추로 통하지 않기 때문이다. 개발도상국에서 불평등은 되레 행복 증대의 원천이다. 이렇게 보면 세계은행 같은 국제기구들이 소득 불평등을 완화하기 위해 경주하는 작금의 노력이 빈 곤국 국민의 안녕감에는 잠재적으로 해로울 수도 있겠다.[72]

테크노크라시 입장에서는 행복을 기준으로 삼으면 아주 편해 진다. 테크노크라시의 비인간적인 세계관에 일종의 인간다움을 덧칠할 수 있다고나 할까. 사람들 속에서 확인되는 행복이 국민 의 감정과 여론을 반영하니까 굳이 국민에게 정치적 지도자나 정 책에 대해서 어떻게 생각하는지 묻지 않아도 된다는 생각이 여기 에 나타나 있다. 다섯 개 선택지 중 하나를 고르게 하는 설문지 를 써서, 삶에 대한 만족도만 평가하면 그것으로 족하다는 얘기 다. 그러나 국민의 견해는 그런 식으로 측정되는 행복과 달리 혼 란스럽고 뒤죽박죽이며 해석하기가 힘들다. 레이어드와 오도넬은 『세계 행복 보고서』의 도입부에서 두 가지를 강조했다. 일단, 국민 의 행복은 민주주의라는 이름에 걸맞은 체제에서 설계한 모든 공공 정책의 좋고 나쁨을 판별하는 기준이 되어야 한다. 그리고 국민에게 특정 공공 정책에 대한 평가를 요청해봐야 "의미 없는 답변들밖에 나오지 않는다." 연구자에게 국민의 행복에 대해서 알 려주는 대량 데이터는 "증거에 기반을 둔, 새롭고 강력한 공공 정 책 구상 방법"[73]에 있어서 훨씬 더 믿을 만한 자료가 되었다. 그렇 지만 국민을 진정으로 신뢰하지 않으면서도 국민에게 의존하는 이 방식은 민주적이라기보다는 전제적이고, 국민을 터무니없이 깔 보는 것이다. 윌리엄 데이비스가 이미 잘 보여주었듯이[74] 신공리주의적이고 기술관료적인 접근은 실제로 민주주의와 마찰을 일으킨다. 국민들에게서 확인되는 행복 개념은 사회적 안녕감을 아주 희미하게만 환기할 뿐 아니라 차츰 관심에서 밀어낸다. (행복이 수량화될 수 있다는 주장이 통하는 한) 그러한 행복 개념은 판단과 신념을 균질화한다. 이 개념은 기술관료들에게 특히 소중한 전략이다. 그들이 예측하지 못한 결과나 참다운 민주적 의사 결정에서 비롯된 정책적 도전을 직시하지 않고도, 민주주의의 부스러기나마 내놓을 수 있기 때문이다.

현재, 행복이 심히 정치적 개념이라는 점은 의심할 바 없다. 행복경제학자들과 긍정심리학 사도들도 기꺼이 인정한다. 그들은 모두 행복이 경제적·사회적 영향 못지않게 정치적 영향을 미친다고 본다. 애슐리 프롤리가 보여주었듯이, 긍정심리학 예찬자들의 연구 및 저술의 거의 40%는 공권력의 강력한 개입을 촉구하는 것으로 결론을 맺는다.[75] 그러나 그들 모두가 인정하려 들지 않는 것, 그건 바로 행복 연구와 그 다양한 임상적 적용의 기저에 있는 정치적·문화적 동기다. 그들은 특정한 정치 강령이나 문화적 편향이 행복에 대한 학술 연구와 그 정치적·경제적·사회적 적용을 떠받치고 있다는 사실을 결코 인정하지 않는다. 이 분야의 연구자들은 과학-가치 이분법을 앞세워 문화적·역사적·이데올로기적 문제 제기를 어떻게든 피하려고만 한다. 자기네들이 과학적으로 접근했기 때문에 자기네가 제시하는 행복한 사람의 초상은 완벽히 가치 중립적이고 객관적이며 도덕적·윤리적·이데올로기적 함의가 없다는 식이다. 그렇지만 명백한 사실이 그러한 주장을 통렬하게 반박한다. 그들이 제시하는 행복과, 개인주의의 주요 전제 및 신자유주의 이데올로기의 주요한 윤리적 요구가 밀착되어 있다는 사실 말이다.

Rekindling

individualism

제 2 장

개인주의를
더욱
선명하게

CRACY

권위·의무·도덕적 모범으로서의 가족·종교·소명과 단절된 자아는 행복을 찾아 나서고 자신의 욕망을 충족시킴으로써 자신의 고유한 행동 양식을 만들어나간다. 하지만 자아의 욕망이란 무엇인가? 어떤 기준, 어떤 능력으로 자아는 자신의 행복을 확인할 수 있을까? 이러한 물음에 대하여 (…) 개인주의는 근본적인 사적 검증 이외의 모든 기준을 버리기로 그 어느 때보다 굳게 작정한 듯하다.

― 로버트 벨라 외, 『마음의 습관(Habits of the Heart)』

행복과 신자유주의

우리가 보기에 신자유주의는 단순한 경제·정치 이론이 아니라 훨씬 더 광범위하고 기본적인 현상으로 보아야 한다. 다른 지면에서 이미 언급했듯이[1] 신자유주의는 자본주의의 새로운 단계로 보아야 한다. 사회의 모든 영역들을 경제 분야로 가차 없이 대체하고[2] 정치적·사회적 의사 결정 과정을 설명할 수 있는 과학기술적 기준들을 언제나 더 많이 요구하는[3] 것이 신자유주의의 특징이다. 선택, 효율성, 이익의 극대화라는 공리주의의 원칙들은 더욱 강화된다.[4] 노동 시장의 불확실성은 기하급수적으로 커진다. 경제 불안과 시장에서의 경쟁은 날로 심화된다. 리스크를 감안한 결정들이 늘어나고, 조직의 탈중심화와 유연화 과정이 강화된다.[5] 정체성, 감정, 라이프스타일 등 상징적이고 비물질적인 영역이 점점 더 상품화된다.[6] 정서적 건강[7]과 자아실현 욕구를 사회적 진보와 제도적 개입의 핵심에 두는 치료의 에토스(ethos)*를 공고히 한다.[8] 근본적으로, 신자유주의는 본질적으로 개인의 자아에 초점을 맞추는 개인주의적 사회철학으로 이해되어야 한다. 니콜 아쇼프의 말마따나, 신자유주의의 가장 중요한 인류학적 전제는 다음과 같은 한마디로 요약될 수 있다. "우리는 모두 독립적이고 자율적인 행위자들로서 시장에서 만나 우리의 운명을 만들어나가고 그로써 사회를

---

* 해당 사회 집단의 윤리적 관습.

만들어나간다."[9] 이런 면에서 신자유주의는 구조적 특징들뿐만 아니라, (헤르베르트 마르쿠제의 표현을 빌리자면) 하부 구조적인 전제들까지 살펴볼 필요가 있다. 달리 말하면, 우리는 신자유주의의 도덕적이고 윤리적인 금언들에 관심을 기울여야 한다. 그러한 금언들에 따르면, 모든 개인은 자신의 심리 상태를 다스리고 자신의 이익에 걸맞게 행동함으로써 삶의 목표에 도달한다는 점에서 자유롭고 전략적이며 책임감 있고 자율적이다(또한 그래야만 한다). 다시 말해, 여기서 말하는 개인은 자신이 열망하는 행복에 얼마든지 다다를 수 있다.

그러니 금세기 초 행복에 쏠린 돌연하고도 노골적인 관심[10]에 질리포베츠키가 말하는 "제2의 개인주의 혁명"[11]이 즉각 따라온 것은 놀랄 일도 아니다. 이러한 문화 전반의 개인화·심리화 과정은 자본주의가 심화된 사회들에서 정치적·사회적 책임 고취의 메커니즘을 뿌리부터 바꿔놓았다. 이로써 사실상 사회의 고유한 구조적 결함, 모순, 역설마저도 심리적 특징과 개인의 책임이라는 시각에서 설명할 수 있게 되었다. 가령, 노동은 차츰 개인 프로젝트, 창의성, 창업 정신의 사안이 되었다. 교육은 개인의 재능과 자질의 문제이고, 건강은 생활 습관과 라이프스타일의 문제이며, 사랑은 사람과 사람 사이의 친화성과 궁합의 문제다. 정체성은 선택과 인격의 문제이고, 사회의 진보조차 개인적 번영의 문제처럼 되어버렸으며, 매사가 이런 식이다.[12] 그 결과는 전반적으로 사회적 차원을 무너뜨리면서까지 심리적 차원을 중시하는 경향으로 나타났다.[13]

이리하여 보편적이고 절대적인 정치는 점차 심리치료와 손발이 잘 맞는 어느 한 종류의 정치로 대체되었고[14] 행복 담론은 신자유주의적 시민 모델을 규정함으로써 개인주의의 수사학으로 차츰 대체되었다[15](이 책의 제4장에서는 이러한 생각을 좀 더 펼쳐 보일 것이다).

이런 의미에서 행복을 그저 무해하고 추상적인 개념, 안녕감이나 만족의 동의어로 보아서는 안 된다. 이제 행복을 문화적·도덕적·인류학적 편견이나 전제가 없는 공허한 개념으로 보아서는 안 된다. (정의, 신중, 연대, 충실성이 아니라) 어째서 하필 행복이 이토록 지배적인 역할을 맡게 되었을까? 무슨 이유로 행복이 오늘날 인간 행동을 지극히 다양한 방식으로 설명하게 되었을까? 이걸 다 어떻게 이해해야 할까? 우리가 보기에 행복이 신자유주의 사회에서 이렇게나 중요해진 이유는 행복이 개인주의 가치관과 떼려야 뗄 수 없이 얽혀 있기 때문이다. 개인주의 가치관에 따르면, 개인의 자아는 일종의 최종심급이고 집단과 사회는 개별적이고 자율적인 의지들의 결집체다. 좀 더 정확히 말하면, 우리는 행복이 신자유주의 사회에서 요긴한 쓰임새를 보여주었기 때문에 이렇게 되었다는 말을 하고 싶은 것이다. 행복 개념은 개인주의를 소생시키고, 정당화하고, 다시금 제도화하는 데 이바지했다. 그리고 그 수단으로는 과학적이고 중립적이며 이데올로기적 함의가 없고 권위 있어 보이고자 하는 담론이 동원되었다.

미셸 푸코를 위시한 여러 사상가가 보여주었듯이, 도덕이나 정치 담론이 아닌, 인간의 본성적 특징들을 언급하는 중립적 담론이 언제나 더 쉽게 설득력을 발휘하고 제도화될 수 있다.[16] 실증과학 운운할 태세였던 행복학의 수많은 사도들은 행복 개념을 개인의 책임을 강조하고 극심한 개인주의 가치관을 심리학, 경제학으로 받아들이게 할 강력한 도구로 삼았다.[17] 실제로 수많은 연구자들이 이른바 인간 행복에 대한 과학적 연구의 이론적·도덕적·방법론적 전제들을 떠받치는 개인주의적 편견을 상세히 분석하고 비판한 바 있다.[18] 그렇지만 행복에 대한 생각이 그 기저에 깔린 개인주의에도 '불구하고' 부상한 게 아니라, 바로 그 개인주의를 '이유로' 부상했음을 이해하는 것이 중요하다. 그러한 생각은 개인의 삶과 공동체의 삶을 분리하고 자아를 모든 인간 행동의 기원으로 간주하는 개인주의적이고 비정치적인 담론을 통하여 정당한 것이 되었다.[19]

긍정심리학의 사도들과 행복경제학자들, 그 밖의 업계 전문가들은 이런 면에서 결정적 역할을 했다. 실제로 긍정심리학은 행복과 개인주의를 긴밀히 연결한 나머지 이 두 개념을 상호 의존적이다 못해 사실상 서로 바꿔 써도 무방하게 만들어버린 학문 분과다. 물론, 개인주의의 전제와 편견이 긍정심리학의 전유물은 아니다. 사실, 그것들은 전통적인 심리학에도 근간을 마련해주는 특성들이다.[20] 그래도 긍정심리학이 전통적인 심리학과 가장 크게 다른 점은, 긍정심리학이 행복과 개인주의를 해석하고 그 둘을 도덕적 차원에서나 개념적 차원에서 연결하려고 애쓰는 방식에 있다.

긍정심리학과 개인주의

예를 들어 긍정심리학의 사도들은 도덕적 규범에 대해서도 개인만을 기준으로 삼는다. 행복이 좋은 것이라면 그 이유는 행복이 자아실현의 동의어이기 때문이다. 셀리그먼은 본질적으로 우리를 우리답게 하는 것과 관련된 모든 행위와 그로써 얻는 쾌락을 행복이라고 부를 수 있다고 주장한다. 그는 심지어 "연쇄 살인 환상에서 쾌락을 얻는 가학피학성애자나 (…) 추격과 살인에서 짜릿함을 느끼는 청부 살인업자, (…) 알카에다의 사주를 받아 여객기를 돌려 세계무역센터를 들이받게 하는 테러리스트"[21]의 경우도 예외로 보지 않는다. 셀리그먼은 "이러한 행위들은 분명히 벌해야 할 것"이라고 짚고 넘어가면서도 "[긍정심리학의] 이론과는 별개의 이유로"[22] 벌할 수밖에 없다고 말한다. 그는 긍정심리학이, 여타의 과학이 그렇듯, 도덕적 면에서는 기술적(記述的)이고 가치 중립적이라고 본다. 이건 물론 근본적인 모순이다. "행복은 좋은 것이다."라는 긍정심리학의 주요한 전제를 떠받치는 도덕적 주관성은 여타의 모든 정당화와 마찬가지로 도덕적이다.[23] 그래도 셀리그먼은 자기 견해를 굽히지 않는다.

> 긍정심리학의 과제는 여러분에게 낙천적으로 살아야 한다고, 영성 생활을 해야 한다고, 혹은 상냥하고 늘 기분 좋게 지내야 한다고 말하는 것이 아니다. 오히려 그러한 특징들이 어떤 결과를 불러오는지 기술하는 것이 이 학문의 과제다. (…) 여

러분이 이 정보로 무엇을 하느냐는 오로지 여러분의 가치관,

여러분이 설정한 목표에 달려 있다.[24]

앞에서 보았듯이 긍정심리학 예찬자들은 개념적인 면에서 행복
과 개인주의를 밀접하게 연결했다. 그들은 개인주의를 행복의 문
화적·윤리적 선결 조건으로 삼는가 하면, 행복을 개인주의의 과
학적 정당화로 삼았다.[25] 그들이 제시하는 개인주의는 도덕적으로
전혀 하자 없는 가치처럼 보인다. 이렇다 보니 그들의 추론은 자주
동어 반복에 빠지곤 한다. 그들은 행복이 모든 인간이 자연스럽게
추구하는 목표이니만큼, 행복하게 살아가는 가장 자연스러운 방식
은 자기가 정한 목표를 자율적으로 추구하는 것이라고 생각하고,
가끔은 이런 걸 가정이랍시고 내세우기까지 한다.[26] 특히 에드 디
너와 그의 동료들은 개인주의가 사회학, 경제학, 정치학의 다른 변
수들보다 행복에 영향을 미치는 가장 일관적이고 확실한 변수라
고 주장했다.[27] 그들은 개인주의 문화가 개인주의적이지 않은 문화,
집단주의 문화보다 삶에 대한 만족 수준을 높이는 경향이 있다고
했다. 그 이유는 시민들이 "삶을 영위하는 방식을 더 자유로이 선
택할 수 있기" 때문이라나. 또한 "그들 자신의 목표를 추구할" 기회
도 더 많기 때문이라고 한다.[28] 루트 페인호번은 달리 말하진 않지
만 현대 개인주의 사회가 시민들에게 "인간의 변함없는 욕구, 즉
언제나 변화하는 현실과 부딪히려는 욕구에 부응함으로써 자극이
되는 환경"[29]을 제공함으로써 그들을 더 행복하게 만들었다고 부

연한다. 마찬가지 맥락에서 오이시는 (각 사람의 고유한 가치와 독립성에 대한 인정으로 정의된) 개인주의가 안녕감, 삶에 대한 만족과 직접적인 상관관계가 있다고 보았다. 그는 이 상관관계로 오스트레일리아인과 덴마크인이 한국인이나 바레인인보다 행복한 이유를 설명했다.[30] 스틸과 린치도 중국인이 점점 더 행복해지는 이유를 개인주의로 설명했다. 점점 더 많은 중국인들이, 심지어 극빈층에서도, 개인 책임의 윤리를 채택하고 있다.[31] 아후비아 같은 긍정심리학 지지자도 경제 발전이 행복을 증대시키는 이유는 생활 조건이 나아지거나 구매력이 향상되기 때문이 아니라 저마다 자신이 정한 목표에 힘쓰도록 격려하는 개인주의 문화가 조성되기 때문이라고 주장했다.[32] 피셔와 보어도 모든 점을 감안했을 때 "개인주의의 강화와 안녕감의 향상 사이에는 강력한 연관성이 있다."[33]라는 결론을 내렸다.

국가의 안녕감에 가장 크게 이바지하는 변수들에 대한 논쟁이 아직 한창인데도 긍정심리학자들은 대부분 개인주의적인 국가일수록 국민이 행복하다고 주장한다.[34] 이 연구자들이 수시로 이러한 주장의 증거를 찾아낸다 해도 놀랄 일은 아니다. 그들이 행복을 개념화하고 측정하는 방식들 자체가 개인주의 세계관에 짙게 물들어 있기 때문이다. 긍정심리학은 수립 단계부터 환경의 영향을 축소하려는(혹은, 아예 무시하려는) 태도가 현저히 두드러졌다. 이 분야의 비교 연구들이나 행복을 수량화하기 위해 고안한 측정 도구들을 보면 그 점은 명백하다. SWLS(Satisfaction with Life Scale, 삶에 대한 만족도 척도)는 특히 의미심장한 예다.[35] 이 설문 조사는 실제로 나머지 요인들, 즉 사회적·경제적·문화적·정치적 요인들, 혹은 더 객관적인 다른 요인들을 등한시하면서까지 개인적이고 주관적인 요인을 심하게 강조한다. 사회적인 것에 대한 셀리그먼의 편협한 생각과 그의 개인주의적 편견은 저 유명한 '행복 공식'에서 명약관화하게 드러난다.

행복 공식

셀리그먼은 『진정한 행복』*에서 다음과 같은 '행복 공식'을 처음 제안했다. "행복=S(set, 유전적으로 정해진 행복의 범위)+V(volitive, 자신의 행복을 개발하려는 의도적이고 자발적인 활동)+C(circumstances, 행복에 영향을 끼치는 환경)"[36] 인간 행복의 본성에 대한 긍정심리학의 놀라운 발견들을 요약하고 있다는 이 단순한 방정식에서 행복의 절반은 유전이다. 의지적·인지적·감정적 요인이 40%를 차지한다. 생활 환경과 그 밖의 외부 요인(소득, 교육, 사회적 지위 등)은 10%밖에 되지 않는다. 게다가 셀리그먼은 이 다양한 '상황들'은 "놀랍게도 행복에 관해서는 이 중 어떤 것도 뚜렷한 역할을 하지 않기 때문에"[37] 전체적으로 뭉뚱그려 고려해도 된다고 말한다.

이 공식은 비록 과학적인 면에서 심히 의심스럽지만 실제로 긍

---

* Martin E. P. Seligman, *Authentic Happiness*, 2002. 이 책은 국내에는 『완전한 행복』, 『긍정심리학』, 『마틴 셀리그만의 긍정심리학』으로 제목을 여러 차례 바꾸어 출간되었다. 여기서는 혼동을 피하기 위해 원서 제목을 그대로 번역했다.

정심리학의 세 가지 핵심 전제를 요약하고 있다. 첫 번째 전제, 인간이 느끼는 행복의 90%는 개인적이고 심리적인 요인에 해당한다. 첫 번째 전제와 모순되는 두 번째 전제, 행복은 습득할 수 있다. 행복은 단지 선택, 의지, 자아 및 능력 개선의 문제다. 마지막 세 번째 전제, 개인적이지 않은 요인들은 개인의 행복에 미미한 역할밖에 하지 않는다. 셀리그먼은 중요한 것은 외부 상황 자체가 아니라 그 상황에 대한 개인의 주관적 지각이라고 서둘러 부연한다. 마찬가지 맥락에서 "돈 자체가 중요한 게 아니라 개인이 돈에 부여하는 중요성이 중요하다."[38] 셀리그먼은 객관적 상황이 행복에 영향을 미치긴 하지만 그러한 영향은 매우 제한적이기 때문에 상황을 바꾸려고 노력할 가치는 별로 없다고 주장한다. "행복에 관한 희소식은 어떤 이들에게는 더 나은 방향으로의 변화가 가능하다는 것이다. 나쁜 소식은 상황을 바꾸려는 노력은 실용적이지 않고 혹독한 대가를 요한다는 것이다."[39]

40%의 가능성

긍정심리학 지지자들은 지체 없이 '행복 공식'을 이론적 나침반으로 삼았다. 소냐 류보머스키는 그녀의 베스트셀러 『행복도 연습이 필요하다』에서 이 공식이 행복의 진짜 결정 요인들을 간단하면서도 근거 있게 설명한다고 일말의 주저 없이 말한다. "우리가 삶의 환경이 행복의 열쇠가 아님을 진실로 받아들일 수 있을 때 우리는 스스로 행복을 추구할 수 있는 힘을 얻게 될 것이다."[40] 류보머스키는 독자들에게 그들이 살아가는 환경보다 그들의 자아에 더 관심을 기울이라고 권고한다. 그게 바로 "40%의 가능성"이다. 그녀가 가장 효과적이라고 주장하는 행복 레시피는 일상에서 생각하고 느끼고 행동하는 방식을 바꾸려고 노력하는 것이다. 사실, 유전적 기질이나 외부 요인은 바꾸기가 여의치 않을뿐더러 바꾸려고 해봐야 헛수고다. 특히 개인이 정말로 변하지 않는 이상, 결국은 출발점(각자의 유전적 기질로 정해진 행복 수준)으로 돌아오게 된다. 류보머스키는 긍정심리학의 과학적 효력과 혁명적 발견을 소개하고 나서 각자가 개발할 수 있는 몫, 즉 앞에서 말한 40%를 최대한 끌어내는 법을 가르치는 데 대부분의 지면을 할애한다. 감사를 표현하는 법, 낙관주의를 개발하는 법, 생각에 지나치게 빠지지 않는 법, 스트레스 "관리법", 현재의 순간을 사는 법, "생의 소소한 기쁨을 음미하는 법"이 그 주요 내용이다.

'행복 공식'을 가장 호되게 비판한 인물 중 한 명을 꼽자면 바버라 에런라이크를 들 수 있다. 에런라이크는 『긍정의 배신』에서 셀리그먼의 "수상한 방정식"에 과학적 성격이 심각하게 부족함을 지적하는 한편, 인간 행복에서 환경이 차지하는 역할을 철저히 축소하는 이 방식이 사회적·도덕적으로 불러온 결과를 지적했다.[41] 저자가 이 책에서 던지는 질문들은 단순하다. 긍정심리학의 주장이 진실이라면 좋은 직업, 좋은 학교, 안전한 동네, 보편적 의료 보장은 뭐 하러 얻으려 할까? 소득이 행복에 당최 이바지하지 못한다는 생각을 정말로 받아들여야 할까? 더 높고, 더 공정하고, 더 안정적인 소득이 사회적 배제의 논리를 억제하는 효과가 없을까? 그러한 소득이 생계에 허덕이는 수많은 빈곤 가정을 돕는 효과가 과연 없을까?

긍정심리학의 사도들이 '환경'이라는 범주로 뭉뚱그린 소득 문제는 각별한 논의 대상이다. 이 문제에 대한 긍정심리학의 견해는 아주 분명하다. 돈은 인간의 행복에 유의미한 영향을 끼치지 않는다나(이러한 견해는 왜 그토록 많은 이가 정반대로 생각하는 듯 보이는가라는 의문을 자아낸다). 리처드 레이어드 경과 같은 행복경제학자들도 다소 미묘한 차이를 보이기는 하나 기본적으로는 같은 입장이다. 레이어드는 소득이 낮을수록 돈이 행복에서 차지하는 역할은 커진다고 본다. 그러나 소득이 일정 수준 이상으로 넘어가면 행복이나 정서적 안녕감과 아무 상관이 없다는 것이다.[42] 그렇지만 그 기준이 되는 소득 수준은 결코 정확히 파악되지 않았다. 여러 연구에서 연 수입 1만 5,000달러(약 1,600만 원)[43]부터 7만 5,000달러(약 8,000만 원)[44]까지 다양한 결과를 내놓았다. 그렇지만 스티븐슨과 울퍼스는 이 전제에 전면적으로 이의를 제기했다. 그들은 "이러한 주장을 탄탄하게 전개할 만한 자료의 결여"[45]를 지적하며 "소득과 주관적 안녕감의 관계는 국가와 시대를 막론하고 중요할 뿐 아니라 매우 밀접한 양상"을 보이므로 "경제 발전이 주관적 안녕감에 긍정적 영향을 미치지 않는다는 생각"은 "배제"[46]해야 한다고 설득력 있게 주장했다. 스티븐슨과 울퍼스도 에런라이크와 마찬가지로 여기서 제기되는 중대한 사회경제적 문제들을 짚는다.

경제 성장이 사회에 긍정적 효과를 그다지 미치지 않는다면 경제 성장을 정부 정책의 주요 목표로 삼을 필요도 없다. (…) 사람들은 공공 정책이 인간 행복에 긍정적인 효과를 미칠 수 없다고 믿게 될 것이다. 우리는 그러한 믿음을 명백히 부인한다. 우리는 생활 조건의 개선이 주관적 안녕감과 더 나은 삶의 수준에 실질적으로 영향을 미친다고 주장하는 바다.[47]

긍정심리학이 진실을 말한다면 사회 구조, 제도, 척박한 삶의 조건을 지적하고 비난한들 무슨 소용이 있을까? 특권적 삶의 조건이 주관적 안녕감에 미치는 영향은 뭐 하러 인정하나? 이러한 세계관은, 사람들이 결국에 가서는 자기가 얻을 자격이 있는 것을 얻는다는 능력주의 전제들을 정당화하고 전파하지 않을까? 이 세계관 속에서는 전부 자기 능력, 노력, 끈기 나름이라는 것 아닌가? 이러한 입장은 그 근시안적인 시각도 그렇고, 사회적·도덕적 결과를 봐도 그렇고, 꾸준히 호되게 비판을 받았다. 데이나 베커와 진 마레체크는 이런 유의 주장이 곧잘 불러일으키는 불편함을 잘 지적해주었다.

모든 이가 행복한 삶에 쉽고 동등하게 접근할 수는 없다. 계급, 성별, 피부색, 인종, 국적, 신분 제도는 권력과 위상의 격차와 불평등을 낳고 개인의 안녕감에 중대한 영향을 미친다. 이러한 구조적 차이는 돌봄, 교육과 직업 이력, 개별 사례에

대한 사법 제도의 처분, 일상적 생활 조건, 자녀의 미래, 사망
률에까지 뚜렷하게 작용한다. 자아실현을 고무할 만한 최소
한의 조건도 갖추지 못한 상태에서 어떤 자아실현을 바랄
수 있을까? 사회적 변화 없이 '자조' 연습만으로 충분하다는
주장은 근시안적인 시각을 드러낼 뿐 아니라 도덕적으로 혐
오스럽기까지 하다.[48]

긍정심리학 신봉자들은 기존 입장을 철회하지 않았다. 그들은
비판을 무시하든가(인간 행복에서 사회적 요인이 차지하는 잠재적 역할
에 대한 심도 있는 분석은 여전히 그들의 연구에서 찾아볼 수 없다) 심리
적 변수를 강조하느라 개인적이지 않은 변수들의 중요성은 축소하
든가 한다. 개인의 행복에서 상황이 차지하는 비중이 10%밖에 되
지 않는다는 추정이 "직관에 어긋나는 발견"[49]임을 인정하는 이가
더러 있지만, 여전히 모두가 구조적·정치적·경제적 변수들이 개인
의 행복과 별 상관이 없다고 줄기차게 주장한다.[50]

그들의 주장은 그나마 "40%의 가능성"에 행복하게 살고 싶은
사람이 손쓸 수 있는 여지가 있다는 것이다. 생활 조건이 어떻든,
시대가 어떻든, 행복과 자기 개선의 열쇠는 늘 우리 안에서 찾을
수 있다나. 셀리그먼의 말에 따르면, 바뀌지 않을 조건을 바꾸겠다
고 용써봐야 헛수고이고 좌절은 필연적이지만, 자신을 바꾸려는
노력은 지속적이고 구체적인 성과를 안겨줄 것이다.[51] 이 메시지는
매우 의심스러움에도 불구하고 지난 몇 년간 엄청난 반향을 불러

일으켰다. 어떤 이는 불확실하고 무기력한 시간을 보내다가 이런 메시지에서 다시 한번 살아봐야겠다는 기분이 되었고, 어떤 이는 자신을 집어삼키는 불안을 잠시나마 잊을 수 있었다.

내면의 성채로 물러나다

2008년 금융위기 이후로 코치나 그 밖의 자기 계발 전문가에게 도움을 받는 일은 아주 흔해졌다. 미디어, 인터넷 사이트, 블로그에서는 구독자에게 자기 자신을 소홀히 하면 나중에 문제가 된다는 식으로 경고하면서 자못 힘든 이 시기에 감정을 잘 '관리'할 수 있게끔 도와주겠노라 제안하고 나섰다. 예를 들어, 미국의 자유주의 계열 블로그 뉴스 《허핑턴 포스트(Huffington Post)》에서는 2009년도에(그리고 2011년에도) 「위기의 시대에 자신에게 마음을 쓰다」라는 글을 게재했다. 이 글을 쓴 사람은 직업 코칭 전문가이자 헤드헌팅 기업의 대표였다.

　수많은 이가 심각한 혼돈과 불확실성과 공포의 시기를 보내고 있다는 현실을 회피한다면 정말로 누를 끼치는 일밖에 되지 않을 것이다. 우리의 경제 환경 상태, 그로 인한 실업은 사기를 전혀 살려주지 못하는 일상의 화제가 되고 있다. (…) 우리는 스트레스를 못 이겨 우리 자신을 소홀히 할 때가 참 많다. 스트레스가 우리를 장악하도록 그저 손 놓고 있기 때문이다. 이것은 우리의 건강에 부정적인 영향을 미치고, 그로 인해 우리는 더욱더 역경을 이겨내기 힘들어진다. (…) 나는 그 점을 염두에 두고 내가 정말로 중요하다고 생각하는 몇 가지를 권하고 싶다. 이 권고가 여러분 자신을 돌보는 데 도움이 될 것이다. 여러분의 자존감을 지키라. 자주 웃고, 미소를 지으라. 삶의 소소한 것들을 돌보라. 여러분 자신과 타인에게 충실하게 임하라. 실업과 그에 따른 경제적 어려움은 자신의 가치에 대한 생각을 쉽게 갉아먹고 우리를 어떤 형태의 자기 부정에 빠뜨릴 수 있다. 그러므로 그 어느 때보다 정신 똑바로 차리고 자기 자신에게 마음을 쓰는 것이 중요하다. 우리 주위의 혼돈을 멋지게 통과하는 데 도움이 되면서도 실로 간단한 연습을 일상적으로 수행해야 한다. 이 혼돈이 일종의 도전이 될 수도 있다. 여러분 자신에게 다음과 같이 물어보라. 여러분은 자기 자신을 돌보기 위해 무엇을 하고 있는가?[52]

다들 알다시피 2008년 금융위기는 세계 경제 사정을 현저히 망가뜨렸다. 경제 전망이 불투명해지고 빈곤과 불평등이 심화되었으며, 고용 시장이 악화되었고, 기관들의 불안정과 정치에 대한 불신이 팽배했다. 그로부터 10년이 지났지만 금융위기의 여파는 여전히 남아 있고 이 중 상당수는 앞으로도 사라지지 않을 성싶다. 전에 없던 경기는 이제 우리가 퇴보의 시대, 즉 사회, 정치, 경제가 대대적으로 뒷걸음질하는 시대로 들어가는 게 아닌가라는 의문을 진지하게 끌어냈다.[53] 게다가 위기로 인해 대중들이 불안정하고 열악한 상황을 인식하게 되었을 때조차도 개인들의 삶을 형성하는 구조적 힘이 기본적으로 불가해하고 판독할 수 없는 것처럼 보이기는 마찬가지다. 결과적으로 불확실성, 위험, 전망 없음, 무기력, 불안 같은 감정이 사람들의 정신에 뿌리내렸고, 특히 이 위기를 아프게 겪는 이들이 개인적 영역으로 물러나 자기 세계에 틀어박혀 재기의 자양분을 찾는 게 상책이라는 식의 담론이 성행했다.

이미 수십 년 전에 크리스토퍼 래시는 힘들고 혼란스러운 시기에 삶은 "정신 생존" 훈련이 되는 경향이 있다고 말했다. 그의 주장에 따르면, 사람들은 불안정하고 위험하고 예측 불가능한 환경에 직면할 때 정서적 관계에 치중하고 정치적 참여에서 멀어진다. 그런 시기에는 기껏해야 자신의 정신 건강이나 개인적 안녕에만 마음을 쓰게 된다는 것이다.[54] 이사야 벌린도 자기 시대에 이미 개인주의 교의에 따른 "내면의 성채"로의 후퇴는 "외부 세계가 유독 팍팍하고 잔인하거나 불공정하게 나타날 때 일어나는 듯하다."[55]고 지적했다. 잭 바벌릿도 비슷한 사실을 확인해준다. 그는 특히 "사람들은 정치적·경제적 침체기에 자기 자신을 주로 감정적 존재로서 경험한다."[56]라고 지적했다. 내면의 성채로 후퇴하라는 신호는 이처럼 전혀 새롭지 않고 우리 시대의 고유한 특징이라고 볼 수도 없으나, 2008년 경제적·사회적 위기 직후에 유독 거세게 일어났다.[57]

사회학자 미셸 라몽이 최근에 보여주었듯이 2008년 이후 신자유주의 사회의 개인은 "전반적인 경제 쇠퇴를 잘 이겨낼 수 있도록 냉정을 되찾고 의지와 힘을 끌어내려면 자기 내면을 들여다보아야 한다"[58]고 믿기에 이르렀다. 이러한 믿음은 중대한 사회학적 결과를 낳게 마련이다. 사람들이 정치와 공동생활에 관한 고민을 죄다 외면한 채 자기애적인 생각에 골몰하는 것만 문제는 아니다.[59] 개인의 운명이 순전히 자기 노력과 회복 탄력성의 문제라고 믿는다면 사회 정치적 변화를 상상할 가능성은 불확실해지거나, 적어도 심하게 제한될 수밖에 없다. 행복학이 정적주의(quietism)*에 가까워지는 것이다.

마음챙김 주식회사

이후로 행복 치료, 그리고 여기에 동반되는 상품과 서비스는 수요와 공급이 날로 늘어만 갔다. 여기서 매우 광범위한 문화적 경향의 원인과 징후를 동시에 볼 수 있지 않은가 싶다. 이제 자기 내면을 탐험하면서 심리적 실마리와 의지를 찾아내는 게 중요해졌다. 그러한 실마리와 의지가 불확실성이나 무기력에 대처할 수 있도록, 근본적으로 안전하지 못한 상황을 해결할 수 있도록 도와준다고 하니 말이다.[60] 마음챙김(mindfulness)은 이러한 양상을 기막히게

---

* 인간의 능동적 의지를 극도로 억제한 채 신의 초인적 힘에 전적으로 의지하려는 수동적 사상.

잘 보여주는 일례다. 마음챙김은 주의력을 의도적으로 자기 내면으로 돌리는 것은 패배나 절망이 아니요, 외려 혼란스럽고 무서운 세상에서 자기를 실현하고 행동력을 다지는 최고의 방법이라는 메시지를 내세운다. 종교적 아우라에 싸여 있든, 좀 더 세속적이고 학술적인 언어를 구사하든 간에, 마음챙김은 사람이 자기 자신을 믿는다면, 잘 참아낸다면, 비판적 시선을 포기하고 일종의 초탈을 배운다면, 인생이 결국은 다 잘 풀릴 거라는 믿음을 설파한다. 그래서 소위 마음챙김 수련은 "진정한 내면의 풍경"에 집중하는 법, 현재의 순간과 "진정한 감정"에 충실하게 사는 법, "삶의 소소한 것들을 음미하는" 법, 가장 우선시해야 할 것과 그렇지 않은 것을 구분하는 법, 상황에 관계없이 늘 긍정적이고 차분하며 회복 탄력적인 태도를 성취하는 법 등을 가르친다. 2016년에《타임 매거진》특별 호『행복학』은 마음챙김, 영성, 신경과학과 관련된 주제를 폭넓게 다루었다. 여러 기고문에서 "더 생산적이고 더 행복한 삶"[61]을 위해, 자신을 위해 남겨둔 시간을 "가족처럼 자신의 시간을 필요로 하는 모든 사람들로부터" 보호하기 위해, "지금 이 순간에 충실히 임하라."[62]고 권고한다. 또 다른 글들에서 일상의 활동에서(가령 "채소를 다듬는 일"처럼 지극히 무미건조한 일에서도) "즐거움을 끌어내라."[63]고 조언한다. 「현재에 임하는 기술」이라는 제목의 기고문에서는 오하이오 주 민주당 상원의원 팀 라이언이 마음챙김 수련에 매료되어 이 분야의 연구 지원금이 대폭 늘어나게끔 앞장서서 활동하게 된 사연을 전한다.

스트레스와 피로에 찌들어 지내던 라이언은 2008년 선거를 치르고 얼마 지나지 않아 마음챙김 세미나에 참여하기로 마음먹었다. 그는 두 대의 휴대 전화를 끄고 이 수련 프로그램에 임했고 36시간 묵언 수행까지 다 마쳤다. "비로소 정신이 평안해졌고 드디어 나의 신체와 정신이 온전히 일치를 이루는 경험을 했습니다. 나는 존을 찾아가서 말했지요. '우리는 이걸 꼭 연구해야 합니다. 학교에서 애들에게 이런 걸 가르쳐야 한다고요. 보건 체계 속에도 들여와야 하고요.'" 라이언은 말한다.[64]

그리하여 몇 년 사이에 마음챙김은 공공 보건의 주요한 목표들과 관련한 논의의 중심 주제로 부상했다. 마음챙김은 급속도로 공공 정책, 교육 기관, 보건 기구, 소년원이나 교도소 같은 교정 기관, 군사 기구, 심지어 극빈층 우울증 치료를 목적으로 하는 저가 의료 서비스 프로그램(시카고의 흑인 여성 소외 계층[65]에서부터 마드리드 근교의 노숙자[66]에 이르기까지)에까지 들어왔다. 마음챙김은 대학가에서도 독자적인 하나의 연구 주제가 되었다. 1980년대 말에 등장했고 금세기 초부터 긍정심리학의 조력 덕분에 대중화된 마음챙김이 진정으로 인정받기 시작한 시점은 2008년이다. 학술 데이터베이스 펍메드(PubMed) 검색만으로도 이 주제에 대한 학계의 연구가 2000년부터 2008년까지는 300여 편에 불과했던 반면, 2008년부터 2017년까지는 3,000편 이상으로 급증했음을 확인할 수 있다.

게다가 이 연구들은 경제학, 경영, 신경과학 등 분야도 다양하기 그지없다.[67] 그와 동시에 마음챙김은 연간 10억 달러 규모의 영리 산업이 되었다. 강연, 온라인 교육, 세미나, 스마트폰 애플리케이션에 이르기까지 수많은 상품이 '마음챙김' 라벨을 달고 잘나가는 중이다. 일례로 헤드스페이스(Headspace) 같은 명상 애플리케이션은 600만 회 이상 다운로드되었고 2017년에 3,000억 달러 이상을 벌었다.[68] 노동계에서도 마음챙김 기법을 도입하는 다국적 기업이 점점 늘어나고 있다. 제너럴 밀스, 인텔, 포드, 아메리칸 익스프레스, (특히 최근에 '당신의 내면을 검색하라(Search Inside Yourself)'라는 사내 명상 프로그램을 개시한) 구글은 마음챙김에 귀의한 수많은 기업 중 일부일 뿐이다. 마음챙김은 스트레스 '관리'와 늘 불안한 감정을 직시하는 자세를 돕는다. 요컨대, '감정 경영'에 힘입어 노동자를 더욱더 생산적이고 유연하게 만드는 것이다. 이런 식으로 마음챙김은 이미 확고하던 코칭 산업으로 통합되었고 '마음챙김 코칭'이라는 새로운 풍조를 몰고 왔다.

현재 긍정심리학의 사도들을 필두로 하는 '행복 전문가들'은 마음챙김을 애지중지 떠받들기 바쁘다. 내면성을 물화하고, 책임을 개인의 내면으로 돌리고, 자기 개선 강박을 도덕적 명령·개인의 욕구·경제적 성공 수단으로 여기는 이 학문과 임상 업계에 실제로 마음챙김은 입안의 혀나 다름없기 때문이다. 어디 그뿐인가, 마음챙김은 행복 연구자와 이 업계 전문가 특유의 신자유주의 세계관, 개인주의적 전제들, 사회적 문제에 대한 사유의 편협성과도 기가 막히게 맞아떨어진다. 이들이 채택하고 장사하는 여타의 수많은 기법이나 개념이 다 그렇지만, 마음챙김도 우리의 신자유주의 사회에서 몸살을 앓는 만성적인 문제들을 효율적으로 해결할 수 있노라 약속하기 때문에 이렇게 잘나가는 것이다. 그러나 마음챙김이 내면의 평화와 정상적 상태를 돕는다고들 하지만 이미 미켈 파리아스와 캐서린 위크홀름이 『부처 알약』에서 보여주었듯이 자기 탐색을 극도로 밀고 나가다 보면 사람이 현실과 괴리될 수밖에 없기 때문에 실제로는 오히려 우울증과 불안증을 악화시키기 일쑤다.[69]

자기와 자기 탐색에 대한 이 강박을 행복 산업의 모든 상품이 하나같이 자극한다. 그러나 이 강박은 결국 '내면의 성채'로 도피하라는 말밖에 되지 않는다. 이 강박이 자기가 해결할 수 있노라 장담하는 불만족을 외려 유발하고 지속시키지는 않는가?

행복: 개인주의로 전력을 다해 복귀하라

개인주의의 강화와 행복의 성장 사이에 상호 비례 관계가 있다면 긍정심리학의 조언과 방법대로 안녕감을 키울 경우 개인주의와 관련된 사회학적·심리학적 결과들(문제가 되는 결과들)을 초래할 수 있다.[70]

긍정심리학자들과 행복학자들은 "인류사에서 우리 시대보다 행복을 오래 누린 시대는 없었다."[71]라고 주장한다. 이러한 주장은 실제로 현대 개인주의 사회에서 개인은 자신의 삶을 더 계획할 수 있고, 과거에 비해 더 큰 자유를 누리고, 더 많은 선택지를 부여받았고, 자아실현에 훨씬 더 유리한 환경이 조성되었고, 자기가 의지를 보이기만 하면 자기를 개선함으로써 목표에 도달할 가능성의 범위가 훨씬 넓어졌다는 생각에 기반을 둔 것이다.[72] 그런데 이러한 주장은 매년 행복 전문가들이 제안하는 심리치료, 서비스, 상품을 이용하기로 결심하는 수백만 인구의 구매 동기와 완전히 모순된다. 이 사람들은 스스로 행복하지 않다고 느끼기 때문에(혹은, 충분히 행복하지는 않다고 느끼기 때문에) 구매에 나선 게 아닌가.

그게 다가 아니다. 이러한 주장들의 모순은 우울증, 불안, 정신질환, 조울증, 사회적 고립과 "문화적 나르시시즘", "자기 제일 문화", "나는 나를 사랑해 세대" 등의 표현으로 대표되는 자기중심적이고 독점욕 강한 개인주의와의 직접적 인과 관계를 분석한 장기적 연구들에서도 드러난다.[73] 자기중심적 개인주의는 사회 조직을, 나아가 결과적으로는 서로에 대한 보살핌을 보장할 수 있는 모든 것을 약화시켰다고 말할 수 있다.[74] 가령, 2018년 초 조 콕스 위원회가 사회적 고립에 대해 발표한 보고서에서 고독의 "파괴적인 효과"와 점점 더 뚜렷해지는 이 현상에서 비롯된 "충격적 위기"[75]를 강조한 이후로, 영국 총리 테리사 메이는 고독을 공공 보건의 중요 쟁점으로 삼겠다고 선언했다.[76] 철학자 찰스 테일러는 실러와 베버의 발자취를 따라 개인주의와 "세계의 탈마법화", 현대인의 옹색하고 생기 없는 삶이 어떤 관계에 있는가를 강조했다. 테일러가 보기에 개인주의는 시민이 공동선을 고결하게 생각할 수 있도록 보조하는 전통적 틀들을 점진적으로 약화시킨다. 그의 주장대로라면 공동선이야말로 우리 삶에 진정한 의미와 방향을 정당하게 부여할 수 있는 유일한 지평인데 말이다. 결과적으로 자아의 영역 바깥에 있는 의미와 가치의 원천들(도덕, 사회, 문화, 전통 등)은 심각하게 척박해지고 개인의 삶에 영향을 미치지 못하게 되어버렸다. 그러한 원천들이 매혹, 신비, "마법"을 잃게 된 것이다.[77]

게다가 개인주의와 우울증 및 자살의 인과 관계를 확인한 수많은 사회학 연구도 긍정심리학 신봉자들의 주장과 상반된다. 특히 이러한 연구는 선진국을 대상으로 한 경우나 개발도상국을 대상으로 한 경우나 다 같이 많다. 가령 아시스 난디는 지난 10년간 인도에서 행복 이데올로기가 불러온 결과를 분석했다. "숨 가쁜 행복 레이스"와 "자기 자신을 만드는 역량"에 대한 믿음은 금세 인도 사회의 두드러진 문화적 특징이 되었다. 많은 이들이 "자신의 행복에 마음을 쓰고 그 행복을 손에 넣을 때가 왔다."고, "행복은 저절로 나타나거나 주어지는 것이 아니라, 오히려 악착같이 추구해서 얻어내야 하는 것"이라고 믿기에 이르렀다.[78] 난디의 말대로라면 인도의 이 새로운 열광은 서구 사회에 먼저 등장했다가 세계화의 바람을 타고 세계 여러 나라로 전파된 "개인주의의 부수 효과", 문화적 "질병", "나르시시즘의 지배"로 봐야 할 것이다. 난디는 이 현상의 주요한 결과 중 하나로 인도인들이 과거에는 몰랐던 깊은 고독과 절망이 대대적으로 나타났다고 본다. 현재 인도에서 자살률이 높아진 이유도 부분적으로는 이 현상에 있을 것이다.

이러한 분석은 행복학을 개인주의 이데올로기와 개인의 책임이라는 주문의 주요 집행자로 보는 다른 연구들과도 잘 맞아떨어진다.[79] 연구자들은 행복이 고통의 반대로 생각되어서는 안 된다고 지적한다. 사실, 행복을 그런 식으로 상정하면 개인주의와 관련된 수많은 위험(무관심, 이기주의, 나르시시즘, 자기중심주의)을 공유하게 될 뿐 아니라 독자적인 고통의 형태들까지 빚어내게 된다[80](이러한 생각은 이 책의 제4장과 제5장에서 자세히 밝힐 것이다). 아이리스 모스 연구 팀은 긍정적 감정과 개인이 획득한 것을 기준으로 행복을 측정하게 된 후로 행복을 찾으려는 노력이 고독과 타인에 대한 괴리감을 더 깊게 할 확률이 높아졌다고 말한다.[81] 마찬가지 맥락에서 또 다른 연구자들도 행복을 이런 식으로 생각하는 자세와 나르시시즘은 직접적인 상관관계가 있다고 본다. 나르시시즘은 일반적으로 자화자찬, 이기주의, 자기중심주의, 다양한 유형의 교만, 과대망상, 극도의 내향성으로 나타나는 경향이 있다.[82] 이러한 징후들은 심각한 정신의 혼란을 드러내는 것이기도 하다.[83]

이러한 행복관은 일종의 자기 부정과도 모종의 관계가 있음을 충분히 논리적인 방식으로 확인할 수 있다. 행복 이데올로기는 개인의 책임을 크게 요구한다. 개인에 의해 지나치게 내면화되는 이 요구는 근거가 막연하기만 하다. 행복학자들이 써먹곤 하는 취약성의 수사학이 정확성이 떨어지는 것도 사실이다. 취약한 사람이 여러모로 괴로움을 겪기야 하겠지만 그 괴로움의 기원이나 원인을 잡아내기는 힘들어 보이고, 그 결과로 딱히 잘못이랄 것이 없는데 비난이 발생할 수도 있다.[84] 개인은 자신의 선택, 자기가 세운 목표, 안녕감에 대하여 전적으로 책임을 져야만 하고 행복하지 않거나 행복을 느끼지 못하는 상태는 점점 더 일종의 흠처럼, 부끄러워해야 할 일처럼 여겨진다. 약해빠진 의지, 정신적 기능상의 문제, 심지어 실패한 인생 여정의 표시처럼 여기는 것이다. 질 리포베츠키가 지적한 대로 요즘 사람들에게 행복하지 않거나 충분히 행복하다고 느끼지 못하는 것은 죄의식을 자극할 만한 이유, 실패한 인생의 표지다. 그래서 요즘 사람들은 대부분 자신이 불행하다든가 역경에 처해 있다고 생각하기보다 자기는 행복하다고, 혹은 그럭저럭 행복하다고 생각하고 싶어 한다.[85] 우리 시대 사람들은 이 주제에 대한 설문 조사에서 대개 '행복하다' 혹은 '매우 행복하다'를 택하는데, 그 이유는 행복한 삶을 영위하지 못하는 것 자체가 과도한 비난거리가 되는 현실 때문이다. 행복 이데올로기의 지배 속에서 위축된 자존감을 보호하기 위해서는 자신의 과거 혹은 현재의 삶을 너무 부정적으로 보지 않는 자세를 취해야 한다는 연구도 일부 있다.[86]

긍정심리학의 대표자들 중에서도 일부는 개인주의 사회가 스트레스, 불안, 우울증, 공허감, 나르시시즘, 절망, 그 밖에도 동일한 사회 속 시민들에게서 특징적으로 나타나는 광범위한 정신적·신체적 이상에 부분적으로 책임이 있다고 인정한다.[87] 그렇다고는 해도, 행복학의 사도들은 대부분 이 모든 문제가 개인의 쇠약한 정신 때문에 발생한다고 보는 편이다. 그들은 행복한 사람일수록 그런 문제는 거뜬히 이겨낼 수 있다고 주장한다.[88] 재차 말하지만 과연 그럴까 의심해볼 만하다. 그러한 행복관은 개인주의가 낳는 모든 악을 품고 있을 뿐 아니라 저 혼자서도 다른 악을 유발한다. 문제에 대한 해결은커녕, 문제를 악화시키는 요소가 되는 것이다. 그런데도 행복의 복음을 전하는 자들은 승승장구하면서 개인의 행복은 개인적·사회적 성공과 똑같은 것이라는 생각을 들이민다. 이제 우리 사회에서 가장 중요한 축에 드는 기관 및 기구까지 그들의 생각을 이어받았다. 교육 현장, 그리고 (다음 장에서 자세히 살펴볼) 조직 내에서 더없이 인상적인 예들을 찾아볼 수 있다.

교육과 행복

2008년에 셀리그먼과 레이어드는 긍정심리학을 교육에 적용하는 문제를 두고 대화를 나눌 기회가 있었다. 이 대화가 셀리그먼에게는 결정적으로 다가왔던 모양이다. 나중에 그는 예의 그 비장한 표현을 동원해가며 흡사 '신앙에 눈을 뜨는 체험'이라도 했던 것처럼 다음과 같이 말한다.

> 리처드 레이어드와 나는 잠시 짬을 내어 글래스고의 빈민가를 돌아보고 있었다. 우리는 스코틀랜드 자신감과 안녕감 연구소에서 개최한 회의에 참석 중이었다. 정부 지원을 일부 받

는 이 기관은 스코틀랜드 교육 체계와 비즈니스업계의 고질적 무기력을 해결하는 것을 목표로 하고 있었다. 우리는 스타 강연자였다.

리처드가 이튼 특유의 노래하는 듯한 악센트로 말했다.

"마틴, 긍정 교육에 대한 자네 글을 읽어봤네. 영국 학교에 그 교육을 도입하고 싶어."

"고마워, 리처드. 노동당 고위층에게 우리 연구를 인정받다니 정말 좋군. 이제 곧 리버풀의 모 초등학교에서 시범 운영 연구도 할 수 있겠어."

"자네는 이해를 못 하는구먼." 리처드가 살짝 거만하게 대꾸했다. "대학에 적을 둔 학자들이 대부분 그렇지만 자네 역시 공공 정책과 현실 사이에 존재하는 관계를 맹신하는 것 같아. 과학적 증거가 차곡차곡 쌓여서 아무도 반박할 수 없는 완벽한 수준까지 가면 의회가 그런 프로그램을 채택해줄 거라고 생각하나? 내가 정치계에 쭉 있어보니 그런 경우는 절대 없었다네. 과학적 증거가 어느 정도 충분한 수준에 이르렀는데 때마침 정치적 의지가 잘 일어나주면 공공 정책 속에서 길을 찾게 되는 거야. 그러니까 내 말은, 긍정 교육의 증거가 어느 정도 충분한 수준(우리 경제학자들이 말하는 '만족스러운' 수준)에 이르렀고 때마침 정치적 의지도 보인다고. 그러니까 나는 영국 학교들에 긍정 교육을 도입할 걸세."[89]

교육 프로그램에 긍정심리학을 도입하는 것이 효과적이고 타당하다는 '만족스러운' 증거가 있는지는 둘째 치고서라도, 실제 적용은 또 다른 책임의 문제다. 하지만 무엇보다 이 대화가 그다지 새로울 것 없다는 점을 짚고 넘어가자. 긍정심리학의 사도들과 행복경제학자들은 각자 자기네 학문의 기초를 잡을 때부터 행복이 그 어떤 변수보다 교육의 질, 학생들의 성과, 우수한 성적, 그리고 성년기의 성공을 잘 설명하고 예측할 수 있다는 구실을 주로 내세워서 국가 교육 시스템에 간섭하기에 급급했다.

그래도 레이어드와 셀리그먼의 대화는 두 가지 중요한 사실을 가르쳐준다. 우선, 대학교수들이 교육 분야 공공 정책에 중대한 결과를 초래한다는 사실이다. 이 분야에서 그들의 존재감이나 영향력은 어린 세대에 주입되는 가치관과 본보기에까지 자연스레 미치고, 나아가 사회에도 미치게 된다. 그리고 이 대화는 긍정 교육 입장의 견해들이 교육계에 뿌리내린 그 놀라운 속도에 대해서도 많은 것을 말해준다. 지금은 셀리그먼 자신도 그 신속함이 놀라운가 보다. 그의 최근 발언은 약간 빈정대는 기색이 있지 않은가 싶을 정도다. "긍정 교육이 그토록 빠르게 발전하고 대대적으로 전파되어 이제 세계 어디서나 찾을 수 있다는 사실에 심히 놀라지 않을 수 없습니다."[90]

그리고 행복한 학생이 오다

실제로 2008~2017년에 (적어도 영미권 국가들에서는) 긍정 교육이 점차 교육의 우선 과제 중 하나로 부상했다. 행복 개념에 기초한 학습 프로그램이 초등학교, 중학교는 물론, 고등학교와 대학 교육 과정에도 들어왔다. 특히 미국, 영국, 캐나다에서는 이러한 프로그램에 대한 재정 지원이 후했다. 사실, 이러한 프로그램은 비판 정신, 추론 능력, 지식을 점점 등한시하고 인맥, 경영, 기업가 정신 쪽을 훨씬 더 높게 치는 신자유주의 교육 문화에서 열렬한 환영을 받을 수밖에 없다.[91] 그리하여 2008년에 캐나다 브리티시콜럼비아 교육부 장관은[92] 이상적 학생이란 "조직과 경영 능력을 갖춘 학생, 즉 자기 주도적이고, 책임감 있고, 유연하며, 적응을 잘하고, 자기 가치를 알고, 자신감이 있으며, 자신의 행위와 선택이 일상에 긍정적으로 작용한다고 믿는 학생"이라고 했다. 그는 이어서 이 이상적 학생이 "스스로 정한 목표를 잘 끌고 나가면서 기쁨을 느끼기에 자신의 잠재력을 최대로 발휘하고 자기 재주와 능력을 팔 줄도 안다."고도 했다. "긍정 교육을 교사, 학생, 학부모, 고등 교육, 자선 단체, 기업, 정부 내각에 장려하는 것"을 목표로 삼는 공공 단체와 민간단체, 싱크 탱크, 컨설팅 대행사, 자문, 국제적 네트워크는 결과적으로 늘어날 수밖에 없었다. 이들은 모두 "공공 정책을 구상하는 이들이 세계관과 사고방식을 바꾸어 행복 관념을 지향하는 교육 원리를 채택해주기를"[93] 바랐다. 이러한 목표를 표방하는 단체들 중 하나만 예를 들어보자. 2014년에 설립된 국제긍정교육 네트워크는 매우 신속히 수많은 민간 재단의 지원을 받아냈다. 그랬기 때문에 중국, 아랍에미리트연방, 인도 등 17개국 이상에서 수

천 개의 초등학교, 중학교, 고등학교, 대학교가 긍정 교육에 귀의하기까지 그리 오랜 시간이 필요하지도 않았다.[94]

긍정 교육을 장려하고 확산시키기 위해 설립된 이 민간 조직과 공공 조직 들은 10년 전부터 긍정심리학자들은 물론, 행복경제학자들과도 협력 관계에 있다. 행복경제학자들은 자기네들의 연구에 부응하는 이 다양한 발의들을 정당화하거나 그 발의들에 기대려는 입장이다. 예를 들어 레이어드는 그러한 발의들을 찬양하면서 그들이 확실히 힘을 얻고 교육법을 더 좋은 방향으로 뒤흔들었다고 주장한다. 행복 관념을 지향하는 교육은 이론상 양질의 교육일 뿐만 아니라 아동의 심리 질환을 억제하기 때문에 경제적으로도 이로운 교육이라나(레이어드는 선진국에서 성인의 심리 질환에 지출하는 비용이 GDP의 5%나 된다고 말한다).[95] 셀리그먼과 그의 동료들도 행복을 초등학교에서부터 "우울증 해독제"로서뿐만 아니라 "자기 삶에서 만족을 느낄 확률을 높이는 수단이자 더 잘 배우고 더 창의적인 생각을 발전시킬 수단"[96]으로서 가르쳐야 한다고 주장한다. 그렇지만 셀리그먼과 레이어드는 둘 다 현재 교육 시스템에 심리학 말고도 긴급히 고려되어야 할 사안이 산재해 있다는 사실을 진지하게 생각하지 않는 것 같다. 교육 분야에서 중요한 구조적 문제로 금세 떠올릴 수 있는 사회적·문화적 배제, 계속해서 골이 깊어만 가는 불평등(대학 교육 수혜 여부 포함), 자꾸만 줄어드는 공공 재정 지원, 경쟁의 심화는 이제 고려할 필요도 없는 것일까? 레이어드가 옹호하는 논리대로라면, 그러한 악의 뿌리를 처리하기에는 비용이 너무 많이 드는지도 모르겠다. 그런 건 경제적으로 똑똑한 일이 못 되는가 보다.

흔들리지 않는 이데올로기

행복 관념에 기초한 다양한 프로그램이 긍정 교육을 뒷배 삼아 실시되었다. 4,130만 파운드의 예산을 책정받아 영국 초등학교의 90%와 중등 교육 기관 70%에서 실시했던 SEAL(Social and Emotional Aspects of Learning, 학습의 사회적, 감정적 측면)도 그러한 프로그램 중 하나다. SEAL은 아이들에게 "감정을 관리하는" 법, "자신의 능력, 특히 학습 능력을 낙천적으로 생각하는" 법, "장기적 목표를 정하고" "자신을 긍정적으로 생각하는" 법, 그 외에도 교육 프로그램에 도입하는 것이 유익한 여러 기법을 가르친다고 했다.[97] PRP(Penn Resilience Program, 펜 회복 탄력성 프로그램)는 미국의 초등학생들과 중학생들에게 "부적절한 생각을 감지하는" 법, "가능한 다른 해석들을 감안하여 부정적인 믿음을 극복하는" 법, "힘든 상황이나 감정을 대면하는" 법을 가르친다고 했다. PRP의 주창자들도 이 프로그램이 교육 기관에만 한정될 것이 아니라 가정으로 확대되어야 한다고 외쳤다.[98] PERMA(Positive Emotion, Engagement, Relationships, Meaning and Achievement, 긍정적 감정, 몰입, 관계, 의미, 성취)는 미국 학교는 물론, 군대에도 도입되었다. PERMA는 부정적 요인을 없앰으로써 주관적 안녕감을 증대하려는 여타의 프로그램들과 달리 긍정적 감정·행동·인지를 유지하고 더 잘 키우는 데 주력한다.[99] 피너클 프로그램과 GRIT 연구는 대학생들에게 개인의 재능 차이를 어떻게 바라보고 극복하는지, 감정을 어떻게 다스리는지, 자기 동기 부여 능력을 어떻게 극대화하는지, 어떻게 야심 찬 목표를 세우고 끈기 있게 추구하는지, 마지막으로 의욕 상실을 어떻게 막는지 가르친다고 한다.[100] 회복 탄력성을 높여준다는 무드짐 (MoodGym)은 청소년 우울증 치료에도 활용된다.[101] 또한 브리드 (Breathe)는 학생들에게 명상, 이완, 감정 조절에 어떤 유익이 따르는지 가르친다.[102] 이 두 가지 역시 좋은 예이다.[103]

　행복학자들은 교육에 개입하는 이 프로그램들을 찬양하지만 상당수의 교육학 전문가들은 열광하기는커녕 이 프로그램들이 효과가 없으면 그나마 다행이고 오히려 유해성이 우려된다면서 혹독한 비판을 퍼붓는다. 캐서린 에클스턴과 데니스 헤이스가 "교육의 심리치료적 전환"을 주제로 진행한 연구는 저자들이 특히 이러한 변화의 결과를 주의 깊게 살펴보고 있다는 면에서 주목할 가치가 있다.[104] 에클스턴과 헤이스는 긍정 교육의 개인주의적·신자유주의적 전제들을 지적하는 정도에 그치지 않고 이러한 교육 프로그램이 불순하기 그지없는 '역량 증진(empowerment)'의 수사학으로 장사를 한다고 고발한다. 그러한 프로그램은 학생을 아기 취급하고, 참다운 지적 성찰보다 순전히 감정적인 자기에 대한 몰두를 더 중요시한다. 따라서 이러한 프로그램의 '수혜자'들은 심리 평가 및 치료 전문가의 능력에 의존하게 되기 십상이다. 에클스턴과 헤이스는 그러한 기법들이 외려 아이들을 자신의 감정생활에 집착하게 만들기 때문에 아이들의 자율성을 저해하고 불안증과 치료 의존을 오가는 악순환에 빠지게 한다고 보았다.

대부분의 어린이와 청소년에게는 심각한 정신적 문제가 없다. 그러한 프로그램은 오히려 이 멀쩡한 아이들에게 해를 끼칠 것이다. 실제로 이러한 프로그램을 수행하고 나서 불안감이 심해졌다는 아이들이 상당수(전례 없는 비율로) 나왔는데 이는 결코 우연이 아니다. (…) 심리치료성 교육은 취약성과 불안을 주입한다. 그러한 교육을 받은 아이는 자신의 취약함이나 불안한 마음을 더 많이 표현하게 되고 심리치료 프로그램에 더욱더 의존하게 된다.[105]

게다가 이러한 프로그램은 행복학에서 생산한 문헌들이 떠드는 것만큼 효과적이지도 않다. 일단, 여기에 결부된 약속이나 희망에 독창성이 당최 없다는 사실을 기억하자. 20세기 후반기 내내, 허다한 교육 프로그램이 비슷한 바람에 부응하기 위해 발족했으나 대부분 실망만 남겼으며, 일부는 끔찍한 실망을 남기기도 했다. 널리 알려졌지만 결국 실패한 그 많은 시도들 중 하나가 바로 1980년대와 1990년대의 자존감 운동이다. 이 운동은 전반적인 자존감 실추에 대한 대책으로 간주되었다. 자존감 운동은 "우리 사회를 (…) 괴롭히는 중대한 문제들의 상당수는(차마 대부분이라고까지는 말하지 않더라도) 다수의 사회 구성원들이 겪고 있는 자존감의 결여에서 그 근본 원인을 찾을 수 있다."[106]라고 주장했다. 이 운동을 대표하는 인물 중 한 명인 너새니얼 브랜든은 특히 "불안과 우울증에서부터 부부간의 폭력, 아동 학대, 나아가 친밀한 관계에 대한 두려움이나 성공에 대한 두려움에 이르기까지 자존감의 결여에서 원인을 찾지 못할 심리적 문제는 하나도 없다."라고 말한다. 그가 보기에 "자존감이 인생의 모든 면에 상당한 결과를 미친다."[107]라는 점에는 의심의 여지가 없다. 1986년에 캘리포니아 주지사는 '자존감과 개인 및 사회의 책임에 대한 대책 위원회'를 꾸리기까지 했다. 몇 년 동안 연간 24만 5,000달러의 예산이 책정된 이 대책 위원회의 목적은 범죄, 청소년 임신, 약물 중독, 학업 실패 등의 문제 해결에 도움을 주는 것이었다. 이런 유의 시도들이 하나같이 효과가 없다고 밝혀졌는데도 NASE(미국 자존감협회)는 1990년대에 연구자들은 물론, 잭 캔필드와 앤서니 로빈스처럼 자조론을 전문으로 하는 인기 저자들까지 동원해서 새로운 프로그램을 발족시켰다. 이론 및 방법론의 문제점들만 수두룩하게 드러낸 이 프로그램은 1980년대에 우후죽순으로 등장했던 여타의 프로그램들보다 더 그럴싸하지도 않다.

로이 바우마이스터와 그의 동료들은 자존감 개념의 이론적이고 방법론적인 면모와 논리적 귀결은 물론, 자존감 운동에 대해서도 상세한 연구를 개진한 바 있다.[108] 이 연구자들은 "(심리치료나 교육 프로그램의 개입을 통한) 자존감 강화가 이롭다는 증거는 아주 사소한 것조차 찾을 수 없었다."라고 결론을 냈다. 그들은 이러한 확인을 마무리하면서 재치 있게 다음과 같은 말을 건넨다. "어쩌면 심리학자들이 스스로를 너무 높이 평가하지 않고 겸허히 좀 더 탄탄하고 완전한 실증적 자료에 의지한 후에 미국의 여론이나 정치에 영향을 미치겠다고 나섰더라면 좋았을 것이다."[109] 자존감 운동은 훗날 긍정심리학과 이 분야의 교육적 개입이 표방하게 될 목표와 전제를 기저에 두고 있었다. 이 운동은 문화적·이데올로기적 구성물이 반증의 여지가 많은 심리학적 전제와 사회적 개입을 떠받칠 뿐 아니라 애초에 어떤 유의 연구와 개입을 촉발할 수도 있다는 것을 보여주는 좋은 예다. 실제로 가장 전망이 괜찮고 인기도 있었던 프로그램들조차도, 그 효력에 대한 설문 조사 결과는 초기부터 영 탐탁지 않게 나왔다. 일례로, SEAL 프로그램 효과에 대한 최종 보고는 솔직하게 완전한 실패를 털어놓았다. "우리는 학생들에 대한 데이터를 분석하고서 SEAL 프로그램이 이 학생들의 사회적·정서적 능력, 그들의 정신 건강, 혹은 이쪽 방면에서 겪을 수 있는 곤란, 사회적 행동 및 비사회적 행동, 전반적인 행동 문제에 대하여 유의미한 영향을 미치지 못했다는 결론을 얻었다."[110] 다른 프로그램(특히 회복 탄력성과 자제 개념에 초점을 맞춘 프로그램)을 다룬 보고서들도 학생들의 학업에 긍정적인 효과가 전혀 관찰되지 않았다고 결론을 내렸다. 모든 보고서가 주목할 만한 결과가 없음을, 특히 아동 및 청소년의 미래 행동을 예측하는 면에서 전혀 효력이 없음을 확인해주었다. "자기 이미지와 이 이미지의 직접적 결과들 사이에 모종의 관계가 있다는 강력한 증거가 있지만 그

것이 인과관계라고 볼 만한 실증적 증거는 별로 없다."[111] 에클스턴은 그나마 괜찮은 경우들조차도 이러한 프로그램이 문제 삼는 개념들, 근거로 삼는 요소들이 그리 결정적이지 않고 파편적이기만 하다고 말했다. "최악의 경우에는, 자기네 주장을 과학적 담론으로 포장해 옹호하거나 경쟁에서 다른 프로그램을 제치고 공공 재정 지원을 따내는 것만 중요하다."[112]

어떤 이들은 긍정심리학 같은 운동들이 실제로 자기네들의 문화적·역사적 배경과 이데올로기적이고 개인주의적인 전제와 성향을 인정한다면 훨씬 더 과학적 성격을 띠게 될 거라고 주장했다.[113] 우리도 기꺼이 그 주장에 동의한다. 하지만 우리는 그런 일이 일어날 것이라고 생각하지 않는다. 사실 (이게 가장 큰 이유일 텐데) 긍정심리학의 힘은 바로 이러한 배경을, 이데올로기적 전제가 있음을 부정하는 데 있기 때문이다. 긍정심리학은 정치와 무관한 과학을 자처함으로써 이데올로기적 수단으로서 강력한 효과를 드러낼 수 있다. 슈거먼의 지적이 백번 옳다.

이 심리학자들은 자기네가 아주 특정한 사회정치적 입장의 공모자라는 것을 인정하지 않았다. 사실 그렇게 인정해버리면 그들이 표방하는 중립성에 근거한 신용을 잃게 될 것이기 때문이었다. 과학적 객관성이, 연구 대상에 어떤 가치 판단도 내리지 않는 자세가 이 중립성을 보장할 것이다. 결과적으로, 역사적 사료가 보여주듯이 심리학자들은 무엇보다 현상 유

지에 힘쓰며 사회정치적 변화의 주체가 아니라 '조정 설계자' 노릇을 했다.[114]

이것은 긍정심리학의 사도들에게나 행복경제학자들에게나 다 같이 들어맞는 말이다. 그들의 문화 권력, 과학적 권위, 사회적 영향력은 신자유주의의 개인주의적·공리주의적·심리치료적 세계관을 보편적 세계관, 개인과 사회를 막론하고 모두가 바랄 만한 세계관으로 삼았기 때문에 나올 수 있었다.

Positivity at

work

제 3 장

긍정의
작동

CRACY

"나는 내가 무책임하다는 생각이 들기 시작했다. 내가 일을 계속할 수 있는 유일한 방법은 프리사이즈처럼 모든 경우에 대충 들어맞는 말로는 아무도 구할 수 없다는 생각을 잊는 것뿐이었다. 그러나 코치라는 직업에는 커다란 책임감이 따랐다. (…) 이 일은 말을 잘하는 기술 그 이상을 전제한다. 자기 역량이 충분하지 않으면 타인의 문제를 해결하겠다고 나서지 말아야 한다. 더는 사람들에게 어떻게 일을 해야 하고 어떻게 일상을 영위해야 한다는 식으로 조언하고 싶지 않았다. 그건 단순한 직업적 위기가 아니라 양심의 문제였다."

- 미셀 굿먼, 『실패한 자조 구루의 고백』

영화 「인 디 에어(원제: Up In The Air)」는 2008년 금융위기 이후를 배경으로 한다. 이 시기에 미국에서 대량 해고를 단행한 기업은 하나둘이 아니었고, 누구나 상상할 수 있듯이 그러한 조치로 많은 사람들이 삶에 타격을 입었다. 경기는 최악이지만 이 영화의 주인공이자 '인사관리 외주기업'에 소속되어 있는 베테랑 해고 전문가 라이언에게는 호황기다. 라이언은 자기 일과 혼자 사는 삶을 좋아한다. 그는 공항, 미래를 생각하지 않는 가벼운 연애, 그리고 무엇보다 독립적이고 책임질 필요 없는 삶을 좋아한다. 라이언은 때때로 기업 관리직 대상으로 세미나를 진행하기도 한다. 그는 강연 중에 텅 빈 배낭의 비유를 들어 자신의 '철학'을 간략하게 드러낸다. 과거나 약속 따위에 얽매이지 말고 가벼운 몸으로 움직여야만 성공 가능성이 높아진다는 철학 말이다. 그는 다음과 같은 말도 한다. "느리게 변화할수록 빨리 죽을 겁니다. 우리는 동족과 공생하는 백조가 아닙니다. 우린 상어들이라고요." 라이언의 업무는 사정이 어려워진 기업의 직원들에게 회사가 '더는 버틸 수 없는' 상황까지 와서 그들을 해고한다고 통보하는 데서 끝나지 않는다. 이런 유의 통보를 받은 사람들의 분노와 절망을 가라앉히고 그들에게 긍정적인 마음과 새로운 전망이 열릴 거라는 믿음을 불어넣는 것까지도 그에게는 일의 한 부분이다. 그는 으레 다음과 같이 말하곤 한다. "제국을 건설했거나 세상을 바꿨던 사람들도 지금의 당신과 같은 처지에 있었던 적이 있어요. 실은 그런 처지를 겪어봤기 때문에 그렇게 대단한 일을 해낼 수 있었던 겁니다." 라이언은 매력이 있고 냉소적인 면도 없지 않다. 본인도 그 점을 잘 안다. 그가 하는 일은 비열하지만 그는 그 일을 좋아하고 실력도 썩 괜찮다. 그렇지만 라이언의 입장을 위협하는 인물이 등장한다. 그의 회사가 새롭고 저렴한 시스템을 개발할 목적으로 나이가 이리고 능력도 출중한 심리학 전공자 나탈리를 채용했기 때문이다. 이 시스템이 도입되면 기업이 화상 회의를 통하여 직원을 해고할 수 있으므로 비싼 비용이 드는 라이언 같은 해고 전문가는 필요가 없어진다. 나탈리가 라이언을 대체하게 될 것으로 예상되는 상황에서, 라이언은 나탈리에게 직원 감축의 기술을 교육해야만 하는 입장에 놓인다.

영화가 잘 보여주듯이 라이언은 자기 일을 일종의 '테크네(기술)'로, 다시 말해 나탈리가 밑천으로 삼는 경직된 심리학적 지식 및 자료와는 아주 거리가 먼 것으로 간주한다. 나탈리는 그러한 기술 쪽으로는 경험 부족을 드러낸다. 라이언과 나탈리가 처음 협업을 하게 되어 함께 비행기를 타고 출장을 가는 중에 나누는 대화를 보자.

라이언: 당신 생각에, 우리가 무슨 일을 하는 것 같아요?

나탈리: 해고 예정자들이 재취업할 때까지 감정적·심리적 장애물에 걸려 넘어지지 않게끔 도와줌으로써 법적 후폭풍을 최소화하는 역할을 하죠.

라이언: 표면적으로는 그렇지만, 우리가 실제로 그런 역할을

하진 않죠.

나탈리: 좋아요, 그럼 우리 역할이 뭔데요?

라이언: 우리는 불확실한 상태를 그나마 견딜 만하게 만들어서 상처 입은 영혼을 배에 태우고 희망의 서광이 비치는 곳까지 두려움의 강을 건네줍니다. 일단 거기 도착하면 그들을 강물에 빠뜨리고 알아서 헤엄치라고 하죠.

라이언은 타인의 심리를 조종하려면 감정적 수완이나 정서 지능이 웬만큼 있어야 한다는 것을 잘 안다. 해고에 따르는 좌절과 불안은 다른 감정으로 대체되어야만 비로소 진정될 수 있다. 새로운 의욕, 낙관주의, 희망, 미래를 믿게 되는 어떤 이유가 얼른 주어져야만 한다(더 참담한 실망이 예정되어 있다든가, 이게 다 케케묵은 온정주의에 불과하다는 사실은 별로 중요하지 않다). 나탈리가 처음으로 '담당한' 해고 예정자를 상대할 때 라이언은 자신의 기량을 유감없이 발휘할 기회를 얻는다. 나탈리가 맡은 해고 예정자 밥은 회사가 오랜 세월 누구보다 충직하게 일한 자신을 해고하기로 했다는 현실을 인정하지 못한다.

나탈리: 어쩌면 이 상황에도 긍정적인 면이 있다고 생각하실 수 있지 않을까요? 이런 과도기에 자녀들과 더 많은 시간을 보내는…….

밥: 긍정적인 면? 실업 수당 말인가요? 일주일에 250달러? 당

신 눈에는 그게 긍정적으로 보입니까? 이봐요, 내 딸은 천식 환자라고요. 그 돈으로 애 약값이나 댈 수 있을 것 같아요?

나탈리: 아, 저기요, 지나치지 않은 스트레스 상황에 있는 아이들이 학구열이 강하다는 연구 결과도 있답니다. 아이 나름대로 상황에 적응하는 거예요.

밥: 꺼져요……. 우리 애들도 이렇게 생각할 겁니다.

나탈리는 밥을 '진정시키지' 못한다. 그러자 라이언이 나탈리 대신 나선다.

라이언: 아이들에게 존경받는 게 중요합니까?

밥: 그래요. 네, 그랬죠.

라이언: 음, 아이들이 당신을 진정으로 존경한 적이 있었을지 의문스럽군요, 밥.

밥: 하! 이런 개자식, 지금 나를 위로하러 온 거 아니었나요?

라이언: 저는 심리상담사가 아닙니다, 밥. 일종의 알람 신호 같은 사람이지요. 아이들이 왜 운동선수를 좋아하는지 아십니까?

밥: 아뇨, 몰라요……. 속옷 모델이랑 자니까?

라이언: 아뇨, 그건 우리가 운동선수를 좋아하는 이유죠. 아이들은 운동선수들이 그들의 꿈을 포기하지 않았기 때문

에 좋아한답니다.

밥: 음……. 나는 덩크 슛을 할 줄 모릅니다만.

라이언: 그래요, 하지만 요리는 잘하잖아요. (…) 이력서를 보니 프랑스 요리 교육 과정을 밟았더군요. (…) 원래 꿈은 요리사였지만 그 꿈을 좇지 않기로 했었지요. 그래서 이 회사에서 일하게 된 거고요. 밥, 당신 꿈을 포기한 대가가 얼마였나요?

밥: 초봉이 2만 7,000달러였죠.

라이언: 이제 드디어 당신이 행복해하는 일을 해보면 어떨까요?

밥: 좋은 질문이군요…….

라이언: 지금이 기회입니다, 밥. 다시 태어날 기회라고요.

이 대사들만으로도 오늘날 긍정심리학의 감정 기법들이 얼마나 노동자들에게 개인의 책임과 행복을 강조하면서 구조 조정 논리를 강화하는지 알 수 있다. 라이언은 밥의 자부심을 노려야 한다는 것을, 밥이 새로운 직업적 목표를 설정하고 혼자 힘으로 그 목표를 달성하기로 작정해야만 분노와 원한을 극복할 수 있다는 것을 알았다. 이건 누구의 탓도 아니다. 해고를 결정한 고위 관리자도, 회사도, 경기 침체도 탓할 수 없다. 라이언은 특히 그런 식의 언급은 하지 않으려고 조심한다. 가능한 돌파구가 밥에게 주어졌다. 그에게는 그나마 호의적으로 보이는 돌파구, 오로지 그가 하기

나름인 돌파구, 좀 더 정확하게 말하자면 존재 방식과 행동 방식을 근본적으로 변화시키는 능력에 좌우되는 돌파구다. 이리하여 직원 감축은 완전히 다른 의미, 순전히 긍정적인 의미를 띠기에 이른다. 직장을 잃는 것 자체는 재앙이다. 그 재앙이 자기 자신과 삶을 변화시킬 예기치 못한 기회처럼, 일종의 갱생을 경험하고 행복으로 나아갈 기회처럼 제시된다. 밥은 새 삶을 시작할 것이다. 이제 모든 것이 오직 그에게 달렸다.

바버라 에런라이크가 분석한 대로, 행복은 시장 경제의 가장 잔인한 측면들을 정당화하고 온갖 오용에 구실을 만들어주고 미친 짓을 포장하는 쪽으로 무시무시하게 효과적인 이데올로기적 도구였지만 그게 다는 아니다.[1] 행복은 새로운 어휘, 새로운 기법을 도입하기에도 유용했다. 이 새로운 어휘와 기법은 노동과 임금노동자 개념을 조직의 새로운 요구에 맞추어 다시 빚어냈다. 행복 개념과 행복을 부르짖는 자들이 이런 면에서 그토록 쓸모 있지 않았다면 오늘날 조직 내에서 이토록 어마어마한 위상을 차지할 일도 없었을 것이다.

행복한 조직의 대기실

20세기 초부터, 특히 1950년대부터 경제학자, 심리학자, 연구자들은 인간 행동에서 지각되는 특정 측면이 확실히 인정받도록 하는 데 일조했다. 1930년대에 경제학과 심리학은 협업을 시작했지만(엘턴 메이오의 호손 연구[*]도 그 일례다) 경제심리학, 인적 자원 경영, 소비 실태 연구, 마케팅과 코칭 등 혼성적인 분과와 유파가 등장한 것도 20세기 중반부터다. 이때부터 심리학의 언어, 특히 행복이나 인간의 욕구 같은 개념들이 경제 행동을 규정하는 방식에 차츰 스며들었고 그와 동시에 시장 경제의 발전이 인간 행동에 대한 심리학적 일반 해석에 영향을 미치기도 했다.[2]

인본주의심리학에서 이 개념들을 이론화하는 방식은 심리학 내의 여타 분과들과 달랐다. 그런 면에서 인본주의심리학은 심리학과 경제학의 연계에 결정적 역할을 했다. 로저 스미스와 커트 댄지거가 입증했듯이 인본주의심리학은 중대한 여러 변화에서 자기 몫(주목할 만한 몫)을 해냈다. 에이브러햄 매슬로가 "우리는 인간 본성을 심리학적으로 고찰한다."[3]라고 주장했듯이, 인본주의심리학은 전후 서구 사회가 점진적으로 "심리학적 사회"[4]가 되었을 뿐 아니라 인간 욕구와 행복에 대한 심리학의 어휘와 기법이 그야말로 조직의 욕구를 만들어내게 되기까지 상당한 영향을 미쳤다. 특히 에이브러햄 매슬로의 동기 부여론과 저 유명한 인간 욕구 피라미드는 결정적이었다. 반면에 칼 로저스, 롤로 메이, 가드

---

[*] 호손 공장에서 빛의 변화, 노동자가 혼자 일할 때, 가까운 지인과 일할 때, 직장 상사와 일을 할 때 노동자의 행동과 생산성이 어떻게 달라지는지 연구한 데서 나온 용어로, 타인의 시선이 존재함으로써 노동자의 태도와 행동이 달라지는 효과를 뜻한다.

너 머피, 제임스 뷰젠탈, 르네 뒤보스, 샬럿 불러 등이 옹호한 인본주의적 제3세력 심리학은 일반 사회, 특히 산업계에서만큼 학계에서 호응을 얻지 못했다.[5]

산업계에서 인본주의심리학은 주로 중대한 과도기를 이론적으로 설명하는 역할을 했다. 테일러주의가 기승일 때에는 노동자를 직업적 요구에 잘 적응시키는 것이 특히 중요했다. 그다음에는 그러한 논리가 뒤집혔다. 이제 직업적 요구를 노동자에게, 즉 노동자의 동기 부여 욕구나 정서적이고 사회적인 욕구에 맞추는 것이 중요해졌다. 특히 인본주의심리학의 영향으로 직업의 유연성은 되레 수익과 생산성을 높이는 가장 효과적인 방법으로 간주되기에 이르렀다.[6] 엘턴 메이오, 앙리 파욜, 고든 올포트, 헨리 머레이, 더글러스 맥그리거, 데이비드 맥클리랜드 등이 작업한 "산업 인본주의"[*][7](윌리엄 스콧의 용어) 유의 연구들, 인간 욕구와 행복이 생산성이나 수익과 맺는 관계에 대한 연구는 경영 이론의 주요한 관심사가 되었다. 매슬로가 제안한 동기 부여론은 바로 이런 면에서 결정적 역할을 하게 된다. 매슬로는 인간의 욕구와 행복을 심리학적 급선무라는 위상으로 끌어올림으로써 조직 내 감정과 의욕 관리의 경제적 효용이 크다는 생각이 인정받는 데 큰 역할을 했다. 또한 그는 자아실현이 인간의 근본 욕구에 속하고 조직이 개인의 자아실

---

[*] "산업 인본주의"는 1960년대에 주로 경영 학교, 행동주의 연구자, 자조론 전문 저자술가 들의 공조에 힘입어 크게 발전했다.

현에 가장 유리한 환경 중 하나라는 생각을 적극 주장했다.

매슬로의 이론이 크게 성공했던 이유는 전후(戰後) 자본주의 조직의 요구에 이상적으로 들어맞는 인간 행동 모델을 제시했기 때문이다. 뤼크 볼탕스키와 에브 시아펠로가 지적했듯이, 안전 개념이 노동 계약으로 형식화된 노사 관계의 기본적이면서도 암묵적인 한 요소로 인정받기 시작한 때가 바로 이 무렵이다.[8] 안전에 대한 욕구가 중요해진 시기에, 매슬로의 인간 욕구 피라미드는 쐐기를 박았다. 매슬로는 개인이 어떤 식으로든 자아실현에 도달하려면, 생리적·정서적·관계적 기본 욕구(첫째로, 안전, 안정성에 대한 욕구)의 충족이 무엇보다 중요하다고 보았다.[9] 전후 자본주의에서는 경제적 안전과 자아실현의 관계가 '이력'이라는 장기적인 직업 여정 개념에 포함되어 있었다. 이력은 일정한 임금과 승진 가능성을 보장할 뿐 아니라, 적어도 유능하고 성과 좋은 노동자에게는, 각별히 유리한 조건의 영구 계약을 보장했다. 그런데 세월이 흐르면서 시장 경제가 크게 변했고 이 변화는 기업 환경은 물론, 노동과 안전 개념까지 근본적으로 재고하게 했다. 신자유주의의 군림은 전혀 다른 논리들을 몰고 왔다. 유동화, 리스크 감수, 규제 완화, 개별화, 고삐 풀린 소비 제일주의……[10] 이때부터 새로운 체제가 들어섰다. 리처드 세넷은 이 체제를 "유연한 자본주의"[11]라 불렀고 뤼크 볼탕스키와 에브 시아펠로는 이 체제를 두고 "자본주의의 새로운 정신"[12]을 논했다. 이 "새로운 정신"과 조직 생활 내 변화들은 새로운 윤리를 낳았다. 전후의 노동 계약은 이제 폐기되었다.

오늘날의 조직은 노동자 한 사람 한 사람이 그 자체로 하나의 기업이라는 생각으로 새로운 현실을 받아들여야 한다. 이 변화 앞에서 산업 사회를 지배했던 전제들 가운데 일부는 버려지는데 그중 첫째가 1950년대에 저 유명한 에이브러햄 매슬로의 '욕구 피라미드'에서 탄생한, 개인이 고용 안정을 추구한다는 전제다. 이 피라미드는 원칙적으로 기본 욕구를 먼저 충족하고 나서 자아실현을 꿈꿀 수 있다는 입장이다. 그런데 이 입장은 이론 차원에서 반박 가능성(자신의 안위를 돌보지 않고 예술가가 되려 하거나 새로운 직업에 도전하는 사람은 어떻게 설명할 것인가?)이 있을 뿐 아니라 경영 분야에 적용한 해석(기업이 직원의 안전을 먼저 보장하고 차후에 자아실현을 도와야 한다는 해석)도 전혀 정당화되지 않는다.[13]

개인의 책임에 지나치게 중요성을 부여하는 것 또한 이 새로운 노동 윤리의 특징이다. 노동자는 이제 외부의 지휘를 받지 않는다. 타인이 아니라 자기 자신이 지휘를 해야 하는 것이다. 이것이 지난 40년 동안 조직 및 경영 이론에서 일어난 가장 중대한 변화다. '이력'이 일련의 '직업 프로젝트'로 대체된 것은 그 인상적인 한 예다.[14] 과거에는 개인이 직업에 종사하면서 특정한 노하우를 습득하고 개선하며 단계적으로 상승하기만 하면 되었다. 그런데 작금의 '직업 프로젝트'는 그렇게 구조화되지 않는 직업 여정이므로 리스크가 크다. 개인이나 기업은 '배우는 법을 배워야' 한다. 다시 말해, 유연하고 자율적이며 창의적인 존재답게 지극히 불확실한 시장에 적응하는 노하우, 방법, 선택을 스스로 결정할 수 있어야 한다. 60년대 이력의 '가짜 자율'을 자기 인식, 개인의 자유로운 선택, 자아실현에 근거한 '진정한 자율'로 대체하는 '프로젝트'의 출현이 원래는 기업이 책임졌던 오만 가지 우발적 사태와 모순의 무게를 개인의 어깨로 떠넘기고 시장의 불확실성과 경쟁으로 개인의 어깨를 무겁게 짓누르는 결과를 낳았다.

이러한 여건에서 이전까지 경영 이론가들뿐만 아니라 수많은 임상심리학자, 카운슬러, 교육자 들의 토대가 되었던 매슬로의 피라미드 모형은 이제 고용과 새로운 기업 환경이 요구하는 바와 들어맞지 않았다. 게다가 이 시기에(특히 1990년대에[15]) 매슬로 이론의 과학적 검증을 문제 삼으면서 과연 이 이론이 노동자의 주체성을 설명하는 모델로서 유용한지 의혹을 제기하는 연구 보고서가 다수 등장했다. 결과적으로, 새로운 심리학 모델을 촉구하는 경영 이론들은 인간 욕구, 행복 개념과 노동자의 효율성, 조직 내 개인의 행동, 직무 몰입도와의 관계를 새로운 각도에서 파악했다. 이리하여 이 분야에서 지금까지 주변적이었던 학문 분과와 접근법이 부상하게 된다.

긍정심리학은 이러한 여건에서 찾은 답이었다. 이미 인본주의심리학, 자조론 출판물, 코칭 문화의 사고방식에 젖어 있던[16] 긍정심리학은 인간 욕구와 행복에 대한 새로운 담론, 신자유주의적 자본주의 경제와 기업 조직이 요구하는 바에 완벽하게 부합하는 담론을 제안하고 있었으니까. 만약 긍정심리학이 없었다면 기업들이 스스로 긍정심리학을 만들어내기라도 했을 거라고 보아도 무방할 것이다.

'욕구 피라미드'가 뒤집히다
(행복이 성공의 선결 조건이 된 사연)

행복에 대한 새로운 사고방식이 기업 내에서 두루 활용됨에 따라 오래전부터 프시케(Psyche, 정신)가 여기서 차지하던 역할은 더욱 확고해졌다.[17] 1960년대부터 감정, 창의성, 인지적 유연성, 자제 등에 대한 심리학적 수사법은 차츰 직장에 내재하는 역설과 모순, 그리고 인식의 구조적 결함을 일시적으로나마 무마해주었다. 심리학은 서서히 노동자의 효율성을 도덕성이라는 관점에 평가하는 시각에 문제를 제기했고 소위 더 객관적이고 '과학적'이라는 틀을 제공했다. 이 새로운 틀은 노동자의 성공과 실패를 완전히 다른 방식으로 본다. 실제로, 성공 또는 실패는 노동자의 '최적화된' 자아 또는 '불완전한' 자아라는 말로 평가된다. 또한 노동자들에게 직장에 내재하는 리스크를 받아들이는 법을 가르치는 것, 이를 위해 자율과 유연성을 격려하는 것이 중요해진다. 바꾸어 말하자면, 직장의 구조적 결함이 이제 노동자의 책임이 되었는데 심리학의 언어가 바로 이 전이에 날개를 달아준 것이다. 실제로도 개인은 이제 자기에게 전가된 어려움을 자기 노력으로 뛰어넘는 수밖에 없고 그래야만 직업인으로서 인정받을 수 있다고 믿기에 이르렀다. 이런 면에서 긍정심리학의 가장 결정적인 한 방은 욕구 피라미드를 폐기한 것이 아니라 뒤집은 것이라고 하겠다.[18]

지금까지 직업적 성공과 개인적 만족의 직접적 관계에 대해서 많은 글을 남긴 경영인, 경제학자, 심리학자 들은 일하는 사람은 일로 성공해야 행복하다는 생각을 널리 퍼뜨렸다. 경영 전문가, 인사 관리 전문가 들은 협업과 경쟁적 업무 체제, 커뮤니케이션 모형들, 지휘와 감독, 보상과 징계, 참여와 인정 시스템 등을 비교해서 어느 쪽이 더 성과가 좋은가를 알아내려고 노력했다. 그들은 또한 외향적 성격과 내향적 성격, 지능 지수의 높고 낮음, 개인의 성공에 초점을 맞춘 동기와 집단 소속감에 초점을 맞춘 동기를 비교해가면서 성과의 향상, 그리고 거기서 도출된다는 개인의 만족과 가장 긴밀한 관련이 있는 특징을 찾아내려고 힘썼다. 1990년대에 경영 전문가, 심리학자 들은 행복과 성공이 양방 관계에 있을 수 있다고 주장했지만 그래도 조직에 대한 연구는 여전히 행복을 최적 근무 조건이나 직장에서의 인정의 결과로 볼 뿐, 그 역방향에 대해서는 인정하지 않았다. 그러나 긍정심리학의 사도들은 행복과 직업적 성공의 관계는 완전히 반대 방향으로 생각해야 한다면서 이러한 시각을 반박하고 나섰다. 그들은 "과거의 연구"가 성공과 행복 사이에 존재하는 "선한" 인과성을 파악하는 데 실패했다고 주장했다. 직업적 성공은 행복의 원인이 아니라 오히려 그 반대다.

"행복은 직업적 성공의 필수 조건이다."[19]

그들은 노동자가 행복할수록 일을 잘하고 더 높은 생산성을 보인다고 주장한다. 그들은 "조직 내에서 시민답게 행동하기" 때문에 직장 일에 더 몰두할 것이다. 또한 그들의 조직의 변화와 그 변화가 불러오는 업무 다각화에도 더 잘 대처할 것이다. 그들은 번아웃에 노출될 위험이 적고, 감정적인 면에서 더 강건하며, 자기 일에 "에너지 투입을 중단할" 확률이 낮다. 요컨대, 그들은 모든 면에서 "더 고용할 만한"[20] 사람들이다. 그들은 더 자율적이고 유연한 태도를 보인다. 그들은 리스크를 더 기꺼이 감수하고 전에 겪어보지 않은 상황과 대결하면서 언제나 야심 찬 목표를 새롭게 설정하기를 주저하지 않는다. 그들의 의사 결정이 더 창의적이면서도 온당하다. 그들은 전도유망한 기회를 쉽게 포착한다. 마지막으로, 그들은 인맥을 직업적으로나 사회적으로나 풍부하고도 광범위하게 맺는 능력이 있다.

현재 이 모든 개인적 자질들은 안정적이고 흥미 있고 보수 좋은 직업을 차지하는 열쇠로 간주된다.[21] 행복의 전문가들이 주장하는 바로는, 행복이 일종의 '마태 효과*'를 불러오기 때문에 그렇다. 행복 수준이 높으면 단기적으로 성공 가능성이 커지고, 그로 인한 긍정적인 감정 상태는 다시 장기적인 성공과 긍정적 감정의 토양

---

* 부익부 빈익빈 현상을 뜻하는 사회학적 용어. 1968년 미국의 사회학자 로버트 킹 머튼이 "무릇 있는 자는 받아 풍족하게 되고 없는 자는 그 있는 것까지 빼앗기리라."라는 성경의 마태복음 25장 29절에 착안하여 이 용어를 만들었다.

을 마련하는 셈이다. 이러한 효과는 왜 어떤 사람은 유독 개인사에서나 사회생활에서나 이러저러한 어려움을 잘 헤쳐나가는지 설명해줄 수 있을 것이다.[22] 에드 디너는 이 문제를 다룬 연구들을 집계하고서 "이러한 발견들이 그야말로 마음을 사로잡는 이유는 행복이 직장에서 느끼는 만족의 직접적 결과가 될 가능성을 배제하고 있기 때문이다."[23]라고 주장하기까지 했다. 이러한 사고방식을 널리 퍼뜨리는 데 공헌한 저자들 중에서 『행복의 특권』을 쓴 숀 애커의 글을 인용해보겠다.

긍정심리학과 신경과학 분야에서 이미 10여 전부터 진행된 혁명적 연구들은 성공과 행복의 관계가 특정한 방향으로 작용한다는 것을 반박의 여지 없이 입증했다. 행복이 성공을 부르는 것이지, 그 반대가 아니다. 이 최신 과학 덕분에 우리는 이제 행복이 단순히 결과가 아니라 성공의 선결 조건이라는 것을 안다. 행복과 낙관주의는 개인의 효능감과 성공을 실제로 북돋아준다. (…) 행복해지기를 기다릴 때는 우리 뇌의 잠재력이 제한되지만, 긍정적 정서를 계발하려는 지성은 의욕, 능력, 회복 탄력성, 창의성, 생산성을 더해준다. 그러니 성과도 좋아질 수밖에 없다. 이러한 발견은 수많은 과학적 연구, (…) 그리고 포춘 500대 기업에 드는 전 세계의 10여 개 기업이 이미 확증해주었다.[24]

행복학자들은 이 전제에서 출발하여 전에 없던 담론을 빚어냈다. 이 담론의 목적은 노동자에게 직장, 새로운 노동 윤리, 노동계의 새로운 권력 분배와 밀접한 관련이 있는 정체성을 조각조각 끼워 맞춰 만들어주는 것이다. 여기서 행복은 경제 변화에 원활히 적응하기 위한 필수 조건 역할을 한다. 노동자가 행복해야만 웬만큼 안정을 유지할 것이고 그로써 성과를 끌어올리거나 성공 가능성을 높일 수 있을 테니 말이다. 이처럼 행복은 직업인으로서 잘 살아가기 위해 사전에 획득해야 하는 것처럼 제시되었지만 그게 다는 아니다. 긍정적 감정과 태도가 필수적인 심리적 특징이 되고 기술 자격이나 업무 자세보다 중요시됨에 따라, 행복은 노동 시장 접근을 결정하는 요인이 되었다. 그리하여 점점 더 많은 경영인들이 직원을 뽑을 때 긍정적인 태도를 중요하게 본다고 말하게 되었다.

행복이라는 심리자본

'긍정심리자본'이라는 새로운 개념은 행복학자들이 제공하는 이 새로운 담론의 한 예다. 이 개념은 '인적 자본'(경제학자 게리 베커가 1960년대에 대중화하고 그 후 한동안 활발하게 쓰였던 개념[25])에 만족하지 말고 행복과 관련된 모든 특징들(내면의 힘, 자율, "자기 효능감", 낙관주의, 회복 탄력성 등 개인이 역경에 부딪혀도 "다시 일어나고 외려 힘과 의지를 발휘하게끔" 돕는 특징들)의 계발에 관심을 쏟으라고 요청한다.[26] 제시카 프라이스존스는 『직장에서의 행복』에서 "직장에서 행복하게 지낼수록 자기가 지닌 잠재력에 완전히 다가갈 수 있고, 성과를 극대화하며, 덜 좋게 나온 결과에 대해 그 이유를 이해할 수 있다."[27]라고 말한다. 이 책에서 직장의 구조적 조건을 전반적으로 무시하고 오로지 개인에게만 초점을 맞추며 기업의 목표나 가치관은 전혀 문제 삼지 않는다는 점은 그 자체로 시사하는 바가 많다. 게다가 기업의 가치관에 의혹을 품는 노동자는 이 책에서 그저 부정적인 사람, 훼방 놓기 좋아하는 사람 취급을 당한다. 그래서 억만장자 토니 셰이 같은 행복의 달인들은 기업이 "긍정적인 사람"을 채용하고 열의가 떨어지거나 의심부터 앞세우는 사람들은 배제함으로써 긍정의 문화가 확산되게 해야 한다고 힘주어 말한다.[28] 이 전문가들은 마치 엄밀히 따지자면 노동 조건이 노동자의 사기나 생산성에 아무 영향도 주지 않는 것처럼 말한다. 프라이스존스는 오직 행복만이 기업의 생산성을 끌어올리고 긍정적이고 생산적인 노동 환경을 조성하는 데 이바지한다고 주장한다.

우리의 분류 체계에서 가장 행복한 축에 드는 노동자 집단은 행복하지 못한 집단과 비교해 180%나 되는 에너지를 보여주었다. 누구나 에너지가 넘치는 사람들과 함께 일하고 싶어 한다. 그런 사람들과 어울리면 나도 열의가 샘솟고 의욕이 생기기 때문이다. (…) 가장 행복한 노동자들의 직무 몰입도는 그렇지 못한 사람들에 비해 108% 수준이었다. 행복이라는 척도의 가장 상위를 차지하는 집단은 그렇지 못한 집단보다 자신의 잠재력을 훨씬 더 많이(40% 더) 끌어낸다. 어쩌면 이 사람들은 목표를 더 많이(30% 더) 설정하고 도전에 더 자주(27% 더) 임하기 때문에 이런 결과가 나오는지도 모르겠다. (…) 여러분의 노동 환경은 여러분이 직장에서 느끼는 행복감에 이바지하지 않는다. 채광이 좋은 새 사무실, 고급스러운 카펫, 최첨단 사무실, 임금 인상에서 일시적으로 짜릿한 행복을 맛볼 수는 있으나 그래 봤자 머지않아 평소의 행복 수준으로 돌아가고 만다.[29]

직장에 관심을 쏟기, 기업의 가치관에 동참하기, 자기 감정에 효과적으로 대처하기, 특히 자신의 잠재력을 최대한 발휘하기 위해 내면의 힘을 동원하기 등이 긍정심리자본을 잘 개발하는 핵심 비결이라고들 말한다. 이 자본으로 두각을 나타낼 수 있는 노동자들은 더 생산적으로 일하는 수준에서 만족하지 않을 것이다. 그러기에는 에너지가 너무 남아도는 사람들이니까. 그들은 생각도 더 창의적이다. 그들은 조직 내에서 일어나는 변화에 냉소적으로 반응하지 않는 편이고, 스트레스와 불안에 잘 버티며, 기업 문화에 보조를 맞출 줄 안다.[30] 긍정심리학의 사도들은 노동자가 "오늘날 직업 생활의 특징인 빠른 변화, 예산 제한, 업무 다각화 요건에 어렵지 않게 적응하게끔"[31] 돕는 도구들을 개발했다. 그들은 '긍정 개입'에 속하는 이 도구들이 모두 긍정적인 인지 및 정서(자율, 유연성, 몰입, 회복 탄력성)를 강화하고 유지하며 계발할 수 있다고 주장하고 이 도구들의 목표가 노동자를 완벽히 자율적인 인격체, '개체'로 만드는 것이라고 말한다.

'행복한 노동자 만들기'는 거대 기업들의 첫째가는 모토가 되었다(단지 노동자들을 행복하게 만드는 게 다는 아니지만). 거대 기업이 직원들의 즐거움과 직무에 대한 열정을 고취하려고 행복 전문가들의 서비스를 요청하는 경우는 점점 늘어났다. 직원들이 해고 소식을 듣고도 정서적으로 잘 반응할 수 있도록, 그리고 특히 직원들이 심리적인 면에서는 자율적이고 인지와 정서 차원에서는 유연한 자세를 갖게 하려고 말이다.[32] 이러한 면에서 CHO(Chief Happiness Officer, 행복서비스팀장)이라는 새로운 직책은 대단히 흥미롭다. 지난 3년 사이에 미국에서나 유럽에서나 여러 기업 조직(자포스, 구글, 레고, 이케아 등)에서 CHO들이 등장했다. 이들은 주로 인사 관리부 관리자들이지만 일반적인 인사 관리 외에도 별도의 기능을 한다. 사실 CHO들은 행복한 노동자가 생산성이나 효율성도 더 나은 노동자라고 확신하는 사람들이다. 따라서 그들의 역할은 직원들을 행복하게 함으로써 직원들의 최선을 뽑아내는 것, 직원들의 의욕을 유지하는 것, 직원들이 재미있게 일하고 생산성을 극대화하게끔 유도하는 것이다. 이 전문가들 역시 과학적으로 인정받은 특정 기법을 쓰면 어떤 노동자에게든 자기 조절 능력과 회복 탄력성을 주입할 수 있다고 큰소리친다. 그로써 노동자가 스스로 결정을 내리고, 동료들과 편안하게 잘 지내며, 불확실성에 대처하고, 예기치 않은 변화에도 잘 적응하고, 역경을 다른 각도에서 긍정적이고 생산적인 방향으로 생각하게 된다는 것이다. 이제 자율성과 유연성은 유동적이고 불안정하며 경쟁이 첨예한 신자유주의 세계에서 가장 바람직하게 여겨지는 태도가 되었다.

그러나 자율성과 유연성은 역설적 자질이다. 행복학자들은 노동자가 직장에서 과도한 조직의 통제를 벗어나 자아를 실현할 수 있노라 약속하지만 긍정심리학의 효과는 정반대로 나타난다. 기업 조직 내 현실을 조금만 들여다보면 긍정심리학 기법들이 그러한 약속을 지키기는커녕 노동자가 사용자의 기대를 아예 알아서 받들게 하고 통제를 내면화시킨다는 것을 알 수 있다.

긍정조직행동

지난 30년간 '기업 문화' 개념은 주로 이러한 자기 통제로의 이행을 이끌었다. 기업 문화는 노동자가 조직과 맺는 관계를 완전히 다른 시각에서 보게 했다. 이때까지 노동 계약(노사 양측의 상호적·상보적 의무들을 수립하는 계약)으로 규정되었던 관계를 차츰 헌신과 상호 신뢰에 기반을 둔 도덕적 관계로 바꾸었던 것이다. 요컨대, 이건 완전히 다른 계약이고 이 계약대로라면 노사 양측의 이익이 상호 보완적인 게 아니라 일치하는 것이다. 이리하여 헌신과 신뢰는 자기 통제, 노동자가 자기 자신에게 가하는 통제의 한 면이 되었다. 기업 조직은 이제 상명 하달식 통제가 아니라 노동자를 기업 문화, 즉 기업의 일반 원칙, 기업의 가치와 목표를 흡수하고 대표하며 재생산할 수 있는 '개체'로 만들기에 힘썼다.

그래서 기업 문화는 준(準)민주주의 환경 형태를 취하고 그 안에서 노동자가 조직이나 동료와 아주 특별한 관계를 맺게끔 장려한다. 앞에서 이미 말했듯이 이 정서적 차원의 관계는 헌신과 상호 신뢰에 기반을 둔다. 기업 문화는 한편으로 직장과 가정의 거리를 좁히고 직업적 환경과 사적 영역의 경계를 흐림으로써 노동자가 회사를 자기와 동일시하도록 유도한다.[33] 다른 한편으로 이러한 기업 문화는 직원들과 외주 협력자들이 일과 관련된 프로젝트를 개발하고 더욱더 열심히 임무를 수행하며 역경 속에서도 상황의 긍정적 측면(기업과 노동자의 원-윈 계약)에 주목하며 노력을 배가하게끔 유도한다. 긍정심리학 전문가들은 이러한 시각에서 두 가지 접근을 개발했다. "긍정조직행동(Positive Organisational Behavior)"[34]과 "통합건강경영(Integral Health Management)"[35]이 바로 그 두 가지 접근이다. 최소 비용으로 생산을 최대화하는 것이 당연한 목표라고 할 때, '자기 효능감', 낙관주의, 희망, 공감, 회복 탄력성이 노동자의 의욕과 열의에 어떤 역할을 하는지 살펴보는 것이 중요하다. '구글 문화'는 긍정적 기업 문화의 전형이다.

노동자들은 자기가 원하면 지방 근무를 요청할 수 있고, 개를 회사에 데리고 올 수도 있으며, 잠옷 바람으로 일을 해도 아무 문제가 되지 않는다. 본인이 원한다면 업무 장소에서 아무 때나 끼니를 해결해도 괜찮다. 아무 때나 사내 피트니

스센터에 가서 운동을 해도 되고, 사내에 진료실과 세탁소까지 갖춰져 있다. 언제라도 잠시 커피를 마시며 쉬는 시간을 가질 수 있고 실제로 그러한 목적에 쓰이는 공간이 업무 공간에 층마다 하나씩 다 있다. 긴장을 풀어주는 '재미있는' 환경은 직원들이 더 열심히, 더 창조적으로, 더 생산적으로 일하게 하므로 기업에도 이익이다. 구글의 인사 관리 방법은 하나로 통제된 위계와 완전히 차별화된다. 그러한 위계는 창의성을 압살한다. 굉장히 능력 있는 사람들이 굉장히 의욕적으로 하나의 비전을 공유한다면 관리자의 감독이 필요가 없다. (…) 구글은 기업 내부에서 '난 내가 할 수 있다고 생각해' 문화를 장려하고 전통적이고 관료주의적인 '아니, 넌 못해' 문화를 지양한다. (…) 재주 있는 사람들은 누군가 자신에게 이래라저래라 명령하는 것을 좋아하지 않는다. 그들은 친밀한 소집단 내 상호 작용을 원한다. 그들은 피드백을 원하고, 야심적인 프로젝트를 개시하기를 원하며, 좀 더 창의적인 아이디어에 시간을 쏟기 원한다. 그들은 회사가 정말로 그들의 개인적인 삶의 질에 마음을 써주기 바라며 쿨한 근무 환경을 원한다.[36]

기업 문화는 노동자들이 직장을 일종의 특권적 장소, '자아실현'에 적합한 곳으로 생각해주기 바란다. 이 문화는 노동자들이 긍정심리학의 어휘와 기법을 진짜 도구들로 간주하기 원한다. 심리

자본 개념은 이런 면에서 결정적이다. 이 개념이 노동자가 노동을 어쩔 수 없는 필요 혹은 의무가 아니라 기회로 여겨야 한다는 생각을 강조하기 때문이다. 로버트 비스워스디너와 벤 딘은 『긍정심리학』에서 "노동은 우리의 정체성에 너무나 중요하기 때문에, 우리는 낭당하게 노동이 우리 자신이며 우리의 재능, 뿌리 깊은 욕구, 근본적인 관심사를 표현해주는 것이라고 주장한다."[37] 그들은 자기가 하는 일을 '의무'가 아니라 '소명'으로 보는 이들이 훨씬 더 만족스럽게 사는 것처럼 보인다고 주장한다.

> 일을 소명으로 여기는 사람들은 자기가 하는 일 그 자체를 사랑하고 그 일이 가치 있다고 생각한다. 그들은 소득이 얼마든 간에 '설령 돈을 안 받아도 하고 싶은 일'이라고 인정한다. (…) 그들은 업무 시간이 아닌 때에도 일 생각하기를 좋아하고 휴가에 일감을 싸 들고 가는 것도 주저하지 않는다. 이런 사람들이 대부분 일을 잠시도 떼어놓을 수 없는 단순한 일 중독자가 아니라 더 나은 세상을 만들기 위해 일한다는 확신이 있다는 점을 기억해야 한다. (…) 이건 충격적인 소식이다. 피자 배달을 하든 실력 있는 전문가로서 외과 수술을 하든, 그런 건 중요하지 않다. 중요한 것은 단 하나, 자기가 하는 일을 어떤 식으로 지각하느냐다.[38]

이 두 저자는 어떻게 피자 배달부나 맥도널드 계산원, 혹은 청소 용역 회사 직원이 자기 일을 소명으로 볼 수 있는가라는 질문을 아주 편리하게도 회피한다. 이들은 노동자 계급의 일원이나 중산 계급의 하위 계층도 자기가 원하기만 하면 상위 계층의 이상을 자기 것으로 삼을 수 있다고 주장하고 거기서 한 발짝도 더 나아가지 않는다.

미키 맥기가 비판적인 어조로 지적했듯이 이 소명 개념은 새로운 경제적·사회적 질서가 낳은 불안한 불확실성의 해독제 노릇을 한다.[39] 프로테스탄티즘에서 직접 유래한 이 개념은 '자조론'에 깊숙이 배어 있으며 이미 진정한 자아 찾기와 실현으로 세속화되었다고 할 수 있다. 긍정심리학의 사도들은 피터슨과 셀리그먼이 제안한 강점과 덕성의 분류에 기초하여 자기 운명을 좇아, 달리 말해 자신의 소명에 부응하여 재주와 능력을 펼치는 개인은 매일매일 의욕, 일의 즐거움, 자아실현을 경험하면서 삶의 어느 분야에서든 성공을 거둘 수 있다고 주장한다.[40] 직장은 개인이 진정한 소질을 자율적이고 유연한 방식으로 끌어올리면서 역량을 온전히 발휘하는 무대인 셈이다.

상시적 유연성

개인의 직무에 대한 열의와 더불어 역설적이게도 '상시적 유연성'이 신자유주의 조직의 주요 변수가 되었다. 이러한 유연성은 일반적으로 "조직이 비용, 지연, 조직 차원의 문제, 좋지 않은 성과를 최대한 억제하여 소비자의 다양한 기대에 부응하는 역량"[41]이다. 사실 유연성은 그 어떤 기법적 요인보다 노동자들에게 달려 있는 문제다. 이런 면에서 유연성을 드러낼 수 있는 개인의 자질은 생산성의 주요 요인 중 하나가 되었고 이 소질을 끌어올린다는 심리학적 기법을 찾는 자들은 자꾸 늘어나기만 했다.

유연성은 개인(인지 및 정서 구조) 못지않게 기업(조직)과도 관련되는 개념이다. 기업의 조직 구성이 유연해지면 기업은 비용 절감 등 경제에 보탬이 되고 이익을 얻는다.[42] 그렇지만 노동자의 불안정성은 매우 가중될 것이다. 이로써 새로운 노동 조직이 힘을 얻는다. 고용은 전처럼 보장되지 않는데 업무는 파편화되고 다각화되므로 모든 면에서 훨씬 열악한 조건이다. 임시직·파트타임·불완전 고용 노동자는 지난 몇 년 사이에 말 그대로 폭발적으로 늘어났다. 게다가 새로운 노동법은 기업이 예전보다 훨씬 쉽게 사람을 채용하거나 해고할 수 있도록 길을 열어주었다. 이리하여 노동 시간은 근본적으로 불규칙해졌다. 생산성이 높은 기간의 노동 시간 확대, 업무 교대, 업무 다각화라는 논리가 이러한 변화를 가능케 했다.[43] 우치텔과 클라인필드가 지적한 대로 "이제 기업에게 안전으로 통하는 것이 노동자들에게는 불안전으로 통한다."[44]

크레스포와 세라노파스쿠알 같은 연구자들은 유럽 연합이 내세우는 유연성에 대한 담론을 분석했다. 이 담론의 골자는 노동 조건의 유연성이 커지면 노동 시장의 안전성은 더 커진다는 것이다. 노동 시장의 경직성은 생산성을 떨어뜨리고 만성 실업의 원인이 되므로 경제 불안의 주요한 원인 중 하나라나. 산업이 새로운 시장의 법칙에 빨리 적응하고 새로운 고용 창출 기제를 마련하기 위해서는 노동법을 완화하여 유연성을 확대해야 한다.[45] 시장이 더는 고용 안전을 보장할 수 없으므로 조직에게나 노동자 개인에게나 유연성이 국제 경제의 예상치 못한 급격한 변화와 타협하는 유일한 방법이다.

> 한편으로 유연성은 삶의 변화('과도기')를 성공으로 이끈다. (…) 중요한 것은 노동자들이 더 좋은 일자리로 나아갈 수 있도록 돕는 것, '상승 이동'과 재능의 최적 계발을 장려하는 것이다. 유연성이란 노동 조직의 유연성이기도 하다. 노동 조직이 생산의 새로운 요구에 신속하고 효율적으로 부응하고, 새로이 필요성이 부각된 능력들을 관리하며, 직업인으로서의 책임과 개인의 책임을 조화시키기 위한 유연성 말이다. 다른 한편으로, 안전은 일자리를 지킬 수 있다는 보장 그 이상의 것이다. 개인이 직업인으로서 발전하고 경우에 따라서는 새로운 직업을 찾을 수 있게끔 돕는 것이 중요하다.[46]

크레스포와 세라노파스쿠알은 이러한 정책들이 새로운 노동 문화의 표본들이라고 본다. 이러한 노동 문화는 노동 시장에 대한 정부 규제가 약화되고 집단의 책임이나 연대를 무시하면서까지 개인의 책임을 중시하는 모델이 표준화되면서 자리 잡은 것이다. 노동은 이런 식으로 탈정치화되고 심리화되었다. 이제 경영의 개입은 조직이 아니라 노동자 쪽으로 집중된다.

그리고 조직의 불확실성에 대한 부담도 직원들의 어깨로 넘어갔다. 유연성이라는 절대명령이 이러한 떠넘기기를 정당화한다.[47] 개인의 인지 및 정서 적응을 돕는다고 자처하는 긍정심리학 기법들이 여기서 중요한 역할을 한다. 여기서 유연성은 회복 탄력성이다. 회복 탄력성이 뛰어난 노동자는 역경에 굴하지 않는다. 그들은 어려운 와중에도 계속 노력할 수 있고 까다로운 상황을 자기에게 유리한 쪽으로 돌릴 수 있다. 그들은 실패를 뒤집어 자기 개선과 자기실현의 기회로 삼을 줄 안다. 이런 사람들이 인지적이고 행동적인 면에서 좀 더 유연한 모습을 보인다는 것이 긍정심리학의 주장이다. 이 사람들은 업무 다각화와 관련된 요구에 긍정적으로 반응하고 직위의 재정의, 업무 범위의 재구성에도 결코 동요하지 않는다. 또한 급변하는 상황에서 임기응변이 뛰어나고 힘들었던 경험에서 얻어낸 가르침을 바탕으로 성과를 개선할 줄 안다.[48] 회복 탄력성이 뛰어난 노동자들은 우울증, 스트레스, 번아웃, 정서 고갈 같은 심리 문제도 덜 겪는다. 간호사라는 직업은 긍정심리학 관련 저술에서 회복 탄력성이 아주 중요한 직업으로 자주 거론된다. 간호사는 실제로 고뇌가 많은 환경에서, (특히 병원 내의) 대인 관계가 힘든 환경에서 일한다. 간호사는 비극을 자주 목격할 수밖에 없고, 임금은 높지 않은데 업무상의 책임은 과중하다. 경찰관, 소방관, 군인도 비슷한 이유로 자주 거론되긴 하지만 회복 탄력성이 뛰어난 간호사는 부정적 경험과 열악한 노동 조건에 적응하고 대처하는 능력의 화신이라는 점에서 한층 더 귀하다. 그리고 이런 유의 저술은 누구나 그 능력을 가질 수 있다고 누누이 강조한다.[49] 회복 탄력성을 노동자의 우선 과제 중 하나로 보는 이 태도는 수없이 산적해 있는 골치 아픈 문제들을 외면하는 편리한 방식이다. 예산 확대, 임금 인상, 휴가 일수, 직장에서의 인정, 그 밖에도 행복과 생산성보다 덜 중요한 것처럼 치부되는 윤리적 차원의 문제가 너무도 많다.

그러니 조직들이 회복 탄력성 개념에 솔깃해하는 것도 당연하다. 강인하고 책임감 있고 자율적이며 변화에 쉽게 적응하는 회복 탄력성이 뛰어난 노동자는 이상적 직원의 전형이다. 회복 탄력성은 이런 식으로 암묵적 위계를 유지하고 사용자 측의 요구와 지배 이데올로기를 정당화한다. 직장의 문제 상황, 불안정성, 불만족스러운 면에 대한 심리적 비용을 전부 노동자가 알아서 감당하라는 얘기다.

현재, 보통의 노동자는 살면서 이직을 여러 번 하고 과거보다 훨씬 더 자주 노동 계약서를 새로 쓴다. 미국 노동통계국[50]과 유럽 연합 통계국[51]이 각기 실시한 조사에 따르면 이러한 경향은 두 대륙 모두에서 매우 뚜렷하다. 최근에 구인·구직 정보와 SNS 기능을 합친 서비스인 링크드인(LinkedIn)에서 발표한 조사도 새로운 유형의 '직장 갈아타기 족(job-hopper)'이 등장했음을 확인해준다. 이 사람들은 일반적인 직장인들에 비해서 3배 가까이 노동 계약서를 더 많이 쓴다고 알려졌다.[52] 직장인들은 직장을 옮기고 인맥을 유지하며 계속 변하는 시장 동향을 따라잡기 위해 전보다 더 많은 시간과 에너지를 쏟는다.[53] 또한 여러 가지 직업 활동을 하고 있는데도 생계를 유지하기 힘든 경제 활동 인구 비율이 점점 늘고 있다. 이러한 경향은 화이트칼라와 블루칼라 양쪽 모두에서 관찰된다. 이러한 변화는 노동자가 항상 높은 수준의 효율성을 입증해야 하고 사생활과 직업 외적인 책임, 특히 가족에 대한 책임이 일에 지장을 주지 않도록 안간힘을 써야 하는 시점에서 일어난다. 여성 노동자의 입장은 한층 더 어렵고 힘들다. 그렇지 않아도 여성들은 이미 남성들보다 저임금, 고용 불안, 실업에 타격을 받고 있는데 말이다.

회복 탄력성은 개인이 갖추면 좋은 장점으로서 완곡하게 제시된 게 아니라 기막히게 좋은 자질처럼 제시되었다. 노동자들이 노동 시장에서 유연하게 승승장구하려면 이 자질을 집중적으로 활용하는 것이 가장 좋은 방법이다.[54] 『직장에서의 회복 탄력성』이라는 책을 보면 이것보다 더 귀한 심리적 자질은 없는 것 같다.

우리 인간은 우리의 학습 능력, 인생의 흐름을 변화시키고 다스리는 능력을 믿고 싶어 한다. '자수성가'의 능력은 아주 오래전부터 우리가 가장 바람직하다고 여기는 개인적 자질 중 하나다. 우리는 늘 조직 수준에서나 그 조직의 일원으로서나 우리 자신을 새롭게 만들어내고자 했다. 이 열망이 잠재적으로 스트레스를 낳을 수 있는 변화에 대한 우리의 적응력과 장기적으로는 공명한다. 비록 우리의 학습 능력, 불안을 자아내는 상황을 변화시키고 다스리는 능력을 여전히 믿고 싶지만 작금의 고삐 풀린 변화는 진정한 회복 탄력성이 부족한 사람들을 힘들게 한다. 스트레스가 지배하는 이 시대에 회복 탄력성은 그 어느 때보다 중요하다. 이 책은 회복 탄력성을 길러 어떤 상황에서든 성공하는 법을 여러분에게 알려줄 것이다.[55]

자율, 또 다른 역설

조직 내에서는 직무에 대한 열의와 회복 탄력성뿐만 아니라 자율도 긍정 행동 요인으로 간주된다. 왜 그럴까? 구성원이 자율적으로 행동하면 책임이 수직 분배되지 않고 수평 분배되기 때문이다. 따라서 개인은 자기 업무에 내재하는 우발성의 상당 부분을 책임져야 하고 목표 달성에 필요한 모든 것(인간적 역량, 물질적 수단 등)을 스스로 관리해야만 한다.[56] 이러한 조건 속에서는 개인이 그가 거둬들인 성과에 전적으로 책임이 있는 것처럼 생각되는 것도 당연하다. 판매 대행인이 좋은 예이다. 그는 고객들로 먹고사는 사람, 고객들의 충성도를 얻어야 하는 사람, 고객들에게 전적인 만족을 주고 방문 판매법의 효과와 생산성을 높이기 위해서 혁신적인 아이디어를 제안할 수 있어야 하는 사람이다. 고용주는 그의 성과가 온전히 그의 노력 여부에 달렸다는 원칙에 입각해 있다.

자율은 자기 통제, 자기 조절, 자기 효능감 같은 심리적 개념들과 밀접하게 결부되어 있다. 그러니 자율이 긍정심리학이 제안하는 다양한 기법들의 근원적 원칙에 해당한다는 사실은 전혀 놀랍지 않다. 이 기법들이 '정서 유형'(여기서 말하는 '정서 유형'이란 개인이 자신의 성공 혹은 실패의 원인을 합리화하는 방식을 뜻한다)의 변화를 원활히 하고 개인이 '자기 가치 확인'을 긍정적인 방식으로 더 자주 하게 한다고 한다. 또한 개인에게 희망(여기서 말하는 희망은 스스로 목표를 설정하고 자력으로 그 목표에 도달할 수 있다는 생각이다)을 주고 개인이 감사와 용서를 경험하며 확실한 낙관주의를 연마하게 한다고들 한다.[57] 행복학자들의 말대로라면 개인의 자율이 조직에만 이로운 것은 아니다. 자율은 자아실현과 개인적 성공에도 근본적으로 중요하다. 크리스토퍼 피터슨과 마틴 셀리그먼은 "누구든지 자기 통제의 근육을 제대로 키운 사람은 더 행복하고 더 생산적이며 더 성공과 가까운 모습을 보인다."[58]라고 주저 없이 주장한다. 인지 및 정서 자율을 돕는다는 기법들은 노동자에게 성과의 개선, 긍정적이고 유익한 인간관계 수립, 부정적 감정 '관리', 정신적·신체적으로 건강한 습관 쌓기, 위험과 불확실성 수용, 실패를 긍정적이고 생산적인 시각에서 이성적으로 생각하기 등등을 약속한다.

그렇지만 이 자율 관념 역시 역설들로 가득 차 있다. 심지어 이 관념에는 아주 어두운 측면도 있는 것으로 보인다. 사실 자율의 옹호자들은 자기네가 다른 한쪽에서 부정하는 바로 그것을 또 다른 한쪽에서 긍정하는 셈이다. 기업은 직원들이 스스로 결정하고 주도하게끔 장려하면서도 기업 문화(기업의 원칙, 가치, 목표)에 순응할 것을, 다시 말해 진정한 독립은 포기할 것을 요구한다. 게다가 기업은 독립성과 자기 주도적 능력을 강조하지만 노동자의 대다수는 결코 최고 결정권을 가질 수 없고 사실상 자기에게 주어지는 업무나 목표를 선택할 수가 없다. 그리고 당연히 자기에게 주어진 시간을 그러한 업무를 잘 완수하기 위해 자기 마음대로 조절하는 것조차 힘들다.

직원들은 가용성 수준으로 평가를 받는다. 이들은 이제 최대한 가용적인 존재, 달리 말해 언제 어느 때라도 업무에 매달릴 수 있는 존재가 되어야 한다. 더욱이 인터넷과 통신 기술의 발달은 사적 영역과 직장 영역의 구분을 모호하게 했다. 사용자는 '자기 통제'의 향상을 요구하지만 그런 와중에도 노동자들은 점점 더 고도의 평가 과정, 그것도 때로는 이해가 가지 않는 모호한 기준의 평가 과정에 노출되었다. 결과적으로 자율은 허울 좋은 말에 불과해 보인다. 자율은 직원들이 그 일을 하라는 강요를 당하지 않는다면, 그리고 그들의 직업과 생계가 그 일에 달려 있지 않다면 결코 하지 않을 일을 하라고 집요하게 강요하는 방식일 뿐이다. 기업이 노동자에게 생산성을 요구하는 것은 당연하다. 그러나 기업이 자기네 이익을 생각해서가 아니라 노동자를 생각해서 그러는 척 언어를 조작하고 왜곡하는 것은 분명히 문제가 있다.

노동자의 자율이 그들의 행복이나 만족과 밀접한 관계가 있다는 식의 제시는 숨겨진 진짜 목표를 위장하는 방식일 뿐이다. 실은 노동자로 하여금 실패의 책임이나 조직의 어려움을 내면화하게 하려는 것, 이것이 핵심이다. 이미 말했듯이 오늘날의 경제에 내재하는 위험 부담은 이제 노동자의 어깨로 넘어갔다. 노동자가 사측의 어려움에 발목을 잡히고 자기네가 책임을 느끼는 것이다. 때로는 이 압박이 노동자를 도저히 못 견딜 지경까지 짓누르기도 한다. 일례로 사회학자 미켈라 마르차노는 2006년에 직장에서 자살한 르노 공장 기술자의 사례를 밀착 연구했다. 이 자살 사건 보고서는 르노 공장 재직자들이 극도로 포악한 경영에 시달리면서 회사 실적에 대한 책임을 완전히 내면화하고 있었다고 분명히 말한다. 2006년 당시 프랑스의 자살 위험률은 10% 수준이었지만 이블린 지역에 위치한 르노 사의 귀양쿠르 기술연구소 직원의 자살 위험률은 30%나 되었다.[59] 마르차노는 이 사례가 비극적이지만 결코 예외적이지는 않다고 강조한다. 분명히 말해두자면, 어떤 거대 그룹도 연대와 상호 지지에 기반을 둔 사회 조직을 파괴할 우려가 높은 기업 문화를 촉진할 권리는 없다. 2016년에 NLRB(전미 노동관계위원회)는 전국 차원에서 T-모바일 사에 대한 집단행동에 들어갔다. T-모바일 사의 노동 계약서에 직원들이 "긍정적인 노동 환경"을 유지해야 한다는 조항이 들어 있었기 때문이다. NLRB는 이 "긍정적인 노동 환경" 개념이 "애매하고 모호하다."고 판단했고, 직원들끼리 자유롭게 논의하고 필요에 따라 조직적으로 행동할 수 있는 자유를 저해하려는 의도가 있다고 보았다. 사실 T-모바일 사는 노조 결성을 방해하는 행동으로 이미 여러 차례 고발을 당한 회사였으므로 이 결정은 그동안 T-모바일 사에 대한 일련의 투쟁들의 눈부신 성과였을 뿐이다.[60]

그러므로 오늘날 여기저기서 떠들어대는 직장에서의 자율과 독립은 노동자의 행복보다 기업의 이익에 더 이바지한다. '긍정적 환경'은 이 관념을 앞세우는 사측에만 득이 된다(물론 그러한 관념을 수립하는 노하우가 있다는 자들도 득을 볼 수 있겠다). 결국 이 자율이 얼마나 허구적인가는 중요치 않다. 기업 입장에서는 많은 경우에 노동자를 실제로 통제할 필요조차 사라지니 얼마나 좋으랴. 실제로 직원들은 그들의 행복과 직업인으로서의 가치, 개인으로서의 가치가 거의 전적으로 그들이 내는 성과에 달려 있다고 믿기에 이르렀다.

없어서는 안 될 조건

지금까지 살펴본 대로 개인적 성공과 행복의 인과 관계, 그리고 저유명한 인간 욕구 피라미드는 이제 뒤집혔다. 그로 인해 노동계는 크게 변했고 노동자의 정체성을 구성하는 양상들도 완전히 바뀌었다.[61] 전례 없는 이 논리는 기존 노동계에서 볼 수 있던 주체성 모델들을 '보완'하려고 등장한 것이 아니다. 이 논리는 그 모델들을 밀어냈다. 긍정심리학의 사도들은 조직 내에 전에 없던 문화적 과정을 마련하고는 차차 행복이 성공의 '없어서는 안 될' 조건인 것처럼 주장한다. 긍정심리학 신봉자들은 일에서 성공하는 비결을 행복이라고 설명하는 선에서 만족하지 않았고, 그러한 주장이 지난 몇십 년을 통틀어 가장 놀라운 '발견'인 것처럼 말하는 것에서 그치지 않았다. 그들은 점입가경으로 매우 행복한 상태가 '생의 필수 욕구'를 충족하는 조건이라고 주장한다. 이를테면 인맥을 쌓고, 만족스러우면서도 유익한 사회적 관계를 유지하고, 정신적·신체적 건강을 지키려는 욕구 말이다.

그렇지만 이 새로운 논리는 노동계 안에만 틀어박혀 있지도 않았다. 이제 생의 모든 영역에서 이 논리를 찾아볼 수 있다. 요컨대, 행복의 다양한 어휘와 기법을 떠받치는 생각은 행복한 사람이 더 일을 잘할 뿐만 아니라 더 좋은 시민이기도 하다는 것, 특히 여기에 방점이 찍힌다. 다음 장에서는 이 문제를 집중적으로 다루며 행복한 시민이라는 이상을 떠받치는 주요한 심리적 특징들을 살펴보겠다.

Happy selves

in the

market's shelves

제 4 장

행복한
자아를
팝니다

CRACY

"광고의 기반은 단 하나, 바로 행복, 오직 행복이다. (…) 그런데 행복이란 무엇인가? 행복은 좀 더 큰 행복을 필요로 하기 전의 그 순간이다."

– 돈 드레이퍼, 「매드맨(Madmen)」

웹사이트 '변화의 가능성(Possibility of change)'에는 개인사를 고백하는 글들이 수천 개씩 올라온다. 자신의 놀라운 변화에 대한 이야기, 역경과 싸워 마침내 승리한 이야기다. 사용자들은 삶을 수월하게 해준다는 정보들을 열심히 주고받는다. 코치, 카운슬러, '자조론' 전문 작가가 여기 와서 광고를 해대고 누구든 더 나은 삶과 행복의 비결을 얻고자 하면 큰돈 들이지 않고도 자기네들의 서비스, 노하우, 기법을 이용할 수 있노라 홍보한다. 예를 들어 인터넷에서 활발하게 활동하는 코치 에이미 클로버는 자기가 어떻게 우울증과 강박 성향을 극복하고 마침내 행복을 알게 되었는가를 거의 하루도 빠짐없이 이야기한다. 비결이 무엇이었느냐고? 모든 것은 오로지 자기 하기에 달렸다는 자각, 결국은 자기 생각과 감정을 지배해야 한다는 깨달음, 그리고 자기 상황을 긍정적으로 바라보는 시각이었다나.

> 나는 늘 행복한 사람들은 연기를 하는 거라고 생각했다. (…)
> 나는 그날그날이 전쟁 같은 나날에 너무 익숙한 나머지 편안한 마음으로 또 하루를 맞이하는 삶을 상상할 수조차 없었다. 다른 사람들이 정말로 행복할 수 있다는 것도 이해가 가지 않았다. 아니, 어쩌면 그저 이해하고 싶지 않았는지도 모르겠다. (…) 나는 술을 많이 마셨고 살 빼는 약을 먹었다. 더 매력적인 사람, 외모만으로 시선을 확 끄는 사람이 되고 싶었다(그래야 남들이 내 외모 외에는 아무것도 보지 않을 테니까. '정말

로' 문제가 있는 부분은 보지 않을 테니까). 함정에 빠진 기분이었다. 내가 내 문제에 꽁꽁 매여 사는 것 같았다. 어떨 때는 도저히 벗어나지 못할 거라는 생각이 들 만큼. (…) 그리하여 나는 내 삶을 완전히 바꾸기로 결심했다. 그 후 몇 년 동안, 정말 믿을 수 없게도, 나는 우울증에서 차츰 벗어났다. 나는 포기하지 않기를, 힘든 일에도 지지 않기를 선택했다. 자주 실패했지만 무너질 때마다 반드시 다시 일어났다. 7년이 지난 지금, 나는 힘들어하는 이들을 돕겠다는 의지가 투철하고 활력 넘치는 전문 코치가 되어 있다. 나는 여러분의 힘, 여러분의 행복을 방해하는 모든 것을 알려줄 수 있다. 여러분의 현 상황은 별로 중요하지 않다. 사는 게 행복하다고 느껴지지 않는다면 뭔가 바꿔야 하는 부분이 있는 거다. 절망의 안개 속에 머물기에는 인생이 너무 짧다. (…) 물론 우리가 어찌할 수 없는 질병, 문제, 상황은 분명히 있다. 그런 것들은 바뀌지 않는다. 하지만 그것들에 어떻게 반응하느냐는 여러분에게 달렸다. 그것들이 정말로 심각한 위협이 될 때 어떻게 하느냐는 여러분에게 달렸다. (…) 내가 심리치료를 열렬하게 옹호하는 이유는 실제로 심리치료가 나를 살리는 역할을 했기 때문이다. 설령 심리적 문제가 없다는 진단을 받은 사람일지라도, 심리치료가 진정한 행복을 가로막는 어떤 정신적 혼란, 아주 오래전부터 떨치지 못했던 곤란한 심경을 말끔히 해소하는 쪽으로 도움을 줄 수 있다. (…) 가장 **중요한 것은 행**

복을 선택하는 것, 행복을 쟁취하기를 선택하는 것이다. 언제나 꿈꿔왔던 삶을 살아보면 어떨까? 잡지에서 볼 수 있는 성공담을 직접 살아보면 어떨까? 여러분도 세상을 더 좋은 방향으로 변화시키는 사람이 되지 말란 법 있을까?[1]

이 이야기는 여느 사연들과 마찬가지로 우리가 여기서 살펴보려는 몇 가지 생각을 분명하게 드러낸다. 우선, 행복이 얼마나 도덕적·심리적으로 성공한 삶의 기준이자 인생의 꼭대기가 되었는지를 새삼 명백히 볼 수 있다. 그 꼭대기에 다다르려면 자기 개선에 힘써야 하고, 싸워야 하고, '스스로 도우며', 장애물조차 반드시 잡아야 할 기회로 변화시켜야 한다. 이 이야기의 출발점은 개인의 노력이 항상 보답을 받는다는 원칙이다. 행복하고 긍정적인 순간과 연약함, 고통, 실패의 순간에 대한 구분도 흥미롭다. 전자는 남들에게 보여주어야 할 것처럼 얘기되지만 후자는 잘 다스리지 못한 약해빠진 정신의 부끄러운 표출이니만큼 감춰야만 한다("나는 술을 많이 마셨고 살 빼는 약을 먹었다. 더 매력적인 사람, 외모만으로 시선을 확 끄는 사람이 되고 싶었다."). 에이미는 자기가 겪은 어려움을 공유하지만 그렇다고 해서 위에서 설명한 내용이 달라지지는 않는다. 일단 행복을 '싸움', 즉 자기 자신과의 싸움이자 역경과의 싸움으로 보는 생각은 더 강해진다. 게다가 그러한 어려움은 나중에, 회고적으로만 이야기된다(에이미는 행복의 길을 가기로 결심한 후 비로소 스스로 자기 개선의 한 예가 되기 위해 자기가 겪은 어려움을 말하기로 결심한다).

둘째, 이러한 인생 사연들은 행복이 얼마나 막연하고 일반적인 이야기를 바탕으로 구성되는지 보여준다. 결국 어떤 상황에서든 각자 적응하려고 노력하는 게 중요하다는 이 이야기는 늘 동일한 도식, 모든 것에 갖다 붙이는 심리치료의 도식과 흡사하다. 우선 문제가 있음을 아는 게 중요하다. 그다음에는 스스로 해결해보겠 다고 굳게 결심한다. 필요하다면 전문가의 도움을 받는다. 그리고 에이미의 자화상에서 알 수 있듯이 자기 생각과 감정을 고려하는 방식 자체를 바꾼다. 이런 이야기는 특별한 길을 전혀 제시하지 않 는다. 이 '프리사이즈'가 어떻게 자기 삶, 자기 문제에도 적용될 수 있는지 깨닫는 것은 각 사람의 몫이요, 그들이 어떤 사람들인가는 아무 상관이 없다. 행복학자들과 그 업계 사람들은 삶에 의미를 부여하는 것이 행복하게 사는 데 중요하다고 주장하지만 그게 결 국 무슨 뜻인지 명확하게 설명하려는 노력은 하지 않는다. 그들은 이 질문에 답하는 것은 각자의 몫이라는 말만 되풀이한다. 알맹이 없는 막연한 이야기는 아무 데나 갖다 붙이기 딱 좋다. 이 이야기 는 아주 다양한 상황에 적용할 수 있거니와 아주 많은 사람이 공 유할 수 있다. 사실, 여기서 뭔가 개인적인 특성이 보이면 사람들 이 자기 것으로 삼을 수 없을지도 모르겠다.

셋째, 이 이야기는 다른 이야기들과 마찬가지로 (삶의 만족 수준 과 상관없이) 누구나 더욱더 행복해지기를 원한다는 원칙에서 출발 한다. 여기서 행복은 단지 부정적이지 않은 상태가 아니라 긍정적인 방향으로의 지속적 개선을 뜻한다. 사실, 행복은 특정 단계 혹은 삶의 최종 단계처럼 제시되지 않고 지속적인 과정으로 제시된다. 누구나 참여하는 끝없는 자기 개선의 과정, 자기를 만들어가는 과정 말이다. 이 이야기는 자기 개선의 약속과 자아의 근본적인 불완정성이라는 전제를 한데 묶는다. 개인은 여기서 원칙적으로 불완전한 존재, 늘 뭔가 더 보완하거나 발전시켜야 할 존재다. 그렇기 때문에 충만하고 온전한 행복과 자기 계발은 언제나 다다를 수 없는 이상으로 남는다.

우리의 주제를 제대로 이해하려면 이러한 측면들이 모두 중요하다. 사실 행복이 오늘날 왜 이렇게 시장에서 잘나가게 됐는지, 어떻게 그 자체로 하나의 엄연한 상품이 되었는지 알려면 이러한 측면들을 들여다보아야 한다. 행복은 이제 다른 상품을 팔 때 써먹기 좋은 슬로건으로만 머물러 있지 않다. 행복은 이제 단골들을 허망하고 덧없는 기쁨으로 유인하는 기만적인 약속이 아니다. 행복은 시장에서 개인의 발전과 '역량 증진(empowerment)'을 평가하는 잣대라는 점에서 명실상부한 '상품'이 되었다.[2]

'이모디티(emodities)', 즉 정서적 상품의 수요와 공급이 날로 증가하는 이 시대에, 행복은 이미 수십억 이상을 좌우하는 세계적인 산업의 물신적 상품이 되었다. 정서적 상품들은 단지 즐거움, 평온, 해방감, 희망, 위안 등을 잠시 제공하는 게 아니다. 이 상품들은 무엇보다 행복의 추구를 라이프스타일, 존재와 행동의 방식, 그 자체로 독립적인 사고방식으로 정착시키고 신자유주의 사회의 시민들을 진정한 '사이티즌(psytizen)'으로 만드는 데 이바지한다.

사이티즌은 개인주의적이고 소비 지상주의적인 주체성이다. 이 주체성을 드러내는 신자유주의 사회의 시민들은 근본적으로 행복의 추구가 제2의 천성이 되어 있는 고객들, 자신의 가치는 언제나 자신을 최적화할 수 있는 역량에 달려 있다고 생각하는 사람들이다. 우리가 다른 지면에서도 주장한 바 있듯이,[3] 이 개인성 모델은 시장의 요구(정서적 '자기 조절', 진정성, 끊임없는 자기 개선 등 자본주의가 부추기는 태도)와 완벽하게 맞아떨어질 뿐 아니라 거기서 더 나아간다. 이 모델은 그러한 전제들을 감정적이고 심리적인 어법으로 다시 쓰고 재생산함으로써 정당성까지 부여한다.[4] 우리는 행복이 시장에 딱 맞춰진 데다가 시장이 행복을 감정이 아니라 일종의 규범으로 만들었다는 점을 생각해야 한다. 이 주장은 심리치료 문화에 대한 사회학적 분석들과 맞닿아 있으며, 시장과 행복 이데올로기의 동질적 관계에 대한 이전의 연구들과도 맞닿아 있다. 샘 빙클리는 다음과 같이 관찰했다.

> 행복에 대한 현대 심리학 담론들은, 정치경제에 속한 논리를 개인적·정서적·신체적 실행으로 쉽게 전환해준다. 행복이 불어넣는 것처럼 보이는 활력, 낙관주의, '긍정적 감정'은 내면화된 신자유주의 담론의 표현일 뿐이다. 그런 것들이 우리가 우리 안에 품고 있는 사회민주주의에 대항한다. 행복한 삶을

영위하기에 적합해 보이는 개인의 기질은 경쟁의 규칙과 이
익 여부에 걸맞은 생활 태도를 취하라는 신자유주의의 촉구
에 부응한다.[5]

우리는 지금부터 행복 상품화의 다양한 형태와 이 상품들이 전
제하고 겨냥하는 주요한 심리적 특성이 (학문적 지식과 전문성이 긴
밀하게 연합한 상황에서) 어떤 밀접한 관계를 맺고 있는지 살펴볼 것
이다. 그러한 심리적 특성은 사이티즌의 전형적 성격에 부합한다.
그렇기 때문에 완전히 행복한 사이티즌은 최적 기능을 할 수 있다.
우리는 '자기감정관리', '진정성', '자아실현'이 행복 산업과 활발히
상호 작용하는 사이티즌의 성격을 가장 잘 규정하는 세 가지 심리
적 특성이라고 본다. 이러한 심리적 특성들은 서로 긴밀하게 얽히
고설켜 있으나 우리는 이것들을 하나씩 따로 살펴보려 한다.

감정을 '관리'하세요!

행복한 개인은 자신의 생각과 감정을 이성적이고 전략적으로 '지
배'할 수 있는 사람이니만큼, '자기 관리'는 그러한 개인의 가장 주
요한 특징 중 하나일 것이다. 이 사람은 스스로 동기 부여가 되고,
유리하지 않은 상황에서도 집념을 드러내고, 효율적으로 활동하
며, 성공의 기회를 극대화한다. 긍정심리학 지지자, 자조론 저자,

코치, 그 외 모든 행복 전문가 들이 거듭 주장하는 대로라면, 자기 자신을 잘 다스리는 능력을 습득하고 계발하는 것은 삶의 모든 영역에서 대단히 중요하다.[6] 가령 피터슨과 셀리그먼은 분별력에 대한 저작에서 "자제력을 꾸준히 훈련하는 어린이, 청소년, 성인이 더 행복하고, 더 생산적이며, 더 성공을 많이 거둔다."[7]라고 썼다.

미셸 푸코를 위시한 여러 저자가 이들의 주장을 매우 설득력 있게 비판했다. 일단 자기 자신을 지배하려는 태도는 (인생을 자기 마음대로 다스릴 수 있다는 생각을 바탕에 깔고 있거니와) 자기에게 일어난 모든 일이 자기 책임이라고 믿게 만든다.[8] 그러한 믿음은 실증적이고 과학적인 것처럼 보이는 담론이 자기 관리를 심리적 특징으로 보는 데 그치지 않고 개인의 기술인 것처럼 만들기 때문에, 즉 이데올로기의 요구를 자연스럽고 보편적인 속성인 것처럼 변형시키기 때문에 더욱 강화된다. 행복학자들은 누구나 자기 자신을 전적으로 다스릴 수 있는 동일한 심리 기제 혹은 동일한 내적 근육을 지니고 있다고 주장한다. 무엇보다, 그들은 적합한 심리학적 기법들을 활용하기만 하면 이 기제를 얼마든지 계발하고 개선할 수 있다고 본다.

행복을 습관으로 삼으세요

정신 및 신체 건강 증진, 질병 예방, 스트레스와 무력감 극복, 실패를 긍정적이고 생산적인 방향으로 생각하기 등. '과학적으로 입증되었으며' 각 사람의 욕구와 상황에 부합할 수 있다는 다양한 기법들은 이 모든 것이 가능하다고 약속한다. 어떤 기법들은 성공과 실패의 원인을 이성적으로 생각하도록 인지 및 정서 유형을 변화시키고[9] 좀 더 많이, 좀 더 긍정적으로 자기 가치 확인을 할 수 있도록 돕는다고 한다.[10] 또 어떤 기법들은 희망을 가르쳐준다고 하는데, 여기서 희망 훈련은 "원하는 것으로 나아가는 길을 만들 수 있음(pathways thinking, 경로 사고)과 그 길로 나아갈 동기를 스스로 끌어낼 수 있음(agency thinking, 주도 사고)을 감지하는 목표 지향적 사고"[11]로 정의된다. 그 밖에도 실생활에서 감사와 용서를 실천하게끔 돕고 긍정적 태도, 즉 "사람이 얼마나 자기 미래에 이로운 기대를 키울 수 있는지 보여주는 개인적 변수"[12]를 강화하는 기법들이 있다.

이 기법들의 예외 없는 공통점을 짚고 가는 게 중요하다. 일단, 이 기법들은 신속하게 소비될 수 있게끔 각별히 고안되었다. 심리를 근본적으로, 구조 자체를 바꾼다는 기법은 없다. 이 기법들은 철저하게 일상생활의 실제 측면들만 겨냥하고, 그러한 측면들을 쉽게 이해하고 다스리고 조직하고 수정할 수 있는 것처럼 말한다. 다른 한편으로, 이 기법들은 그리 크지 않은 노력과 투자만으로도 신속하게 얻을 수 있고 쉽게 측정 가능한 결과를 약속한다. 또한 심오하고 복잡한 분석을 끌어들이지 않고 이해하기 쉬운 실질적 조언을 제공함으로써 일상의 어려움을 해결하고 장애물을 생산적 자극으로 바꾸는 법을 가르친다고 말한다.

그런데 첫째, 이 기법들은 무의식을 완전히 묵살한다. 인간 심리의 어떤 부분은 개인이 어찌할 수 없기 때문에 개인이 심리에 영향력을 행사하기는 매우 어렵다. 그런데 이러한 기법들을 신봉하는 자들의 주장대로라면 인간 심리는 온전히 알 수 있고 이해할 수 있는 것, 우리 뜻대로 탐색하고 조종할 수 있는 것이다. 둘째, 이 기법들은 전문적이지 않은 친근한 언어로 제공된다. '심리'와 친숙해지도록 돕는다는 핵심 용어들만 보더라도 '낙관주의', '희망', '자기 가치 확인', '감사', '만족' 등 일상 용어와 다를 바가 없다. 이처럼 기술적이지 않은 언어는 특히 '자기 치료'에 적합한 것, 다시 말해 자신의 욕구, 목표, 문제, 두려움 등을 완벽하게 이해하고 자기 자신을 치료하는 사람을 위한 것이다. 셋째, 이 기법들은 자기 자신과의 싸움, 자기 자신에 대한 비판적 판단과 비슷한 모든 것을 '자기 조절'이라는 말로 묵살한다. 정서적·인지적 자기 조절은 제법 수월한 과정처럼 묘사된다. 그러한 과정에서 개인은 성취, 장점, 긍정적 감정과 기억에 집중하고 부정적인 감정, 기억, 자기 평가를 피해야 한다.

습관, 즉 완전히 내면화되고 자동화된 일상 행동이야말로 이 기법들이 행복을 만들기 위해 목표로 삼는 것이다. 사실 이 목표는 긍정심리학과 코칭에서 허구한 날 부르짖는 주제요, 습관 하나만으로도 자조론 저술에서 독자적인 한 장르가 나올 지경이다. 새뮤얼 스마일스, 허레이쇼 앨저, 노먼 빈센트 필, 니컬러스 힐, 대니얼 카네기, 앤서니 로빈스를 두루 살펴보건대, 자조론은 행복해지고 싶다면 행복을 추구하고 그러한 탐색을 일상에서 습관화하는 것이 가장 좋은 방법이라고 끊임없이 주장해왔다. 예를 들어 소냐 류보머스키는 앞에서 언급한 바 있는 그녀의 저서를 다음과 같이 마무리한다.

> 저마다 긍정적인 생각, 특정 행동 전략의 습관화를 명확한 목표로 삼아야 한다. (…) 행복 활동은 결정되고 조직되는 것, 여러분이 그러한 결정과 조직을 일상의 습관으로 삼아야 한다. 전진, 용서, 매 순간을 음미하기, 자아실현, 매사에 좋은 면 보기, 내가 처한 상황의 장점 보기가 습관이 되어야 한다. 이 모든 것이 무의식적으로, 자동으로 튀어나올 수 있게끔 힘쓰자. 그러한 습관은 여러분이 규칙적으로 해내기 힘든 행복 활동을 꾸준히 이어나가도록 도울 것이다. (…) 이 책에서 결국 권고하고 싶은 것은 새로운 습관, 더 건강한 습관 만들기다.[13]

습관 만들기는 생각뿐만 아니라 감정에도 적용된다. 실제로 건강하고 생산적이며 최적 기능을 하는 개인이라는 정의는 정서 지능 개념을 통해 이루어진다. '정서 지능', 즉 "감정을 느낀 그대로 표현하고 감정을 활용하여 생각의 깊이를 더하며 감정을 이해하고 올바로 대처하여 정서적인 면에서 발전할 수 있는 역량"[14]은 이제 모순 어법이 아니다. 정서 지능은 그 자체로 하나의 어엿한 자질이 되었을뿐더러 가장 중요한 자질 축에 든다. 상상할 수 있고 존재할 수 있는 모든 환경(특히 노동계와 시장 경제 전반)에서 개인은 성공을 꿈꾼다면 반드시 이 자질을 습득해야만 하는 것처럼 되어버렸다. 정서 지능 같은 개념들은 일종의 사회적 요구와 정서적 합리화의 표현일 뿐이다. 그렇기 때문에 오늘날 감정이 신자유주의 사회 에토스의 중심을 차지하는 것이다. 그리고 이 에토스에서 심리치료와 자기 돌봄은 필수적인 구성 요소다. 이 요소들이 정신적·신체적 건강과 사회적 적응의 주요한 원천으로 생각되므로 고통, 부적응, 정신적·신체적 질환 등을 겪지 않기 위해서라도 개인은 죽을 힘을 다해 이 요소들을 조절하고 한 걸음 더 나아가 '관리'까지 해야 한다. 점점 더 거세어지는 이 요구는 당연히 소비를 촉구한다. 그런고로 오늘날 소비자를 움직이게 하는 것, 언제나 더 많이 소비하게끔 소비자를 부추기는 것은 사회적 상승 욕구라기보다 자기 자신을 효율적으로 다스리고 싶은 욕구, 다시 말해 감정생활에 대한 조절 욕구다.[15] 행복 산업이 빚어내고 유통시킨 그 욕구는 아날로그 시장과 가상 시장까지 확대된다. 이제 그 점을 살펴보겠다.

행복의 중심에 '앱'을 까세요

해피파이(happify) 애플리케이션을 예로 들어보자. 사용자가 300만 명 이상인 해피파이는 오늘날 점점 더 커지고 점점 더 영리적 성격을 강하게 띠는 행복 가상 시장에서 가장 잘나가는 스마트폰 애플리케이션 중 하나다. 해피파이는 '신체 건강과 몸매', '웰빙(주관적 안녕감)', '자조', '자기 계발', 혹은 그냥 '행복' 항목에서 팔리는 여타의 수많은 애플리케이션들*과 마찬가지로 사용자가 감정 상태를 실시간으로 조절하는 데 도움을 주겠노라 제안한다. 긍정적인 생각과 감정을 계발하는 법, 삶의 다양한 영역들 속에서 더욱 야심 찬 목표를 달성하는 법, 요컨대 행복의 수준을 높이는 법을 여러 사례를 들어가면서 설명하는 것이다. 이 애플리케이션을 아무 제한 없이 활용하는 비용은 월 11.99달러다.

해피파이 사용자가 되려면 일단 개인적 목표를 명확히 하고 본인의 행복 수준을 평가하기 위해 설문 조사에 임해야 한다. 이 설문지는 2004년에 셀리그먼과 피터슨이 이미 수립했던 설문지를 간소화한 것일 뿐이다. 앞에서 보았듯이 그러한 설문의 목표는 응답자가 자신의 '내면의 힘'이 어떤 것인지 깨닫게 하려는 데 있다. 해피파이 애플리케이션은 사용자에게 다양한 과정을 제안한다. '부정적인 생각 물리치기', '스트레스에 좀 더 잘 대처하기', '일이 너무 바쁜 부모의 지혜로운 생활', '성공의 동기 부여', '천직 찾기', '안정적인 결혼 생활 꾸리기' 등등. 이 중 일부는 기본 과정으로 제시된다. 가령 '부정적인 생각 물리치기'는 긍정심리학 전문 코치이자 '펜실베이니아 대학교 응용긍정심리학 석사를 취득한' 데릭 카펜터가 고안한 과정으로, 과학적으로 승인을 받았다고 한다. 카펜

---

* 몇 개만 예를 들어본다면 트랙 유어 해피니스(Track Your Happiness), 해피 라이프(Happy Life), 해피 해비츠(Happy Habits), 추즈 해피니스(Choose Happiness), 해피어(Happier), 더 해퍼톤 앱(The H(app)athon app) 등이 있다. (저자 주)

터는 "주요 상장 기업 경영진들, 미군 장교들과 사택 생활을 하는 배우자들까지 모든 이에게 코칭을 하고 그들을 긍정심리학과 정서적 회복 탄력성에 입문시킨" 인물로 소개되어 있다. '부정적인 생각 물리치기' 항목에서 맨 처음 제안하는 두 가지 활동에는 각기 '새로운 비상'과 '오늘의 승리들'이라는 제목이 붙어 있다. 사용자는 이 활동들을 통하여 긍정의 힘을 배운다. 자기가 하는 일을 매일 돌아보고, 최근에 이룩한 발전에 집중하게끔 코칭을 받는다. 그러면 불과 며칠 만에 본인의 행복 점수가 두 배로 올라간 것을 확인할 수 있다. 물론 사용자가 의심에 빠지지 않고 주어진 지침을 액면 그대로 잘 따랐다는 조건에서 그렇다는 얘기다.

한 과정을 잘 마친 사용자에게는 다음 과정으로 넘어갈 것을 제안한다. 사용자가 시험에 대답을 잘하면 보상으로 '행복 점수'를 얻는다. 사용자의 정서적 발전을 감수하고 검증하는 과정은 애플리케이션 자체 내에서 이루어지고, 애플리케이션이 매일매일 사용자의 '정서 건강'을 결산해준다. 이 애플리케이션은 사용자가 '여러 감정 상태들을 거치는 동안의' 생리학적 정보도 제공할 수 있다. 요즘은 '스마트워치'나 스마트폰에 센서 기능이 들어 있기 때문에 심장 박동 리듬, 수면 패턴 등을 확인하고 분석할 수 있기 때문이다. 어디 그뿐인가, 해피파이 애플리케이션은 사용자에게 실시간 저장된 정서적·생리학적 데이터를 다른 사용자들이나 커뮤니티 '친구들'과 공유하고 그들에게 정보와 팁을 얻으라고 권한다. 심지어 도전자들을 모집하고 '누가 제일 행복한가' 결정하라고도 한다.

해피파이는 정기 유료 구독자들에게 제공하는 서비스 외에도 첫 방문자 전용 '키트'를 마련해놓고 있다. '가족과 자녀', '사랑과 연애', '일과 돈' 등등. 그중 가장 눈에 띄는 제안은 '일을 더 잘하는 방법'이다. 이 과정은 노동자들에게 긍정적 감정을 훈련시켜 직장에서의 생산성, 직무 집중도, 열의를 끌어올리고자 한다. 이 과정 또한 '비교적 적은 투자에 비해 확실한 보상'을 어김없이 약속한다. 실제로, 사용자의 정신 상태를 변화시키는 데 도움이 된다는 연습 과제들은 그리 골치 아프지 않다. 게다가 이 애플리케이션 웹사이트에서는 다음과 같은 사용자 후기도 읽을 수 있다.

> 해피파이에서 습득한 능력들이 내가 응해야만 하는 도전들을 전과는 다르게 대하는 데 도움이 되었습니다. 직장에서도 좀 더 의욕적이고 생산적인 사람이 되었지요. 예전에는 일을 자꾸 미루는 사람이었는데, 지금은 뭐든지 바로바로 해치웁니다. 할 일을 산더미처럼 쌓아두지도 않고, 매사를 좀 더 긍정적으로 생각하게 되었지요. 그러다 보니 자신감도 붙었고 근본적으로 훨씬 행복해졌습니다.[16]

이런 유의 애플리케이션이 제법 많은 이의 마음을 사로잡는 이유는 "실제 효과가 있고 과학적으로 검증된 방법들로 정서 건강과 주관적 안녕감을 향상시킨다."[17]고 주장하기 때문이다. 애플리케이션의 가치를 높이기 위해서는 과학적 승인을 내세워야 한다. 웹사이트를 방문한 사람은 곧바로 '다음의 전문가들이 해피파이와 함께 합니다.'라는 난으로 넘어가게 되어 있다. 이 애플리케이션의 장점을 떠벌리는 심리학자, 코치, 사회학 연구자 들의 기나긴 명부 위에는 바버라 프레드릭슨이나 소냐 류보머스키 같은 긍정심리학계의 명사(名士)들이 올라와 있다. 방문자는 여기서 "해피파이가 제안하는 연습 과제들은 전문가, 연구자, 임상가를 망라한 우리 시대 최고의 두뇌들과 협업으로 개발되었습니다. 이분들은 우리가 하는 일을 믿고 우리와 같은 열정으로 사람들이 더 나은 삶을 살 수 있도록 힘쓰고 있습니다."라는 글도 읽을 수 있다. 사실, 이건 누이 좋고 매부 좋은 일이다. 행복으로 먹고사는 업계 사람들은 접근성 좋은 다기능 스마트폰 애플리케이션을 행복 시장과 이 분야에 대한 연구를 더 넓히기에 적합한 수단이라고 본다.[18] 그래서 2016년에는 '해피파이 랩스(Happify Labs)'까지 선을 보였다. 이 플랫폼의 목적은 "긍정심리학과 긍정신경학의 과학적 진보를 가속화하기 위하여 전 세계 학자들의 협력을 유도하는" 것이다. 해피파이 랩스는 주로 행동 모델들에 대한 대규모 데이터들을 제공한다. 해피파이의 대표 토머 벤키키는 이 데이터들이 더욱더 "사람들에게 도움이 될 뿐만 아니라 과학의 진보와 산업 발전에 요긴해지고 있으며 정서적 안녕, 정신 건강, 긍정심리학에 대한 우리의 집단적 이해에도 유용하다."고 주장한다. 이미 2017년에 900만 달러의 투자를 받은 이 플랫폼은 과학적 연구에 활용될 수 있는 사람들의 행동 패턴, 코멘트, 피드백, 개인적 기록 같은 대규모 데이터에 접근 가능하다.

이와 관련하여 이 플랫폼의 창설 목표 중 하나는,

> 회사로 하여금 학계 연구자들과 협력하여 긍정심리학과 신경
> 과학을 포함하는 건강 행동 조치를 임상 시험할 수 있게 하
> 는 것이다. 연구자들은 해피파이 사용자들이 조성한 데이터
> 를 쓸 수 있다. 이 연구 팀은 정서 건강 및 안녕감을 증진하
> 는 쉽고도 효과적인 해법에 접근하는 방법을 개선하기 위해
> 상업적 파트너와 손을 잡고 일한다. 이 새로운 유닛은 회복
> 탄력성, 마음챙김, 우울증, 불안, 만성 통증, 기분 장애를 온디
> 맨드(on-demand) 방식*으로 다루는 것까지도 꿈꾼다.[19]

  해피파이의 성공, 그리고 이와 비슷한 성질의 정서적 상품들이
거둬들인 성공은 행복의 수량화와 상품화 사이에 존재하는 긴밀
하고도 상호적인 관계에서 기인한다. 사실 행복은 수량화되지 않
는 추상적 성질이나 가치 그 자체로 남지 못했고, 그렇게 수량화
되었기 때문에 그토록 확고하게 국가의 정치 체제, 공공 정책의
의사 결정 과정, 경제 속으로 들어올 수 있었다. 어떤 영역이나 대
상이 상업화되려면 개념과 어휘만으로는 안 된다. 수량화, 평가,
비교, 효율성 산출 등의 방법들이 없어서는 안 되는 것이다.[20] 투
자가 이루어지고 성과에 대한 기대가 생기는 그 순간부터 '투자

---

* 이용자의 요구에 따라 네트워크를 통해 필요한 정보를 제공하는 방식.

대비 성과'를 계산하려면 측정을 피할 수 없다. 이러한 측정 방법들은 정서적 상품을 신뢰도와 정당성의 후광으로 감싸주기까지 한다. 해피파이 애플리케이션은 단순히 재미있거나 기분 전환이 된다는 이유로 팔리는 게 아니다. 앞에서 지적했듯이 이 애플리케이션에서는 효과를 과학적으로 승인받았다고 명시하고 8주간 정기적으로 서비스를 경험한 사용자의 86%가 확실한 행복의 증진을 확인했음을 특히 강조한다.

역시 앞에서 언급한 얘기지만 (비교적 적은) 투자 대비 즉각적인 성과라는 발상은 행복을 성공적으로 제도화할 때 아주 중요하다. 정서적 상품들은 그리 비싸지 않으면서 그 비용이 아깝지 않을 만큼 신속하게 이점을 드러내야 한다. 또한 이 상품들은 길게 보면 오히려 절약이라는 생각을 담고 있다. 행여 정신 질환까지 가면 치료 비용이 어마어마한데 예방을 하면 그 돈은 굳는다는 식이다. 정신적·신체적 건강을 광범위하게 장기적으로 보장함으로써 사회보장 비용, 보험 회사들의 점점 더 늘어나는 보험 지급금 부담도 덜어주는 셈이니 얼마나 좋은가. 게다가 노동자의 생산성, 의욕, 직무 몰입도를 증진하니(그리고 당연히 직원들의 결근도 막을 수 있으니) 기업 입장에서는 경영과 인사 관리 비용을 낮출 수 있을 것이다.

가장 중요한 것은, 이러한 '자가 추적' 애플리케이션들의 성공이 개인에게 자기 자신을 책임지라는 요구, 건강 상태나 안녕감뿐만 아니라 정서적인 면에서 자기 자신을 조절하라는 요구가 점점 더 심해진다는 것을 보여줄 뿐만 아니라, 사람들이 얼마나 열렬하게 이 요구에 복종하고 일상적으로 자신을 추적하고 조절하는 것을 높이 평가하는지 보여준다는 것이다. 사실상 이러한 애플리케이션은 대량 감시 도구에 해당하고, 그 점에 새삼 놀랄 것도 없다. 감정, '사유', 신체적·생리학적 '신호'는 여기서 대대적인 통계의 데이터로 쓰인다. 그러한 통계는 행동 모델들을 다른 목적으로, 특히 지독히도 상업적이고 영리적인 목적으로, 연구하고 예측하고 규정하게 할 것이다. 대기업을 위하여 이러한 논리를 기꺼이 받아들이고 매일매일 자기 감시에 가담하려는 사람들이 이토록 많다는 게 놀랍다. 여기서 우리는 우선 신자유주의 사회의 개인들, 특히 신세대들이 앞에서 설명한 행복 염불을 완벽하게 내면화했다는 것을 알 수 있다. 매 순간 스스로 꼼꼼히 살피고 잘 다스리는 삶이야말로 진정 살 만한 가치가 있는 삶이라는 생각 말이다. 신자유주의 윤리 속에서, 그리고 오늘날 행복 개념을 다루는 과학적 혹은 대중적 담론 속에서 볼 수 있는 이 염불을 스마트폰 애플리케이션들은 의도적으로 계승하고 대대적으로 전파한다. 이 애플리케이션들은 이러한 이데올로기를 당연한 것으로 간주하고 사용자들이 이미 이러한 이데올로기를 당연한 것으로 간주한다고 여긴다. 그뿐만 아니라, 자기 감시를 해로운 점이 전혀 없는 게임으로 취급한다. '자가 추적' 애플리케이션들이 사용자들로 하여금 자신의 심리적·정서적 삶을 통제하고 있다고 느끼게 할 수도 있지만, 우리는 이 애플리케이션들이 가장 중요한 관건들을 적극적으로 은폐한다고 본다. 대놓고 말하지는 않지만 개인이 '내면생활'에 극단적으로 빠져들게끔, 한시도 쉬지 않고 자신의 생각, 감정, 몸을 통제하게끔 부추긴다고 할까. 개인이 실시간으로 일상의 기분과 감정 상태를 '관리'하고 바로잡도록 돕는다는 이 절차들이 실상은 새로운 불만족과 좌절을 낳는다. 완벽한 '자기 관리'라는 유혹적인 약속은 금세 위협적인 양상을 띤다. 잠시라도 자기 감시를 게을리하면 절도 없고 불행한 인간, 자기 자신과 자기 행복을 돌보지 않는 인간이 될 위험이 있기 때문이다.

게다가 이 애플리케이션들은 내면성조차 물화(物化)한다. 사용자의 심리 세계를 외과의적인 정확성으로 포착하고 수량화할 수 있다는 주장은 그러한 내면성이 색색의 이미지, 숫자, 곡선, 그래프로 완전히 객관적으로 입증되고 기술될 수 있다는 착각을 지탱해준다. 하지만 사실 개인이 자기를 추적하거나 관리하는 것이 아니라 단지 자기가 기꺼이 따르는 특정 요구와 전제에 맞게, 그 틀 안에서 자신의 주체성과 정체성을 다소간 맹목적으로 수행할 뿐이다. 동일한 추론이 진정성이라는 또 다른 절대명령에 대해서도 유효하다. 이제 이 진정성에 대해서 살펴보도록 하자.

여러분 자신이 되세요!

진정성은 행복한 개인의 또 다른 필수 요소다. 인본주의심리학을 대표하는 인물 칼 로저스는 그의 저서 『진정한 사람 되기』에서 이 진정성을 키르케고르적이고 실존주의적인 의미로 정의했다. 그가 말하는 진정성은 "참다운 자기 자신으로서 존재함"[21]이다. 로저스에 따르면, 진정성은 "겉으로 보이는 모습 뒤에 자기를 감추고 사실은 더 근원적이거나 무의식적인 수준에서 전혀 다른 태도를 취하기보다는" 아무 두려움 없이 자기 생각과 감정을 표현하는 것이다.[22] 그가 생각하기에 사람이 되는 과정은 두 가지 주요 측면을 의미한다. 첫째, 사람이 되어가는 과정은 자신이 겪는 심리적 문제들의 근원이 자기 안에 있고, 그것이 다 기본적으로는 개인의 관점 문제라는 것을 깨닫게 되는 것을 의미한다. "행동에 직접 영향을 미치거나 아예 행동을 결정하는 것은 생물적이거나 문화적 요인들이 아니라, 뭐니 뭐니 해도 (어쩌면 유일하게) 이 요인들에 대한 지각이다. 달리 말하자면 행동을 결정하는 중요한 요소는 개인의 지각장(perceptual field)이다."[23] 둘째, 사람이 되어가는 과정은 마음 깊이 자기다운 것이라고 느끼는 자질과 재능을 발견하는 것을 의미한다. 에이브러햄 매슬로는 이후에 이러한 측면을 더욱 발전시켰다. 매슬로는 『동기와 성격』에서 인간이 자기가 어떤 일에 적합한가를 발견하고 실행함으로써 개인적 차원에서 자기를 실현하게 된다고 주장한다. "자기 자신과 완전히 평안하기를 원한다면 음악가는 음악을 해야 하고, 화가는 그림을 그려야 하며, 시인은 시를 써야 한다."[24] 자신에게 딱 맞는 바로 그 일을 잘 해냄으로써 개인은 인간적으로 발전해나간다. 자신에게서 깊이 우러난 자질과 재능을 구현할 때 심리적으로 건강한 삶, 자아실현과 일치하는 삶을 살 수 있다.

긍정심리학의 사도들은 이러한 접근법에 크게 기댔다. 그들에게도 진정성은 "숨김없이 자신을 보여주는 것", "진실하게 행동하는 것", "가식을 전부 벗어던지는 것", "자신의 감정과 행위에 책임을 지는 것"이다.[25] 마찬가지 맥락에서 그들은 진정성 있게 행동하고 "자기가 잘하는 일에 집중하는"[26] 개인이야말로 크나큰 성공을 거두게 마련이라고 주장한다. 그렇지만 긍정심리학은 인본주의심리학이나 이전의 다른 유파들, 이를테면 19세기 후반의 낭만주의 운동[27], 19세기 말 자유에 대한 접근과 개인주의[28], 20세기 미국에서 특히 성행한 종교적인 '뉴에이지' 운동들[29]과 분명 다른 점이 있다. 긍정심리학은 진정성을 진화론적이고 실증주의적인 관점에서 굳이 다시 개념화하고 일종의 심리적 특성으로 만들었다. 이리하여 진정성은 생물학적 성격을 띠는 안정적인 특성, 객관적으로 측정하고 분류하고 기술하기에 무리 없는 특성이 되었다.

인격의 특징으로서의 진정성

피터슨과 셀리그먼의 저 유명한 '매뉴얼'은 진정성에 대한 '실증적' 접근을 뚜렷하게 보여주는 예다. 이 두 저자는 인간에게 보편적인 여섯 가지 '덕성'과, 마찬가지로 보편적이지만 "생물학에 근거를 두고, 진화의 과정을 거치면서 종의 생존에 필요한 과업을 잘 수행하는 자질들로서 선택된" 스물네 가지 '강점'이 있다고 보았다.[30] 이러한 덕성과 강점 중에서 '창의성', '끈기', '자기 통제', '정서 지능',

'시민다운 행동', '타인을 지도하는 능력', '희망', '영성'이 눈에 띈다. 피터슨과 셀리그먼에 따르면, 이러한 덕성과 강점 들의 특수하고 양적인 결합이 진정성을 규정한다. 그러니까 인간에게 진정성을 느끼게 하는 것, 사람을 기운 나게 하고 고무하는 원천은 덕성과 강점이다. 덕성과 강점은 사람이 바람직한 목표를 정하고 그것을 달성하는 데 크게 도움이 된다. 그리고 덕성과 강점은 어떤 상황에서든 완전히 안정적이다. 긍정심리학의 사도들은 이러한 전제들에 기대어 개인은 "진정성 있고 에너지를 북돋우는 방향으로 지각, 사유, 행동하는 데 결정적 역할을 하는"[31] 심리적 특성들을 자연히 갖추고 있다는 생각을 널리 퍼뜨렸다.

이런 식으로 고찰된 진정성은 격려하고 고무해야 하는 것일 수밖에 없다. 따라서 진정성을 잘 계발하고, 사생활에서나 공적인 생활에서나 일상적으로 드러내는 것이 중요해졌다. 여기에는 진정한 자기 자신을 많이 드러낼수록 환경, 인간관계, 개인적 선택, 자기가 몸담은 기업 속에서 더 행복해질 수 있을 거라는 가정이 깔려 있다.[32] 진정성은 개인으로 하여금 자신의 뿌리 깊은 본성에 걸맞게 행동하게 할 것이다. 그러므로 자존감을 살려주고 자기 효능감도 높여줄 것이다. 심리적으로 약해지거나 균열이 생길 때 자존감과 자기 효능감은 보호 장치가 되어줄 수 있으므로 이건 아주 중요한 문제다. 이리하여 진정성은 개인적 차원에서는 정신 건강과 동의어가 되었고 사회적 차원에서는 자율, 독립과 동의어가 되었다. 진정성은 자신감 넘치는 개인, 자신의 뿌리 깊은 정체성을 표현하는 데 거리낌 없는 개인의 특징이다. 게다가 이 진정성 있는 개인들은 '타인과 맞추어나가려는' 모습을 더 많이 보이고 더 '자발적이기' 때문에 신뢰할 만한 사람들이기도 하다. 진정성 있는 개인은 자연스레 자기가 흥미를 느끼고 준비도 되어 있는 업무를 선택하기 때문에 직장에서 진정성은 훌륭한 성과와 성공을 의미한다.

진정성이 효용의 동의어가 되는 순간부터 어떤 시장에서 꼭 필요한 것이 된다는 것, 이게 우리 논의의 핵심이다. 그 시장은 개인이 자신의 취향과 선호에 맞게 자아를 만들 수 있다고 가정하며 그러한 생각을 널리 전파하려고 아등바등한다. 그리고 이 생각은 개인적인 선택 하나하나가 선택 주체의 의지와 정체성을 정확히 반영할 것이라고 암시한다. 이것은 소비자가 짝퉁보다 진품을 선호할 거라는 의미가 아니라[33], 모든 소비 행동이 개인의 이미지에 진정으로 부합하는 선택을 표현하고 재확인해줄 거라고 여겨진다는 의미이다.[34] 이리하여 시장과 행복학은 완벽한 일치를 보았다. 차이는 딱하나, 시장은 진정성을 수많은 선택지 가운데 자신의 본성과 가장 잘 맞는 것을 고르는 행위로 보지만, 긍정심리학 신봉자들과 그 밖의 행복학자들은 개인이 자신에게 가장 자연스럽고 좋게 보이는 일을 하게 되는 일종의 반사 행동처럼 정의한다. "어떤 일을 해서 주관적 안녕감이 더 나아질 것 같은 생각이 든다면 일단 한번 해보세요." 이런 유의 문장은 긍정심리학 논문, '자조론' 서적, 돈이 많이 드는 코칭 강좌에서만이 아니라 상업 광고에서도 흔히 보인다.

진정성으로 장사를 하세요: 우리 자신이 브랜드가 되는 법

이제 진정성은 일급의 사회적 요구이자 행복한 개인을 규정하는 데 아주 중요한 과학적 개념이다. 이 개념은 고객들에게 심리적 자질 계발을 가르치기로 작정한 행복 산업에도 필수적인 것이 되었다. 그러한 조언들은 제공자가 누구냐에 따라서 다양한 형태를 취한다. 가령, 학계에서라면 개인이 지금까지 깨닫지 못했던 재능을 자기 안에서 발견하고 실행하게끔 도와준다는 다양한 방법을 고안하는 것이 중요하겠다. 학계는 그러한 목적으로 여러 가지 도구를 개발했는데 ISA(Individual Strength Assessment, 개인 강점 평가), VIA(Values in Action, 행동의 가치) 같은 설문 검사들이 여기에 해당한다. 해피파이 유의 애플리케이션들은 이러한 도구들을 득달같이 대중화했다. 우리가 보기에 이 도구들은 심리치료사와 내담자의 교류를 바탕으로 하는 심리치료 서비스를 잘 보여주는 예이다. 이러한 서비스 속에서 진정성은 발견해야 할 것이라기보다는 치료사와 내담자가 교섭하면서 함께 만들어나가야 할 것에 가깝다.

자기 관리 기법들도 다 그랬지만 진정성을 겨냥한 방법들 역시 근원적인 심리 문제, 트라우마, 부정적 정서를 치료할 정도의 포부는 없고 고객들에게 그저 '자기 발견'에서 출발하는 간단하고 힘들지 않으며 신속한 수단들만 제안한다. 요컨대 오로지 긍정적인 경험·관점·추억에 집중함으로써 '자기 자신을 발견하는' 방법들이라고 할까. 린리와 번스 같은 심리학자들은 "ISA 설문이 제기하는 물음들은 모두 응답자가 살면서 겪었던 가장 대단한 경험, 가장 강렬한 기쁨, 가장 큰 성공, 심원한 정체성, 습관적으로 가장 편안하게 느끼는 순간 등을 이야기하게끔 자극하는 데 그 목적이 있다."[35]라고 지적한다. 자기 심리의 부정적 측면에 집중하는 사람은 주의력이 떨어지고 과제에 잘 몰입하지 못하는 경향이 있다나. 참으로 다행스럽게도 ISA 설문 같은 방법들은 주요 고객층에게 심리치료 몇 번만 받으면 이러한 과정을 충분히 내면화할 수 있고 그 다음부터는 자기 자신에 대한 성찰을 더없이 건강한 습관으로 삼아 혼자서도 잘해나갈 수 있노라 약속한다("고객이 좋은 습관들을 쌓게끔 도우라. 그들이 몰두하고 싶은 일을 실제로 하는 습관을 들여 그러한 몰두가 자연스러운 것이 되게 하라."[36]).

코칭, 자조, 직업 경영에서도 심리학자들의 조언은 주로 실제로 지니고 있는 자질의 상징적 가치를 강력한 정서적·경제적 자산으로 삼으라는 것이다. 이런 의미에서 업계 전문가들은 긍정심리학의 사도들이 개발한 도구와 어휘에 기대지만 진정성은 '퍼스널 브랜딩'의 효과적 형태로 만들었다. 이 업계에서 진정성은 자기 홍보, 자기를 돋보이게 하는 효과적 형태일 뿐이다. 진정성은 자신의 브랜드 이미지에 이바지해야 한다. 이 개념은 최근 몇 년 사이에 다양한 책, 잡지, 웹사이트, 연수 프로그램 등에서 특히 화제가 되고 있다. 레어, 설리번, 체니 같은 연구자들은 이 현상의 역사적 변천과 사회에 미친 결과를 조목조목 비판적으로 분석했다. 그들은 이제 퍼스널 브랜딩(personal branding)이 단순히 불안한 경제 상황과 노동계에서 살아남으려는 직업적 전략만은 아니라고 본다. 노동계는 과거보다 훨씬 개인화되고 책임 소재가 불분명해졌기 때문에 경쟁이 심화되었다. 퍼스널 브랜딩은 우리가 이 책에서 이미 여러 번 문제시했던 과정, 즉 회사가 직면한 어려움의 책임을 노동자들 자신이 져야 한다고 노동자들을 설득하는 과정의 징후이기도 하다. 그러므로 이 개념은 개인화되고 책임 소재가 불분명해졌으며 신자유주의 이데올로기와 개인의 개인주의적 성공 신화에 완벽하게 부합하는 이 직업 세계를 정당화하기에 아주 편리한 개념이다.[37]

퍼스널 브랜딩은 진정성의 상품화, 다시 말해 자기 상품화를 특히 잘 보여준다. 성공의 기회와 고용 가능성을 높이기 위해 자기 자신을 돋보이게 하는 기술로 정의되는 퍼스널 브랜딩은 자기 홍보와 진정성을 결합하여 개인을 멋지게 '포장'하며(좀 더 정확히 말하자면 개인이 '자기 자신을 잘 포장할 수 있도록' 도우며), 아예 대놓고 그렇게 한다. 퍼스널 브랜딩은 개인을 하나의 브랜드로 만들기 때문에 개인은 어떤 점에서 다른 사람들과 차별화될 것인지 정해야만 한다. 무엇이 자신을 타인들에게 없어서는 안 될 진정성 있는 인물로 만드는지, 무엇이 자신만의 (독특한) 강점이고 덕성인지, 타인들에게 영감을 줄 수 있는 자신의 개인적 가치관은 무엇인지, 자신을 훨씬 효과적으로 팔기 위해서 어떤 전략들을 취할 수 있는지 정해야만 하는 것이다. 개인은 일단 자신의 특이성을 정확히 파악하고 난 후에도 자기표현과 설득의 기술을 배워야 한다. 그러한 기술들로써 타인들에게 영향력을 끼치고 인맥을 효율적으로 '관리'해야 하기 때문이다. 군이 말할 필요도 없이, 개인이 이 목표에 도달할 수 있도록 도와준다는 서비스들이 차고 넘친다. 특히 소셜 네트워크상에서 말이다.

진정성 2.0

도나 프레이타스는 『행복 효과』에서 행복 이데올로기가 젊은 세 대, 특히 청소년 세대에게 미치는 효과를 심층 분석했다. 청소년들 의 상당수는 이 이데올로기를 완전히 내면화하고 소셜네트워크를 통하여 결정적 역할을 수행하고 있다.

나는 지리적인 면에서나 인종 구성, 사회경제적 측면에서 터 무니없을 정도로 다양한 고등학교와 대학교 들을 조사 대상 으로 삼았다. 종교색이 매우 강한 학교도 있었고, 종교색을 전혀 찾아볼 수 없는 학교도 있었다. 어떤 학교는 특권층 자 제들만 다닌다 해도 과언이 아니었고, 어떤 학교는 전혀 그렇 지 않았다. 그렇지만 학생들에게는, 예외 없이 모두에게, 유일 한 공통의 관심사가 있었다. '행복하게 보이기'라는 이 탐욕 적인 관심사를 청소년들은 소셜네트워크에서 대대적으로 주 거니 받거니 하고 있었다. 그리고 실은 행복하기만 하면 다가 아니다. 여러 학생이 내게 알려준 대로 축복받은 사람, 경이 롭고 황홀한 경험을 한 사람, 나아가 열광을 자아내는 사람 처럼 보이는 것도 중요했다. 나는 이런 식의 발언을 미국에서 가장 부자들만 다니는 사설 교육 기관과 아예 급을 따질 것도 없는 기관 양쪽 모두에서 들을 수 있었다. 어디에나 존재하면 모든 사회적 범주와 닿아 있는 절대명령 아닌가. (…) 학생들은 슬픔을 드러내거나 약한 모습을 보이면 침묵, 거부, 그리고 최악의 경우에는 심한 조롱까지 당할 수 있다고 배웠다. 학생들은 심하게 우울하거나 고립되어 있을 때조차 소셜네트워크에서는 행복해 보이는 것이 무엇보다 중요하다고 생각했다(행복해 보이는 것이 의무라고 해도 과언이 아닐 만큼 말이다). 내가 인터뷰한 사람들이 거의 전부 대화 중에 한 번쯤은 그런 얘기를 했을 정도다. 게다가 그중 상당수는 처음부터 끝까지 사실상 그 얘기밖에 하지 않았다.[38]

지금으로부터 10여 년 전에 바버라 에런라이크가 이미 탐색한 바 있는[39] 이 행복의 절대명령은 소셜네트워크가 등장하면서 이상적 매체를 찾은 듯하다. 특히 어릴 때부터 말 그대로 디지털 세계안에서 성장한 지금의 젊은 세대를 공략하기에 이보다 더 좋은 매체는 없다. 이 세대의 구성원들은 소셜네트워크에 긍정적인 자기 이미지를 게시해야만 하고 그게 자신의 진정한 모습이라고 생각한다. 그렇게 하지 못하거나 그러기를 원치 않는 젊은 세대, 자화상에서 부정적 흔적을 모조리 지워버리지 못하는 젊은 세대는 낙인이 찍히고 자기 가치에 대한 생각과 사회적 적성이 흔들리기 쉽다. 도나 프레이타스가 진행한 인터뷰들은 "거의 병적으로 보일 만큼 심각한 경우도 꽤 많은"[40] 이 강박을 잘 보여준다. 나중에 학생 884명을 대상으로 실시한 설문 조사에서도 응답자의 73%는 "나는 내 진짜 감정 상태와 상관없이 항상 행복해/긍정적으로 보이려고 노력한다."에 '그렇다'라고 답했다. 프레이타스에 따르면, 가장 젊은 축에 속하는 세대가 이 절대명령을 내면화하는 이유는 그들이 자기 이미지를 상품화하거나 수익을 얻을 수 있는 브랜드라고 생각하기 때문이다. 실제로 이 설문 조사에 응한 학생의 79%는 "나는 내 이름이 브랜드이므로 신경 써서 관리해야 한다는 생각을 한다."라는 문항에 '그렇다'라고 답했다. 게다가 어떤 응답자는 이렇게 부연 설명을 달기까지 했다. "내 생각에 소셜네트워크는 자기 마케팅에 아주 좋은 방법이다. (…) 나 역시 소셜네트워크에서 나의 가장 괜찮은 모습을 보이려 노력하고 있다."[41]

이러한 신념은 '유튜버'들의 대열에서 가장 눈길을 끄는 방식으로 드러난다. '브이로거'라고 부르기도 하는 인기 절정의 유튜버들은 자기 이름으로 돈 버는 법을 눈이 부시게 잘 보여준다(사실 더 확실한 예를 찾을 수 없을 정도다). 그들은 자기 이름을 수백만 명이 소비할 수 있는 독자적 브랜드로 만든다. (일상생활에서부터 컴퓨터 게임 체험, 립스틱 사용법에 이르기까지) 어떤 주제를 다루느냐와 상관없이 자기 방에서 소규모 예산으로 찍은 동영상을 올리는 이 유튜버들이 파는 것은 결국 자기 이름, 더 정확히 말하자면 자기 자신(자기 목소리, 외모, 성품 등)이다. '유튜브 장사' 전체가 이 논리에 기대어 굴러간다. 자기 삶을 노출하고 상업화함으로써 막대한 광고 수입을 얻어야 한다. 그러므로 이러한 조건 속에서 진정성 있고 독특하며 뭇사람들에게 영감을 주는 자기 이미지를 유지하는 것은 세상 무엇보다 중요하다. 바로 그런 이유에서 긍정심리치료 문화는 이 세계적인 사업과 이해관계를 맺고 있다. '심리학 브이로그'라는 새로운 시장은 하루가 다르게 팔로워가 늘어난다. 자기가 겪은 문제를 노출하고 긍정적 시각으로 그러한 문제를 극복한 방식을 제시함으로써 돈을 버는 유튜버들이 이 시장에 집결한다.

흥미롭게도, 진정성이 없는 모습도 여기서는 돈벌이가 쏠쏠한 진정성의 브랜드가 될 수 있다. 퓨디파이(PewDiePie)를 보라. 본명 펠릭스 셸베리, 국적 스웨덴, 나이 29세인 이 동영상 제작자 겸 배우는 구독자 6,000만 명 이상, 180억 '뷰'를 달성했으며 연 소득이 1,500만 달러다. 퓨디파이는 현재 자기 제작사도 가지고 있다. "여러분 자신이 되어서는 안 돼요. 피자가 되세요. 피자는 모두가 좋아하니까요."는 그의 유명한 '금언' 중 하나다. 진정성에 대한 요구를 비웃는 이 발언이 유명해진 나머지, 퓨디파이의 재미있는 말들을 모아놓은 책이 나오기에 이르렀다. "영감 어린 인용문에 예쁜 삽화를 더하여, 여러분이 더 나은 삶을 살아가게끔 도와줄"『이 책은 여러분을 사랑해요(This Book Loves You)』는 출간 즉시 베스트셀러가 되었다. 퓨디파이가 자기 자신을 판다는 점은 의심의 여지가 없다. 그는 자기 이름으로 브랜드 장사를 하고 진정하고 독특한 것으로 여겨지는 자신의 사람됨과 세계관을 판다. 진정성에 대한 조롱을 자기 브랜드의 특징으로 삼는 것, 그게 그의 진정성일지라도 진정성이 없는 것보다는 진정성이 있는 게 더 잘 팔린다.

셀리그먼 같은 행복 전문가들이 주장했던 대로 진정성이 행복한 개인을 정의하는 데 가장 중요한 조건이라면, 아마 '자아실현'은 행복한 개인의 가장 확연한 특징일 것이다.

여러분 자신을 실현하세요!

2005년에 셀리그먼은 또 한 번 "계시"를 받았다. 이번에는 자기 집 정원이 아니라 펜실베이니아 대학교(긍정심리학 사도들의 총본산)에서 '응용긍정심리학'을 한창 강의하던 중이었다. 셀리그먼이 이야기한 바로는, 어떤 똑똑한 여학생과 얘기를 나누다가 문득 인간 행복 이론(자신이 2002년에 『진정한 행복』을 통해 기초를 마련한 이론)이 행복에 반드시 포함되어야 하는 요소 하나를 간과했음을 깨달았다고 한다. 그 요소가 바로 자아실현이다. 하지만 이러한 자각은 2003년에 『플로리싱(Flourshing)』 서문을 작성할 때부터 싹트고 있었다. 『플로리싱』은 자아실현을 처음으로 전적으로 다룬 저서로서 긍정심리학계의 두 거물 코리 키스와 조너선 하이트의 총괄 작업으로 APA에서 출간되었다.[42]

자아실현이 셀리그먼에게 중요하게 보였던 이유는, 그가 생각하기에 이 개념만큼 행복과 개인의 성공 사이의 밀접한 관계를 잘 포착하고 있는 개념이 없기 때문이다.[43] 그는 성공은 당연히 기쁨과 만족을 안겨주지만 그러한 성공이 개인의 진정한 역량을 잘 계발한 결과여야만 비로소 진정한 행복을 얻을 수 있다고 말한다. 셀리그먼은 이 조건에서만 개인이 자기 계발을 통하여 진정성을 느끼고 키워나갈 수 있다고 말한다. 그렇지 않다면 행복과 쾌락을 혼동하기 십상이라고 그는 결론 짓는다.[44]

이런 면에서 자아실현이라는 개념은 긍정심리학이 행복경제학과 차별화되는 데 도움을 주었다. 사실, 행복경제학은 일반적으로 공리주의적이고 쾌락주의적인 관점을 취한다. 게다가 행복은 그 자체로 당연한 것이라는, 이데올로기적이고 동어 반복적인 정의에 대한 비판에 반박할 때에도 이 개념은 요긴하다. 레이어드가 재차 그랬듯이 행복경제학자들은 행복이 왜 보편적이고 가장 정당한 목표인지를 정당화할 필요가 없다고 주장했던 반면, 셀리그먼의 두 번째 계시는 긍정심리학의 사도들이 그러한 전제를 정당화하는 발판이 되었다. 행복을 추구하면 개인이 자신의 잠재력을 온전히 계발하고 최적의 기능을 다하는 데 도움이 된다. 덕분에 어떤 이는 유독 건강하게 살고 더 큰 성공을 경험한다.[45] 하지만 이 추론이 행복경제학자들의 추론보다 덜 이데올로기적이고 덜 동어 반복적이라고 할 수 있을지는 논의를 해봐야 알 것이다. 어쨌든 이제 행복은 쾌락을 추구하기 때문에 좋은 것이라기보다 자기 개선을 추구하기 때문에 좋은 것이다.

"나는 이제 주관적 안녕감 측정의 기준이 자아실현이고 긍정심리학의 목표가 그러한 실현의 증진이라고 생각한다."[46]라고 셀리그먼은 말한다. 정말로 자아실현을 하는 사람들(끊임없이 자아실현을 하는 사람들)이 그렇지 않은 사람들에 비해 정신적으로나 신체적으로 더 건강하고 생산성도 더 높다는 사실은 아주 많은 과학적 연구로 입증된 것처럼 보인다. 그들은 결혼 생활도 잘하고 친구들과도 잘 지낸다. 그들은 힘겨운 상황에 훨씬 더 효율적으로 대처할 수 있다. 물론, 우울증에 걸릴 위험도 훨씬 덜하다.[47] 원칙은 이것이다. 그들이 인생에서 더 잘해나가고 있기 때문에 더 행복한 게 아니라 자아실현을 하면서 살기 때문에 인생에서 더 잘해나가고 더 행복하다는 것. 자아실현은 어떤 사회가 다른 사회들보다 유독 발전하고 앞서나가는 이유이기도 하다. 셀리그먼이 하는 말을 믿어보자면, 덴마크가 세계에서 가장 행복한 나라가 된 이유는 국민의 33%가 행복을 자아실현의 동의어라고 생각하기 때문이다. 그러므로 자아실현을 하며 살고 있다고 생각하는 국민이 전체 인구의 6%밖에 안 되는 러시아가 행복 순위에서 하위권에 머무는 것은 당연하다.[48] 바꾸어 말하자면, 사회는 그 구성원들이 자아실현을 하면서 살아갈 때 발전하는 것이지 사회가 발전해서 구성원들이 자아실현을 더 잘하는 게 아니다.

'끊임없는 자아실현'이라는 생각은 긍정심리학 담론의 근본적인 요지다. 긍정심리학은 자아실현을 끝이 없는 과정으로 간주하고 이 과정이 지속된다는 조건에서만 개인적으로나 사회적으로나 유익이 있을 수 있다고 본다. 자아실현이 행복한 개인의 정의에서 핵심인 이유는 단지 이 개념이 다른 개념들((자기 생각과 감정의) 자기

관리, (덕성과 강점의) 진정성)까지 통합하고 설명할 뿐만 아니라, 끊임없는 자기 개선을 바탕으로 하는 탐색으로서의 행복을 가장 잘 표현하기 때문이다. 앞으로 보겠지만 이 개념은 발전한 자본주의 사회들의 탐욕과 지속적인 자기 개선의 핵심 요구에 완벽하게 부합한다.

새로운 유형의 '행복염려증' :
쉴 새 없이 자기를 진단하고 만들어나가는 사람들

이 장 첫머리에서 지적했듯이 행복학이 제시하고 연출한 대로 행복을 탐색해나가는 자아상에는 양면성이 없지 않다. 개인은 스스로 키워온 이상적 시각에 자기를 맞추려고 애쓰지만 근본적인 불완전성을 완전히 떨쳐버릴 수는 없다. '자아의 비(非)실현'이라는 상태를 영원히 벗어날 수는 없다는 얘기다. 자기 자신을 완전히 만족스럽게 다스리거나, 자기를 더 예리하게 파악하거나, 언제나 삶에 더 큰 의미를 부여하거나 긍정적 시각과 회복 탄력성을 더 많이 불어넣을 수는 없다. 이러한 의미에서 자기를 잘 만들어나가려 노력하는 개인은 결코 완성을 보지 못하고 그 점은 전혀 놀라울 것이 없다. 그는 자기 자신을 언제나 조금 더 발전시킬 수 있는 대상으로 상정하고 있기 때문이다.

따라서 우리는 중대한 역설을 발견한다. 행복의 궁극 목적이 자아를 온전히 계발하고 실현하는 것이라고들 하지만, 이 이야기 속에서 자아는 근본적이고 영원한 불완전성으로 정의되어 있지 않은가. 자아의 불완전성은 이 이야기의 '풀기 어려운 문제들' 중 하나다. 불완전성은 자기 계발, 동기 부여, 실력 발휘의 추진력이다. 쉽게 말해, 자아는 불완전하기 때문에 애를 쓰는 것이다. 개인의 삶이 얼마만큼 성공했는가와는 별개로, 행복한 자아는 이 분야 전문가들의 도움을 받아가면서 끊임없이 자기 자신을 만들어나가고 자기 자신을 치료한다. 이 역설은 어떻게 그토록 쉽게, 행복을 완벽하고 귀중한 상품으로 만들 수 있었는지 설명해준다. 끝없는 자기 개선이라는 신자유주의의 이상이 항구적 소비라는 원칙과 완벽하게 맞아떨어지기 때문이다.[49] '불완전성'의 개선이 모든 분야에 통하는 셀링 포인트(selling point)가 되었으므로 자아실현이 행복 산업에서 가장 큰 지분을 차지하게 된 것은 지극히 당연한 결과다. 미용, 스포츠, 친구 관계나 업계 인맥, 인지 유연성, 스트레스, 자기 가치 확인 등 어떤 것이 주제가 되더라도 그와 관련하여 교정해야 할 결함이나 좀 더 개선해야 할 자질이 있으니 새로운 상품 혹은 서비스를 이용하자는 생각을 깔고 갈 수가 있다. 자기 개선을 원치 않는다면 그 자체가 심리적으로 문제가 있다는 신호다. 따라야 할 요법, 시도해볼 만한 자기 진단법이나 자기 조절법, 버려야 할 악습, 몸에 익히면 좋은 습관, 새로운 치료, 달성해야 할 목표, 해볼 만한 경험, 만족시켜야 하는 욕구, 최적화해야 하는 시간 사용 등은 언제나 있다. 칼 세데르스트룀과 앙드레 스파이서가 지적한 대로, 결코 더 바랄 수 없을 정도로 역량 있고 건강하며 행복한 사람은 아무도 없다.

자기 개선 개념이 점점 더 패권을 휘두르는 이유는 무엇인가? 그에 대한 가장 합리적인 설명은 소비자의 욕구(언제나 새로운 방법, 새로운 조언을 시도해보고 싶은 소비자의 욕구)가 점점 더 절실해지기 때문이라는 것이다. 이전의 시도들이 얼마나 성과가 있었는지는 중요하지 않다. (…) 소비 지상주의 사회에서 우리는 청바지 한 장을 사고서 그 한 번의 소비로 온전히 만족하지 않는다. 자기 개선에 대해서도 마찬가지다. 우리는 자기 개선을 한 번으로 만족스럽게 끝낼 수가 없다. 우리는 언제나 삶의 모든 부분, 모든 면을 개선하라는, 그리고 한꺼번에 개선하라는 자극을 받는다. 우리는 늘 더 활력이 넘쳐야 하고, 더 행복해야 하고, 더 건강해야 하고, 더 멋져야 하고, 더 차분하면서도 더 생산적이어야 한다. 그것도 오늘부터 당장, 이 모든 걸 한꺼번에 이뤄야 한다. 우리는 완벽한 삶을 영위하는 법을 알아야 하고 그 앎을 완전히 명확하게 드러내야 한다.[50]

우리는 세데르스트룀과 스파이서의 주장에 대부분 동의하지만, 시장이 강하게 부추기는 것은 개인의 완벽성이 아니라 자기 개선 강박을 평범하고 정상적인 것으로 만드는 것이라고 본다. 행복 산업이 새로운 유형의 "행복염려증"[51] 환자들, 다시 말해 늘 자기 자신을 살피고 늘 자신의 심리적 문제를 바로잡을 생각을 하며 자기를 더 좋은 방향으로 변화시키고 개선하는 것이 정상적이고 잘 돌아가는 삶이라고 믿어 의심치 않는 소비자들을 양산함으로써 이익을 보는 것은 확실하다.

가능한 최선의 여러분 자신이 되세요

'BPS(Best Possible Self, 가능한 최선의 나)'는 케넌 셸던과 소냐 류보머스키가 2006년에 대중을 위하여 제안한 연습이다. 이 연습은 수많은 자조론 서적들과 코칭 과정, 그리고 해피파이 같은 플랫폼에도 숱하게 써먹었다. BPS는 '긍정심리학 도구 모음'에도 들어가 있다. 도구 모음이라는 명칭으로 알 수 있듯이 여기에는 "긍정적인 새 습관을 생활 속에 수립하기 위한 예리한 조언들"[52]을 가득 담은 연습, 활동, 지침, 실무 '파일'이 (이 경우에는 전문가들을 대상으로 삼아) 전부 갖춰져 있다. 업계 전문가들은 월 구독료 24달러를 지불하는 조건으로 이 도구 모음을 마음껏 활용하여 고객들에게 더 나은 조언을 제공할 수 있다. BPS는 15분 단위 회기들로 이루어지는데 참여자는 이 회기들을 거치면서 자기 계발이 잘되었을 때의 자신은 어떤 모습일지 묘사하게끔 자극을 받는다. 그러한 자극은 다음과 같은 식으로 이루어진다. "가능한 최선의 자기 자신을 생각해보라. 가능한 최선의 심리적 상황에서 지내는 미래의 나를 상상해보라는 뜻이다. (…) 여러분의 꿈이 이루어졌고 여러분의 잠재력을 최고로 발휘하게 되었다고 상상해보는 것이다."[53] 셸던과 류보머스키는 BPS가 "자기 자신에 대해서 배우고, 스스로 부여하는 우선순위를 명확히 하고 재구성하며, 자신의 동기와 감정을 더 잘 알게 되는 기회를 제공하기 때문에"[54] 행복 수준을 크게 끌어올린다고 주장한다. 가능한 최선의 나를 묘사하면 나의 미래를 좀 더 잘 떠올릴 수 있을 뿐 아니라 목표 설정과 달성에 도움이 되고 자신의 빈틈과 결점도 더 잘 파악하고 자기가 구축한 이상적 이미지에 비추어 그러한 문제점들을 검토함으로써 더 잘 대처할 수 있다나. 그렇지만 부정적인 자기 평가나 혹독한 자기비판에 갇혀서는 안 되기 때문에 과거를 지나치게 많이 떠올리지 않는 것도 중요하다. 류보머스키는 BPS가 "장기적으로 정서적 유익을 거둬들이기에" "탁월한 방법"[55]이라는 것을 보여준다는 방대한 데이터를 소개하는 정도로 만족하지 않고, 이 연습에 확실히 열광했던 몰리라는 여성의 증언을 인용한다. '가능한 최선의 나'는 실제로 몰리로 하여금 그녀의 목표에 도달하기 위해 "더 많은 일을 할 수 있다."는 사실을 "자각"하게 했다. 끈기 있게 "조금만 더 노력"하면 "가능한 최선의 삶"을 틀림없이 살 수 있을 거라고 말이다. 류보머스키는 다음과 같이 덧붙인다.

> 몰리의 사례는 '가능한 최선의 나' 전략의 수많은 이점을 잘 보여준다. 그녀는 자신의 목표와 욕구를 더 잘 알 수 있게 되었다. 그녀는 마침내 무엇이 자신을 더 행복하게 할 법한지 이해했다. 자신감, 특히 원하는 것을 획득하는 능력도 신장했다. 그녀는 이제 자신의 꿈을 실현하기에 합당한 노력을, 그리고 더 행복해지기(이것이 내가 바라는 바다)에 합당한 노력을 더 잘 기울일 수 있게 되었다.[56]

여기서 짚고 넘어갈 만한 몇 가지를 살펴보자. 첫째, 긍정심리학 연습 과제는 지나치게 단순하다. 긍정심리학의 사도들은 자기 계발과 자기 개선의 중요성을 심각하게 강조하는데 그와 관련된 연습 과제는 지나치게 단순하니 이 간극에 아연할 수밖에 없다. 15분짜리 연습이 어떻게 사람들의 삶을 실질적으로 개선할 수 있을까? 이러한 연습 과제는 과학적 방법에 응당 기대할 법한 엄정성과 거리가 멀고, 상식 수준에서 벗어나지 않는 진부한 얘기를 되풀이한다는 인상을 준다(예를 들어, 자기가 정한 목표를 자주 생각할수록 그 목표에 도달하는 가장 좋은 방법도 생각하게 된다는 것 등). 여기서 단순성은 연습 과제를 이상적 상품으로 만들어주기 때문에 꼭 필요한 것이다. 이미 지적했듯이 이 연습 과제는 아주 적은 노력으로 즉시 심리적·정서적 효용을 안겨줄 수 있다고 장담하기 때문이다. 이러한 "자기 기법"[57]들은 뉴에이지 문화, 말하기 치료, 스토아주의, 깊이 없이 막연한 인본주의 문화 등을 절충해 만들어낸 것이다. 여기서 생산되고 판매되는 상품은 수행적 서사 과정에 불과하고, 개인은 이 과정에 따라 자기 경험을 이야기하면서 재편하게 된다.

이러한 단순성 때문에 이 방법들의 효과를 의문시하지 않을 수 없다. 긍정심리학을 옹호하는 사람들은 이 방법들에 쏟아진 온갖 비판들에도 불구하고 이 방법들이 실질적으로 효과가 있고 그 사실을 입증할 수 있노라 주장한다. 몬그레인과 안셀모매슈스 같은 연구자들은 이 연습 과제들을 피험자들에게 그대로 시켜보았다. "긍정심리학 연습이 자신을 긍정적으로 보게 되는 것 말고도 무슨

'특별한' 효과가 있는지 확인하기 위해"[58] 피험자의 일부는 통제 집단(연습을 부과받지 않은 집단)으로 설정하고, 다른 일부, 즉 연습을 실제로 한 쪽은 '긍정적 플라세보' 집단으로 설정했다. 결론적으로 이 실험에서 '긍정적 플라세보' 집단에게서 유의미한 차이가 관찰되지는 않았다. 이 결론은 다음과 같이 설명될 수 있다. 긍정심리학 연습이 효과가 있다면 그건 주로 이 연습을 하는 사람들이 긍정심리학의 논리에 동의하기 때문이다. 또한 그런 사람들은 더 행복해지는 것에 대해 더 의욕적이고 적극적인 관심을 기울인다. 따라서 이러한 연습은 모든 사람에게 효과가 있는 것이 아니라, '행복을 추구하는 사람들', 이런 유의 활동을 굳게 신뢰하는 사람에게 주로 효과가 있다.

이러한 연습이 유도적 성격이 강하다는 점도 또 다른 설명이 될 수 있다. 이 연습의 밑바탕에는 개인이 그가 구현할 수 있는 최선, 구현해야만 하는 최선에 결코 이르지 못한다는 가설이 깔려 있다. 그런데 이 연습에 기꺼이 임하는 사람들은 셸던과 류보머스키의 지침을 액면 그대로 강요하는 이 가설을 기정사실로 간주한다. 이러한 관점에서 이상적 자화상을 묘사하는 간단한 연습은 대단히 이로운 것이 된다.

여러분은 지금부터 몇 주 동안 가능한 최선의 자기를 생각해 보라는 요청을 받았습니다. "가능한 최선의 자기를 생각하라."는 말은 이 모든 과정을 더할 나위 없이 잘 치르고 난 후 미래의 자신은 어떤 모습일지 상상하라는 뜻입니다. 여러분은 열심히 했고 스스로 정한 목표를 모두 달성했습니다. 이것을 여러분이 드디어 꿈을 실현하고 자신의 잠재력을 최대치로 끌어낸 것이라고 생각해보세요. 여러분은 모든 상황에서 실제로 그렇게 되기 위한 최선의 방법을 확인해야 합니다. 그러면 지금부터 가능한 최선의 결정을 내리는 데에도 도움이 됩니다. 여러분은 아마 여러분 자신에 대해 이런 식으로 생각한 적이 없겠지만, 이러한 방식이 여러분의 정신 상태나 삶에 대한 만족 수준에 매우 긍정적인 효과가 있다는 사실은 과학적 연구로 입증되었습니다. 우리는 이러한 이유에서 여러분이 앞으로 몇 주 동안 여러분이 지금 막 작성한 이상적 자화상에 걸맞게 생각하고 행동하기를 바라는 것입니다.[59]

그러나 이러한 전제와 신념의 유해성은 짚고 넘어갈 가치가 있다. 우리가 진즉에 분석했던 대로,[60] 자아실현 개념은 행복 이데올로기가 자체적으로 고통을 양산하는 방식을 잘 보여준다. 자아실현을 목표로 삼는 개인은 실제로 다양한 병리학적 문제에 치명적으로 노출된다.[61] 자기를 언제까지고 영원히 계발할 수 있다는 생각 자체가 신기루, 자꾸만 움직이기 때문에 명중시킬 수 없는 과녁에 지나지 않기 때문이다. 자아실현과 자기 개선이라는 절대명령은 역설적 효과를 낳는다. 이 절대명령은 끊임없이 자기 행동, 생각, 감정을 점점 더 멀어지는 목표에 비추어 해석하고 평가하게 하기 때문에 금세 버거운 압박이 되어버린다. 행복 추구가 고통의 해독제가 되지 못할 수도 있고, 번영이 자아의 비실현과 정반대가 아닐 수도 있다. 행복과 자기 개선을 촉진한다는 이야기들은 사실상 또 다른 이야기들을 낳는다. 그 이야기들은 개인이 바로잡아야 한다는 이 근본적인 불완전성과 고통으로 점철되어 있다. 그도 그럴 것이, 이런 유의 끝없는 추구에 뛰어든 사람은 금세 지쳐 쓰러지고 강박증의 노예가 되거나 끔찍한 좌절을 맛본다. 얼마나 많은 세대가 진정한 자아를 계발하면 개인적 문제를 다 해결할 수 있다는 말을 듣고 헛되이 덤벼들어 싸웠던가.

자기를 실현한 창업가

긍정심리학 연습의 역설과 결과를 돌아보고 그 진정한 효과를 의문시하는 것도 중요하지만, 일단 그러한 연습이 누구에게 득이 되는가를 생각해보는 것 또한 중요하다.

　앞 장에서 살펴보았듯이 행복학은 일반적으로 조직 입장에서 요긴하다. 조직은 규제가 완화되고 불안정하며 경쟁적인 직업 및 경제 환경에서 유연성과 자율성을 갖춰야만 한다고 노동자를 설득해야 하는 입장이다. 따라서 조직이 자아실현 개념을 쌍수를 들고 환영한 것은 당연하다. 이 개념은 사회 이동을 하려면 자기 개선을 해야 한다고 설명하기에 너무나도 편리한 개념이기 때문이다.

여기서 이데올로기적 전제는 특히 중요하다. 사회를 떠받치는 것은 말 그대로 스스로 동기 부여가 가능한 개인들, 경제 활동을 좀 더 잘살기 위한 수단으로만 보지 않고 자기가 정한 목표나 꿈을 성취하려 애쓰고 여러 가지 위험과 리스크를 감수하면서도 인생 프로젝트를 잘 끌고 나감으로써 경제 발전에 이바지하는 개인들이다.[62] 오늘날의 조직들은 이러한 이데올로기적 전제를 완전히 자기 것으로 삼았기에 이 전제를 과학적으로 뒷받침하거나 정당화할 수 있는 모든 것을 좋아라 한다.

이것이 현재 수많은 대학과 경제 연구 기관에 보편적으로 존재하며 활발히 연구되고 있는 창업가 정신 담론이다. 이 담론은 자아실현 개념과 경제 활동을 매우 인상적으로 결합한다. 끈기와 전략적 감각이 있지만 무모하고 스스로 동기 부여가 되는 인물로 제시되는 창업가는 사회 변화와 경제 발전의 원동력, 쉽게 말해 완벽한 신자유주의적 시민으로 간주된다. 창업가는 자기가 원하는 바를 뚜렷이 알고 목표를 향해 분연히 나아가며 불리한 여건에도 빠르게 적응한다. 그는 시행착오를 통해 배우고 실패에서 교훈을 끌어내며 자기에게 주어지는 기회를 잘 잡아 최선의 결과를 얻어낸다.

게다가 창업을 한다는 것은 순전히 개인적 선택의 문제다. 출신이나 인격에 상관없이 누구라도 창업을 할 수 있는 데다가 누구라도 대박을 터뜨리지 말라는 법은 없다. 창업을 한다는 것은 필연적으로 더 큰 행복을 만날 가능성이 있고, 더 큰 자신감을 내보이며, 자율성과 미래를 내다보는 혜안을 입증한다는 것이다. 적어도 경제학자 피터 그리어와 크리스 호스트(이 두 사람은 호프인터내셔널 (HOPE International) 재단의 창립자들이기도 하다)가 『인간의 자아실현을 위한 창업가 정신』에서 주장하는 바는 그렇다.[63] 그리고 이는 수많은 자조론 전문 저자가 역시 수많은 코치와 컨설턴트와 손잡고 전파하는 메시지이기도 하다.

그러나 창업가 정신 이데올로기가 원래 선진국에서 나왔을지언정 이 이데올로기가 특히 만연한 사회는 세계에서 실업률이 가장 높고 경제가 불안정한 국가들이라는 사실을 잊어서는 안 된다. 선전론자들은 이러한 사회학적 데이터를 좀체 언급하지 않는다. 실제로 개인은 노동 시장이 더없이 험악해진 상황에서 각자도생의 논리를 강도 높게 주입받고 있는 셈이다. 영국의 리서치 업체 어프루브드 인덱스(Approved Index)에 따르면 우간다, 태국, 브라질, 카메룬, 베트남은 자영업이 활발한 국가 순위에서 상위를 차지했다.[64]

그러나 이데올로기는 자신과 방향이 다른 데이터나 논증에 좀체 여지를 주지 않는 법이다. 행복의 경우도 마찬가지로 보인다. 신자유주의와 행복이 손발 잘 맞는 강력한 한 쌍을 이루는 지금 당장은 어떤 진지한 비판도 무감각과 무관심에 부딪힐 뿐이다. 행복 추구와 긍정적 사고에 힘입어 더 높은 자리로 올라간다는 생각을 이데올로기의 절대명령이 아니라 지극히 정상적이고 바람직하며 인생에 도움이 되는 방식이라고 간주하는 한 이 상황은 변하지 않는다.

Happy is

the

new normal

제 5 장

행복,
새로운
정상성

CRACY

"나쁜 것은 외면하고 좋은 것만 바라보며 사는 방식은 제대로 작동하는 동안은 찬란하다. (…) 그러나 우울감이 고개를 들면서부터 이 방식은 빛을 잃는다. 설령 우울감이 전혀 없다고 해도 건강한 것에만 치중하는 정신 상태를 철학이 권고할 수는 없다. 그러한 정신이 고려하기를 적극 거부하는 나쁜 일들도 엄연한 현실의 일부이기 때문이다. 병이 삶의 의미에 다가가는 가장 좋은 방법이 될 수도 있고 가장 심원한 진실의 수준까지 이르는 유일한 방법이 될 수도 있다."

— 윌리엄 제임스, 『종교적 경험의 다양성』

"난 정말 이해를 못 하겠어." 제이미는 바닥에 누워서 매일 하는 근육 운동을 하면서 말했다. "당신은 지금도 아주 행복하잖아? 당신이 진짜 불행한 사람이라면 나도 이해를 하겠어. 하지만 그렇지 않잖아." 그는 잠시 동작을 멈추고서 물었다. "당신, 불행한 건 아니지?"

"난 행복해." 나는 제이미를 안심시켰다. "실은 내가 새롭게 알게 된 것을 보여줄 기회가 생겨서 무척 기뻐. 사람들은 대부분 행복해. 2006년도에 조사한 바로도, 미국인의 84%는 자기가 '매우 행복하다' 아니면 '행복한 편이다'라고 생각한대. 그리고 45개 국가를 대상으로 한 조사에서도 응답자들은 대부분 자신의 행복 수준을 1~10 척도로는 평균 7, 1~100 척도로는 평균 75로 답했다고 해. 나도 행복의 진정성 수준을 평가하는 검사를 직접 해봤는데 5점 만점에 3.92점이 나왔어."

"그런데 이미 행복하다면서 왜 군이 '행복 프로젝트'를 시작하려는 거야?"

"나는 행복하지만 마땅히 그래야 하는 만큼 온전히 행복하진 않거든.[1] 나는 이 멋진 삶을 잘 누리고 싶고, 더 잘 살아내고 싶어." 나는 설명을 하기가 쉽지 않았다. "나는 불평이 너무 많아. 마땅찮게 짜증을 낼 때도 많아. 나는 좀 더 감사해야 해. 내가 더 행복하다고 느끼면 내 행동도 더 나아질 것 같아."

이 대화는 그레첸 루빈의 『무조건 행복할 것』에서 발췌한 것이다. 2009년에 선보인 이 책은 뉴욕 타임스 베스트셀러 순위권에 99주 연속 머물렀고 몇 번이나 1위로 올라서곤 했다. 그레첸은 남편인 제이미와 이런 얘기를 나누고서 얼마 지나지 않아 다른 사람과도 비슷한 대화를 나누게 된다. 그 사람 역시 그레첸이 지금도 행복하다고 말하면서 왜 굳이 더 행복해지려고 애쓰는지 이해하지 못한다. 그레첸의 대답은 행복 이데올로기와 이를 뒷받침하는 과학 담론의 전제들을 아주 잘 보여준다. 그녀는 실제로 대화 상대들에게 행복은 과학적으로 측정 가능할 뿐 아니라 그 자체로 하나의 독립적인 작업이라고 대답한다. 자기에게 집중하는 개인이 부단히 추진해야 하는 자기 계발 작업 말이다. 그레첸이 하는 말은 '대중적' 담론과 '과학적' 담론을 다분히 노골적으로 뒤섞어놓고 있다. 그녀는 지치지도 않고 행복학자들이 작성한 시나리오를 거의 토씨 하나 다르지 않게 되풀이한다. 가령 그레첸 루빈이 소냐 류보머스키의 책에서 시종일관 인용하는 다음 대목이 그녀가 남편과 주고받은 대화의 결론이라고 해도 무방할 것이다.

우리는 모두 행복해지기를 원한다. 비록 이 욕망을 대놓고 인정하지 못하거나 다른 표현으로 위장하기도 하지만 말이다. 우리는 일에서의 성공, 정신적 만족, 우리를 둘러싼 세상과의 돈독한 관계, 실존적 목표, 사랑, 섹스를 꿈꾼다. 우리는 이 모든 것이 우리를 좀 더 행복하게 한다고 믿기 때문에 이것들을 탐낸다. 그렇지만 자기 행복을 불리는 방법에 대해서 진지하게 고민하고 그대로 실현하기 위해 구체적으로 행동에 나서는 이들은 극히 드물다. 행복이라는 주제에 대해서 깊이 뿌리내린 확신들, 우리가 좀 더 행복해지는 방법, 나아가 과연 우리가 행복해져도 되는가(이 책은 그렇다고 당신을 설득하려는 목적에서 나왔다)를 적당히 거리를 두고 깊이 생각해본다면 행복의 증대가 얼마든지 실현 가능하다는 것을 이해할 수 있다. 여러분에게는 더 행복해질 수 있는 힘이 있다. 이것은 여러분 자신에게나 주위 사람들에게나 가장 중요하고 본질적인 것 중 하나다.[2]

일단 루빈이 자기 자신을 등장인물(그레첸)로 내세워 행복과 선(善)을 얼마나 공고히 연결하는가를 주목해야 한다. "나는 정말로 행복하게 살고 있다. 이 삶을 마땅히 그래야 하는 만큼, 그 가치에 걸맞게 좀 더 음미하고 싶다. 이 삶에 어울리는 모습으로 살고 싶다. (…) 나는 불평이 너무 많고 곧잘 벌컥 화를 내곤 한다. 응당 좀 더 감사하는 태도를 보여야 할 텐데 말이다. 내가 좀 더 행복을 느끼며 살 수 있다면 그러한 행동 방식도 달라질 거라 생각한다." 행복과 선을 동일시하는 이 방식은 그레첸에게서만 볼 수 있는 게 아니며 전혀 특이할 게 없다. 철학자 알렌카 주판치치가 설명한 대로, 행복과 선을 결부시키는 이 방식은 비뚤어진 종류의 '도덕'을 선전하는 전형적인 담론의 특징이다. 이 담론이 현재 도처에 만연해 있다. 자기가 잘 지내고 있다고(행복하다고) 느끼는 사람은 반드시 착한 사람이고 자기가 잘 지내지 못하고 있다고(불행하다고) 느끼는 사람은 그렇지 않다는 건가. "즉각적 감정이나 감각을 도덕적 가치와 연결하는 이 방식이 오늘날 행복 이데올로기의 수사학적 특징이라고 할 수 있다."[3]라는 주판치치의 지적은 예리하다.

이 첫 번째 지적과 맞닿아 있는 두 번째 지적은 더욱더 흥미롭다. 그레첸 루빈의 책은 행복 이데올로기가 얼마나 우리의 일상에 깊이 침투해 있는가를 보여준다. 이런 뜻에서 이 책은 다른 책들과 엇비슷한 행복 개론서, 행복 옹호론 정도로 보아서는 안 된다. 우리는 여기서 새로운 시대정신의 징후를 본다. 행복하지 않다는 말은 인생을 잘못 살고 있다는 뜻이 되어버렸고, 행복은 행복대로 건강하고 정상적이며 제대로 돌아가는 삶의 심리학적 최종 기준이 되어버렸다. 심지어 행복의 수사학이 차츰 기능주의 수사학을 제 것으로 삼았다 해도 과언은 아닐 것이다. 행복은 이제 규범이요, 행복한 개인은 정상성의 원형이다.

보통의 개인을 다시 생각하다

긍정심리학의 전방위 공격은 새로운 개념들을 만들어내고 과학의 후광으로 그 개념들을 에워싸는 선에서 그치지 않았다. 긍정심리학은 또한 기능성 개념 자체를 고려하는 긍정적 인격론을 구상했다. 이 이론은 감정적, 사회적 적합성이라는 기준과 기대 내에서의 수행, 행동, 느낌에 대한 심리학의 정의에 이의를 제기한다. 2001년에 케넌 셸던과 로라 킹은 「왜 긍정심리학이 필요한가」라는 기고문에서 새로운 행복학이 "효율적으로 기능하는 인간의 본성이란 어떤 것인가"라는 물음에 기초해 "보통의 개인을 다시 생각하자."고 주저 없이 제안했다.[4] 이러한 문제 제기는 개인이 사회적으로나 심리적으로 잘 기능하는지 구분하는 기준이 일반적 수준보다 더 높아져야 한다고 은근히 암시한다.

물론, 이러한 동향도 딱히 새롭지는 않았다. 이미 1950년대에도 마리 자호다는 긍정적인 정신 건강은 순전히 개인의 문제, 오로지 프시케에만 속하는 문제이기 때문에 사회적 질병을 들먹여봐야 소용없다고 주장했다.[5] 긍정심리학의 사도들은 이러한 시각을 빌려왔을 뿐 아니라 극단까지 밀어붙였다. 이제 바르게 행동하고 기분 좋게 지내는 것으로는 충분치 않다. 어떻게 해야 더 바르게 행동하고 더 기분 좋게 지낼까를 고민해야만 한다(그 외의 다른 태도는 모두 해이해졌다는 표시다). 충분히 바르게 행동하지 못하고 충분히 기분 좋게 지내지 못한다면 뭔가 문제가 있고 결함이 있는 거다. 긍정심리학의 사도들은 주관적 안녕감이 그저 우울하지 않다는 뜻은 아니라고 본다. 그저 병이 없다고 해서 건강한 건 아니다. 그저 좋은 점과 나쁜 점, 긍정성과 부정성이 균형을 이루고 있는 상태가 정상성인 건 아니다. 그들은 오히려 정서적인 면에서나 인지적인 면에서 긍정성이 부정성을 몰아내야만 진정한 균형을 이룰 수 있고 프시케가 제 기능을 발휘할 수 있다고 말한다.

긍정심리학이 긍정성과 기능성을 일치시키는 방식은 대단히 놀랍다. 여기서는 긍정적 감정과 부정적 감정을 칼로 무 자르듯 확실하게 구분한다. 동일한 구분이 생각, 태도, 습관, 개인적 강점에 대해서도 유효하다. 그래서 긍정심리학은 서로 반대되는 기능을 하거나 행동에 대해서 근본적으로 차별화된 효과를 일으키는 심리적 실체들이 있는 것처럼 간주한다(이때부터 어떤 행동은 기능적이고 어떤 행동은 그렇지 않다고 판단할 수 있다). 긍정적 감정이 더 나은 시민, 생산적인 노동자, 서로 사랑하는 파트너, 건강하고 만족스럽게 지내며 회복 탄력성이 높은 개인에게 속한다면, 시기, 증오, 불안, 분노, 슬픔, 권태, 향수(鄕愁) 같은 부정적 감정은 프시케를 강화하고 건강한 습관을 들이며 탄탄하고 안정적인 자기 정체성과 사회관계를 구축하는 데 방해가 될 것이다. 이러한 시각에서 보면 기능성은 심리적·정서적 균형의 문제가 아니라 긍정성의 문제다. 긍정성이 부정성을 완전히 몰아내고 그 흔적까지 깨끗이 지워야만 그 사람이 비로소 제 기능을 한다고 할 수 있다는 얘기다.[6]

긍정심리학 옹호자들은 이런 식으로 새로운 "정서적 위계"[7]를 세웠다. 이 위계가 제공하는 지표들 전체가 프시케와 사회를 동시에 구조화하고, 그 둘을 연결하며, 감정들을 이해하고 영역별로 분류하게 한다. '전통적인' 임상심리학이 건강과 정신 질환을 대립적으로 보는 분류 체계를 만들었다면 긍정심리학의 사도들은 완전한 정신 건강과 불완전한 정신 건강을 구분하는 전혀 새로운 패러다임을 끌고 들어왔다. 이 새로운 접근에서는 정신 질환의 징후가 별로 심각하지는 않지만 부정적 정서 균형을 나타내는 사람, 즉 긍정적 감정보다 부정적 감정을 더 많이 드러내는 사람은 정신 건강이 불완전한 것으로 취급받는다. 높은 긍정성 수준을 드러내고 정신 질환의 징후가 없는(혹은, 아주 가벼운 징후만 있는) 사람만 정신 건강이 온전하다는 말을 들을 것이다. 낙관주의, 희망, 자존감, 안녕감은 정신 건강이 온전한 증거가 되고 비관주의, 불안감, 삶에 대한 불만은 정신 건강이 불완전하다는 증거가 된다. 우리는 긍정심리학의 사도들을 믿고 그들에게 맡기면 된다. 그들이 개인이 제 기능을 발휘하는 데 필요한 심리적 특질들을 파악하고 우리가 완전한 정신 건강에 도달하게끔 보조하는 기법들을 계속 다듬어나가는 일을 하고 있으니까 말이다.

이러한 동향이 일어나기 직전에 바버라 헬드를 필두로, 이 접근이 "긍정성은 그 자체로 좋고 우리에게도 좋은 반면, 부정성은 그 자체로 나쁘고 우리에게도 나쁘다."[8]라는 원리에 기반을 두고 있다는 비판들이 나왔다. 사실 긍정심리학의 임상가들은 개인의 행복을 증진하는 행동들만 기능적이고 적합하다고 본다. 행복에 이바지하지 않거나 더 나쁘게는 행복을 저해하는 감정, 생각, 태도는 병적이고 부적응적이다. 더욱이 셀리그먼은 2002년부터 그러한 주장을 내세우면서 이미 다음과 같은 사실이 입증되었다고 강조했다. 부정적인 정서 및 인지 상태가 "비관주의자들이 이런저런 전선에서 결국 패자가 되고 마는"[9] 이유를 설명해준다는 것이다. 부정성과 달리 긍정성은 "현실성이 떨어진다는 대가"[10]를 치르긴 해도 항상 이롭다고 셀리그먼은 말한다. 새로운 학문 분과의 대표들 중에도 이러한 주장에 동의하기는커녕 "중대한 오류"[11]라고까지 말하며 "부정적 감정을 전부 근본적 문제가 있는 것처럼 보는"[12] 이러한 시각을 우려하는 이들이 있다. 그렇지만 지극히 이분법적인 이 생각은 점점 더 널리 퍼지고 뚜렷해지는 추세다.

바버라 프레드릭슨의 작업은 이러한 접근을 완벽하게 대표한다. 특히 긍정적 감정에 대한 저 유명한 '확장과 구축' 이론은 2000년에 템플턴 긍정심리학상까지 받았다.[13] 프레드릭슨은 긍정적 감정과 부정적 감정은 각기 매우 다른 역할을 하기 때문에 엄밀하게 구분할 필요가 있다고 본다. 긍정적 감정은 부정적 감정과 달리 인지 과정을 첨예하게 다듬고 세상을 바라보는 시선을 넓혀주기 때문에 환경을 좀 더 잘 이해하게끔 돕는다. 또한 긍정적 감정은 지속적이고 "실효성 있는 개인적 자원들"을 "생성"하는 데도 도움이 된다. 그 자원들은 "자질(예를 들어, 자신의 환경에 대한 인식), 의도(예를 들어, 삶의 목표), 낙관주의(예를 들어, 좌절에 빠지지 않고 미래에 자신을 투영하는 능력), 회복 탄력성, 자기 수용, 긍정적 인간관계, 신체 건강" 등이다. 긍정적 감정은 요컨대 "더 성공적인 인생으로 나아가게 하는"[14] 건설적 효과를 발휘할 것이다. 그러므로 긍정적 감정의 '확장과 구축' 효과를 이용할 줄 아는 사람들은 필연적으로 '자아실현'을 한 사람들이다. 그들은 "정신적인 면에서 완전히 건강하고" "인간으로서도 최적 방식으로 기능한다."[15] 행복한 사람은 "기분이 좋아서 선행을 하는" 게 아니다. 이 이론의 핵심은 행복한 사람은 "기분이 좋은 동시에 선행을 한다."[16]는 것이다.

프레드릭슨은 부정적 감정이 생존을 위한 진화의 산물인 반면, 긍정적 감정은 (이 감정이 개인의 발전에 미치는 효과를 보건대) 자연적으로 선택되었을 것이라고 주장한다.[17] 그렇다면 두 감정은 양립 불가능하며 어느 한쪽이 반드시 우세하다. 심지어 그러한 양립 불가능성, 비대칭성은 생리적·심리적·사회적 수준 등 모든 수준에서 드러난다고 한다. 프레드릭슨이 긍정적 감정과 부정적 감정이 양립 불가능하다고 보며,[18] 그 이유는, 긍정적 감정이 "부정적 감정의 지속적인 유해성을 막아주는 보호 장치" 겸 "충격 완충 장치" 역할을 하기 때문이다.[19] 비록 이 방어 효과의 "정확한 기제"가 "아직 알려지지 않았다."고 명시하기는 하지만 프레드릭슨은 긍정적 감정으로 심혈관계 질환 위험, 우울증 위험, 스트레스 극복 전략의 결여, 사회 정서적 수완의 결여 같은 부정적 감정의 신체적·심리적·사회적 유해성을 상쇄할 수 있다고 주장한다.[20] 일례로 회복 탄력성이 높은 사람은 "긍정적 감정과 그 방어 효과의 유익을 누리는 기술의 달인"이다. 그리고 이 회복 탄력성이 뛰어난 개인은 프레드릭슨이 재차 확인했다는 긍정적 감정과 적응 행동의 직접적인 인과 관계를 기막히게 잘 보여준다. 긍정적 감정은 "회복 탄력성을 반영만 하는 게 아니라 구축하기도 하기"[21] 때문이다.

게다가 프레드릭슨은 긍정적 감정과 부정적 감정이 완전히 비대

칭적인 이유를 "강도는 부정적 감정이 지배적이고 빈도는 긍정적 감정이 지배적이기"[22] 때문이라고 주장한다. 긍정적 감정이 예방과 보호 기능('확장과 구축' 기능)을 제대로 발휘하려면 긍정적 감정 대 부정적 감정의 비율이 최소한 2.9:1은 되어야 한다고 한다.[23] 프레드릭슨은 또한 "성공적인 결혼은 긍정적 감정 대 부정적 감정 비율이 5:1 수준이고 불행한 결혼, 최악의 경우 아예 갈라서게 되는 결혼은 이 비율은 1:1 수준이다."[24]라고 구체적으로 명시했다. 그 이유는 긍정적 감정의 비율이 높을수록 '상승 나선'이 발생하여 부정적 감정의 '하강 나선'을 상쇄하고 그 사람의 기능적 자원, 즉 "인지적 자원(예를 들어, 마음챙김), 심리적 자원(예를 들어, 환경에 대한 지배), 사회적 자원(예를 들어, 타인과 긍정적 관계를 유지하는 능력), 신체적 자원(예를 들어, 병적 징후가 전혀 없거나 거의 없는 상태)"[25]을 증대하기 때문이다. 프레드릭슨은 긍정적 감정의 비중이 지나치게 커도 다소 해로울 수 있다고 했지만(그녀의 주장에 따르면[26] 11:1까지 격차가 벌어지면 그럴 수 있다) 긍정심리학의 사도들은 일반적으로 행복과 긍정성이 매우 높은 수준까지 도달해도 아무 문제가 나타나지 않는다고 말한다.[27]

프레드릭슨과 로사다의 '긍정성 비율'은 초기에 열광을 불러일으켰으나(프레드릭슨 자신은 과학으로서나 심리학으로서나 "어마어마한 발견"[28]이라고 했다) 2013년에 브라운, 소칼, 프리드만에게 혹독한 비판을 받은 후 눈에 띄게 기세가 꺾였다. 브라운과 두 동료는 긍정적 감정 대 부정적 감정 비율의 이론적·방법론적 근간을 꼼꼼하게 살피고 특히 이 비율 계산에 사용된 미분 방정식을 검토했다. 프레드릭슨은 이 방정식이 자신의 증명을 확인해주고 "긍정적 감정의 온전한 효과를 반박의 여지없이 실감할 수 있는 임계 수위"[29]를 정해준다고 주장했지만 비판자들은 이 주장이 사실과 다르다는 것을, 특히 이 방법의 바탕이 되는 "긍정성 최소 비율 2.9013이 존재한다는 근거는 전혀 없다."[30]는 것을 설득력 있게 보여주었다. 브라운과 동료들은 지금까지 아무도 이 긍정성 비율 계산의 지배 논리를 문제시하지 않았다는 사실에 '경악'한다.

> 프레드릭슨과 로사다(2005)는 여덟 명으로 구성된 팀들을 대상으로 하는 연구 실험이라는 틀 속에서 각기 한 시간 남짓 상담을 통해 수집한 내용을 로렌츠 방정식까지 동원해서 거창하게 들먹거리고는 인간 감정에 대한 보편적 진리를 발견했노라 주장했다. 그들은 이 진리가 모든 개인에게 유효하다고, 커플은 물론이고 아주 작은 집단부터 구성원이 다섯 자릿수가 넘는 큰 집단까지 두루 적용 가능하다고 보았다. (…) 이 주장, 혹은 이 주장을 뒷받침하는 추론을 의문시한 연구자가 한 명도 없었다는 사실은 그저 놀라울 뿐이다.[31]

프레드릭슨도 이 비판의 근거가 충분함을 인정해야만 했다. 그녀는 이 논문에 대한 답변에서 "로사다와 내가 임계 수위 개념을 나타내고 검사하기 위해 채택했던 수학적 모형을 재고해야 할 필요성"[32]을 인정했다. 그렇지만 프레드릭슨은 "아기를 목욕물과 함께 버릴" 이유가 없다고 말한다. 긍정성 비율의 이론적 토대는 "의심 없이 받아들여지고 있을 뿐 아니라 사실들을 통하여 더욱 공고해 졌다."[33]는 것이다. 비록 이 비율이 근거한 수학적 모형은 "이제 믿을 만한 기반이 될 수 없겠지만" 긍정적 감정과 부정적 감정을 비교할 때 긍정성의 비율이 "높을수록 더 좋다."는 주장에는 전혀 무리가 없다나. "인간의 최적 기능"을 이해하거나 유지하려 할 때도 이 점은 마찬가지다. "우리는 우수한 정신 건강이 높은 긍정성 비율과 연결되지만 형편없는 정신 건강의 경우는 그렇지 않다고 주장할 수 있었다. 이 주장은 거짓이 아니었으며 재고되어야 할 이유도 없다."[34]

기만적인 구분

위에서 언급한 긍정성 비율의 수학적 계산은 완전히 기만적이다. 긍정심리학 지지자들이 긍정적 감정과 부정적 감정에 적용한 이론적이고 기능적인 구분이 완전히 기만적인 것과 마찬가지다. 프레드릭슨의 주장과는 달리, 이러한 구분은 재고되어야 할 이유가 없기는커녕 더없이 의심스러운 것으로 밝혀졌다. 따라서 이 구분의 근간에 있는 몇 가지 오류, 태만, 실수를 잠시 짚고 넘어갈 필요가 있겠다. 감정은 매우 다양한 다수의 현상을 포괄하는 복합적 경험이므로 그 관계를 명확히 파악하기가 어렵다. 감각(신체의 감각 기관을 통한 지각이므로 원래 잘 변한다), 주관적 감상, 해석(소통 및 표현 모델에 근거한 해석) 등의 현상 전체가 역사적·문화적 의미 작용(공통의 이야기와 가치관), 사회적 구조(깊이 내면화된 규범, 규칙, 사회적 행동 모델)와 본질적으로 연결되어 있다.[35] 그런데 여기서 긍정심리학이 제공하는 틀은 환원주의적이라고 할 만하다. 긍정심리학은 감정에 자연주의적으로 접근하고 일단 정해지면 쭉 유효한 보편적 상태들[36]의 집합처럼 뭉뚱그려 생각한다. 감정을 이런 식으로 고려하면 사회적이고 역사적인 변수들을 완전히 무시하게 되거니와 감정의 복합성과 다양성을 볼 수가 없다. 이 복합성과 다양성이야말로 역사학, 심리학, 혹은 사회학의 여러 연구에서 누누이 강조했던 특징인데 말이다.[37] 그러므로 긍정심리학의 사도들은 감정은 개인에게 달렸지만, 집단, 공동체, 사회에게도 달려 있다는 사실을 외면한다. 감정은 절대로 소통, 설득, 동일시 같은 대인 기능으로만 축소될 수 없다. 모든 감정은 사회 계급, 성별, 인종에 의해 규정[38]될 뿐만 아니라 사회적·문화적 표상들에 부응한다.[39] 그리고 감정이 사회적 구조(사회적 상황이나 권력관계)와 이어져 있는[40] 것과 마찬가지로 개인의 정서적 삶 역시 끊임없이 변화하는 선택과 소비 모델과 내재적으로 이어져 있다.[41] 긍정심리학은 감정이 사회관계를 규정하고 중개할 뿐 아니라 자기에 대한 생각을 도덕적 차원에서 다듬는다는 사실을 등한시한다.[42] 그들은 행복의 도덕적 차원을 보여주었던 수많은 연구[43]를 무시한 채 자아실현, 안녕감, 개인의 성취에 깊이 배어 있는 정신적인 면을 축소하거나 약화하거나 아예 거부하는 진화론적이고 실증주의적인 시각을 고수한다. 실은, 사회학에서든 심리학에서든 긍정적 감정과 부정적 감정을 구분해야 할 이유는 없다.[44] 삶은 잡다하고 양가적인 감정들로 이루어져 있다. 가까운 사람이 오랫동안 병으로 고생하다가 세상을 떠나면 슬픔과 안도감이 동시에 밀려들 수도 있다. 진열대에 놓인 물건을 슬쩍하는 도둑은 흥분과 죄책감을 동시에 맛볼지도 모른다. 공포 영화를 보고 있노라면 무섭기도 하고 재미있기도 하다. 요컨대, 감정들을 확연히 구분되고 각기 뚜렷하게 정의되는 실체들처럼 생각하거나 좀 더 단순하고 기본적인 감정들의 조합처럼 생각하는 것은 전혀 타당치 않다. 제롬 케이건이 지적했듯이 "행위자, 관찰자, 과학자는 상호 배타적인 개념들(두려움, 슬픔, 행복, 죄의식, 놀라움, 분노……)의 집합에서 어느 한 용어를 선택해야 할 의무가 있지만 개인은 오히려 기분들의 다양한 조합을 경험할 때가 많다. 추상적 용어는 이 기분들을 그저 명명하는 역할을 할 뿐이다."[45] 감정적 혼합물은 감정들의 단순한 합이 아니라 그 자체로 일관성이 있고 쪼갤 수 없는 상태로 보아야 한다. 그러므로 일말의 애매함 없이 '행복'이라고 부를 수 있는 명확하고 보편적인 상태는 없다. 좋음과 나쁨, 긍정과 부정, 쾌와 불쾌, 기능과 기능 이상이 공존하지 않는 상태가 없는 것처럼 말이다.

마찬가지로, 긍정적 감정이 긍정적 결과를 불러오고 부정적 감정은 부정적 결과로 귀착된다는 주장은 지나친 단순화다. 몇 가지 예를 들어보자. 희망에는 늘 목표를 달성하려는 욕망이나 그럴 수 있다는 믿음(용기와 활력을 주는 욕망이나 믿음)과, 그러지 못할 거라는 근심이나 두려움이 결합되어 있다.[46] 흥이 나면 힘든 일도 열심히 하게 되지만, 끈기도 따라오라는 법은 없다. 그리고 흥은 리스크를 감수할 용기를 주지만, 흥에 취한 선택이 덜 타당하거나 더 관습적인 경우도 많다.[47] 용서는 화를 가라앉힐 수 있으나, 어떤 상황에서는 되레 화를 부채질한다(가령, 평소 화목한 커플에게는 용서가 도움이 될 수 있으나 그렇지 않은 경우는 해로울 수 있다).[48] 분노에 사로잡힌 자는 파괴적이고 타인을 모독하는 행동을 하기 십상이지만, 분노가 권위에 도전하고 불의와 공동의 위협에 맞서 싸우기 위해 힘을 합치는 원동력이 되기도 한다.[49] 향수에 젖은 자는 슬픔에 빠지고 자꾸 과거를 돌아보게 된다. 하지만 그러한 향수와 관련 있는 사람들과의 친밀감을 더 고양할 수도 있고, 과거에 대한 비판적 분석이나 미래에 대한 성찰에 이를 수도 있으며, 공동의 정체성을 구축하고 강화할 수도 있다.[50] 시기는 원한과 적대감의 근원이지만, 원하는 목표를 이루기 위해 노력을 배가하는 원동력이 되기도 하고 상대에 대한 감탄을 불러일으키기도 한다.[51] 반대로, 모든 상황에서 긍정적인 태도가 좋으란 법도 없다. 가령 미래를 낙관했다가 안 좋은 일을 당한다면 오히려 우울증 위험이 높아진다.[52] 게다가 지나치게 긍정적인 사람은 곧잘 감정이 없는 것처럼 보이는 경향이 있다. 어떤 상황에서 타인에게 공감하지 못하거나, 남 걱정은 하지 않거나, 타인과 연대해야 한다는 생각을 하지 못하는 것이다. 일례로 연구자들은 "항상 즐거워하는 사람이 독재자 게임[*]에서(실험임을 인지한 상황과 그렇지 않은 상황 양쪽 모두에서) 우울한 기질이 있는 사람보다 훨씬 이기적인 태도를 보였다."[53]라는 결과를 내놓았다. 또 어떤 연구자들은 긍정적 감정 행동이 주관적인 감정 이입에는 도움이 되지만 객관적인 감정 이입은 오히려 떨어뜨리고 자기 행동이나 타인의 행동을 설명할 때 틀에 박힌 상투성이나 판단 착오를 낳기 쉽다고 했다.[54] 실제로 늘 긍정적인 사람은 상황적 요인을 무시하는 경향이 있고 보통 사람보다 편견에 자주 빠진다.[55]

행복학자들이 결코 단념하지 못하는 생각, 즉 부정적 감정보다 긍정적 감정이 인격 형성에 더 도움이 되고 사회 결속에도 이바지한다는 생각[56]은 사회학적이고 역사적인 분석 앞에서 박살난다. 중세 후기 사회의 증오와 빼어난 예술적 기교에 대한 스메일의 분석[57], 영국 빅토리아 시대의 수치심에 대한 바벌릿의 분석[58], 창피함과 신뢰에 대한 캐힐의 분석[59]만 봐도 그렇다. 시기, 모욕감, 두려움, 분노도 사랑이나 연민처럼 인격 형성과 사회 결속에 도움이 될 수도 있고 그렇지 않을 수도 있다. 좌절, 아노미(가치 혼란), 증오는 대개 프시케에 문제가 있다는 징후이지만 사회생활에 도움이 될 수 있다. 그러한 감정들도 개인의 사회생활과 집단 결속에는 중요한 역할, 나아가 결정적 역할을 한다(예를 들어 혹실드는 남성에 대한 원

---

* 독재자 게임은 두 사람을 한 공간에서 대면시키고 그중 한 사람에게 일정 금액을 두 사람 몫으로 나눌 권한을 준다. 이때의 제한되고 구속적인 협상 양상을 관찰함으로써 게임에 참여한 사람의 사회적이고 이타적인 행동 양식을 평가할 수 있다.

한이 1960년대 말 페미니스트 운동이 흥하는 데 한몫을 했다고 본다[60]).
증오는 압제, 불의, 인정의 결여(개인에 대한 모든 종류의 사회적 멸시
나 부정)에 맞서 일어나게 하는 힘이다.[61] 그러므로 증오처럼 부정적
인 감정들은 정치적 행동과 반동에 결부될 수 있고, 그로써 자신
의 가치에 대한 생각, 자기 정체성을 빚는 데 일조할 수 있다. 긍정
심리학의 사도들은 사회 적응을 빙자하여 프시케에서 부정적 감정
을 지우고 긍정적 감정만 남기려 하는데, 이는 그들이 부정적이라
고 일컫는 감정의 사회적 기능과 정치적 성격을 부정하는 것이다.

　감정에 대해서 선험적으로 기능과 기능 이상을 따지는 것부터
말이 안 된다. 모든 감정은 개인이 자기 생의 이야기를 구성하는
방식, 관계를 맺는 방식, 사회적 환경을 평가하는 방식, 고난에 대
처하는 방식, 기회를 붙잡거나 시련에 맞서는 방식에 필요한 정보
를 제공한다. 그리고 모든 감정은 개인과 집단이 행동하고, 한데 모
이고, 힘을 합치도록 자극하는 것에 대해서도 귀중한 정보를 제공
한다. 주요한 난점이자 가장 큰 목표는 주어진 맥락(개인과 사회의
정체성, 집단행동이나 집단적 정서, 상호 인정, 정치적 저항, 소비, 국가적
기억 등) 안에서 개인적·사회적·문화적 역학이 형성·유지·재고될
때 각기 다른 감정이 어떤 기능을 하고 각기 다른 감정적 반응이
어떤 역할을 하는지 온전히 이해하는 것이다. 결론적으로, 감정이
원래부터 부정적 특징을 띤다고, 원칙적으로 기능에 문제가 있다
고 못 박지 않는 것이 중요하다. 그렇게 하는 것은 그러한 감정이
기본적으로 무엇인지를 무시하는 것이다.

긍정심리학계에서도 일부는 이 건전한 비판에 귀를 기울이고 최근 들어 "긍정심리학의 제2의 물결", 즉 인간 행복에 대한 새로운 접근법을 인정했다. 이 접근법은 긍정적 감정과 부정적 감정을 이원론적으로 구분하기보다는 다소 변증법적인 태도를 취한다.[62] 그럼에도 불구하고, 이 개혁의 의지 혹은 의향 덕분에 긍정심리학이 좀 더 반성적인 입장으로 나아가든 말든, 그러한 반응은 긍정심리학 이론과 그 외 인간 행복을 다루는 여러 담론에 긍정성/부정성 구분이 깊이 뿌리내리고 있다는 증거다.

오늘날의 지배 담론은 행복을 물신화하고 기능성 개념을 심리학 영역에 국한하며 건강, 성공, 자기 개선을 긍정성(높은 긍정 수준)과 결부시킨다. 긍정적 감정(기능적 감정)과 부정적 감정(기능 이상적 감정)의 대립은 전통적 심리치료의 부정성을 극복하기는커녕, '없던 병 만들기'의 새로운 모델을 만들었다. 다시 말해, 감정은 계층화되었고 여기에 비추어 부정적이라고 평가된 사람은 제 역할을 다하며 건강하게 살기 어려운 것처럼 생각하게 되었다.

회복 탄력성을 잃지 마세요, 특히 걱정은 금물이랍니다

셀리그먼은 부정성이 상당 부분 "학습된 무기력"의 결과라고 보았다. 게다가 그는 긍정심리학의 발전에 헌신하기 전부터 이 개념을 주로 연구하면서 대학에서 이력을 쌓았다. 게다가 1972년도 《애뉴얼 리뷰 오브 메디신(Annual Review of Medicine)》에 발표된 그의 논문 「학습된 무기력」과 3년 후에 발표된 저작 『무기력』은 상당한 반향을 일으켰다. 학습된 무기력이라는 개념은 그 자체로 흥미롭게 보인다. 이 개념은 사회의 재생산과 변화의 기제, 무기력과 취약감이 권력의 행사와 분배에 결정적 역할을 하게 되는 기제, 조직 내에서 강압적 전략을 작동시키는 기제, 독창성과 불복종을 순응과 무관심으로 대체하는 기제 등을 이해하는 데 도움이 될 수 있었을 것이다. 안타깝게도 셀리그먼은 이런 문제들은 탐색하지 않았고 오로지 한 가지 문제, 다원주의적이라고 해도 좋을 특정 문제에만 매달렸다. 왜 어떤 사람은 자신의 무기력을 확인하고서 수동적인 자세에서 벗어나 어떻게든 그 상태를 끝낼 방법을 찾는가? 셀리그먼은 오로지 이 문제만 궁금해했다. 그는 다소 동어 반복적으로 이 능력이 낙관주의에서 온다고 보았고, 낙관주의를 불운에 무너지지 않는 선천적인 심리 능력으로 정의했다. 셀리그먼은 역경에 유독 잘 맞서는 사람들이 있는데 그들은 단순히 역경을 극복하기만 하는 게 아니라 역경을 통해서 배운다고, 말하자면 역경을 발판 삼아 발전한다고 말한다. 오늘날 이것은 회복 탄력성이라고 알려져 있다.

그는 명망 있는 《하버드 비즈니스 리뷰》에 실린 칼럼 「회복 탄력성 구축하기」에서도 몇몇 사례를 들어가면서 성공은 회복 탄력성의 결실이고 반대로 실패, 실업, 사회적 실추는 좋지 않은 심리적 기질에서 비롯된다고 주장했다.

더글러스와 월터는 둘 다 펜실베이니아 대학교에서 MBA를 취득하고 월스트리트에서 일하다가 18개월 전에 실직했다. 두 사람은 침체기에 들어갔다. 그들은 슬픔, 무기력, 우유부단, 미래에 대한 불안에 빠졌다. 더글러스에게 이러한 분위기는 일시적이었다. 2주 정도는 그렇게 지냈지만 결국 이렇게 마음을 다잡았다. '이건 나답지 않아. 경제가 나빠서 그렇지, 나는 일을 잘하는 사람이 맞아. 내 기술을 팔 수 있는 시장이 있을 거야.' 그는 이력서를 잘 손봐서 뉴욕의 10여 개 회사에 보냈지만 전부 거절당했다. 그러자 더글러스는 자기 고향 오하이오의 6개 회사에 다시 이력서를 보냈고, 결국 한 군데서 재취업에 성공했다.

반면에, 월터는 한없이 가라앉기만 했다. '압박감 속에서 성과를 못 내니까 해고당한 거야. 나는 금융 쪽이랑 안 맞아. 경제가 회복되려면 앞으로 몇 년은 있어야 할 텐데.' 시장이 많이 회복된 후에도 그는 다른 일자리를 찾아 나서지 않았다. 월터는 결국 부모님 집에 들어가 얹혀살게 되었다.

더글러스와 월터(실제로는 여러 사람의 인터뷰를 바탕으로 만들어낸 인물들)는 실패에 대한 반응의 양극단에 해당한다. 더글러스 같은 사람들은 힘든 시기를 짧게 겪고 나서 다시 일어난다. 그들은 불과 일 년 안에도 그런 경험을 통해서 훌쩍 성장한다. 월터 같은 사람들은 슬픔에서 우울증으로, 그리고 다시 미래에 대한 끔찍한 두려움으로 넘어간다. 하지만 실패는 일에서 거의 불가피한 부분이고 실연과 마찬가지로 인생의 가장 흔한 트라우마이다. 월터 같은 사람들은 자기 이력이 순탄치 않을 거라 확신하다시피 하고, 이러한 직원들이 많은 회사는 힘든 시간을 겪게 마련이다. 결국은 더글러스 같은 사람들이 정상에 오른다. 조직이 성공하려면 이런 사람을 채용하고 붙잡아야 한다. 하지만 누가 더글러스 같은 사람이고 누가 월터 같은 사람인지 어떻게 알겠는가? 월터도 더글러스 같은 사람이 될 수 있을까?[63]

열심히 일하면서 미소를 잃지 않는 자들에게는 세상도 미소를 짓는다. 불안정한 노동계, 이 열악하고 경쟁이 심한 세상도 이 규칙에서 예외가 아닌 모양이다. 심지어 부정적인 면도 자기에게 이롭게 만들 수 있는 모양이다. 부정적인 감정과 생각도 변화시키고 '긍정화'하면 개인의 자아실현에 도움이 될 수 있다고 하니 말이다. 그렇다면 부정적인 것에서도 뭔가 강력하고 긍정적인 가르침을 얻을 수 있다. 우리가 이미, 특히 앞 장에서 살펴보았듯이, 셀리그먼과 그의 동료들은 이 작업에 필요한 이론적 틀과 심리학 기법들을 제공하는 입장에 있었다.

회복 탄력성은 여기서 중요한 개념이다. 긍정심리학의 사도들은 회복 탄력성이 뛰어난 개인이 진정으로 자아실현을 하는 이유는 실패의 감정에 심리적으로 면역이 되어 있기 때문이라고 말한다. 그들은 부정성을 긍정적 자원으로 변환한 후 긍정적 감정을 이용할 수 있기 때문에 불리한 상황에서도 '반등'할 줄 안다.[64] "어려운 여건에서 전진하는 모습을 보이는 것은 운이 좋은 게 아니라 회복 탄력성의 증거다."[65] 큰 타격을 입은 후에는(가령 해고를 당한 후에는) 다소간 어려운 시기가 온다. 그러나 회복 탄력성이 뛰어난 사람들은 그 시기를 짧게 보내고 '다시 튀어 오른다'. 아주 드물게는 1년 안에도 시련을 벗어나 더 나은 모습을 보이기도 한다. 셀리그먼의 말대로라면 긍정심리학은 수년간의 연구를 통하여 회복 탄력성이 원래 부족한 사람도 노력으로 이 자질을 키울 수 있다는 것을 과학적으로 엄정하고 믿을 만하게 입증했다. "우리는 실패 이후에 더 잘되는 사람들과 반대로 무너져버리는 사람들을 구분하는 법을 배웠을 뿐 아니라 후자에게 다른 운명을 제공할 수도 있게 되었다."

그렇지만 긍정심리학이 회복 탄력성 개념을 만들어내지는 않았다는 것을 기억하자. 이 개념은 심지어 긍정심리학이라는 연구 분야가 생기기 수십 년 전에 나타났다. 1980년대 말부터 마이클 러터나 앤 매스텐 같은 대학교수들은 역경을 방어하고 위험과 트라우마를 극복하게 하는 심리 기제에 관심을 기울여왔다.[66] 대학 밖에서도 회복 탄력성 개념은 미국에서는 데이브 펠저, 프랑스에서는 보리스 시륄니크 같은 작가들에게 힘입어 차츰 대중화되었다. 펠저의 「'그것'이라고 불렸던 아이」(1995)나 시륄니크의 『불행의 놀라운 치유력』(1999)은 모두 강제 수용소 생존자이자 정신과 의사인 빅터 프랭클의 『죽음의 수용소에서(원제: Man's Searching for Meaning)』(1959)와 같은 회고록에서 영감을 얻은 것들이다. 이 저작들은 트라우마가 될 만한 아픈 경험을 돌아보고 그런 일을 겪은 사람들이 어떻게 살아남았는가를 보여준다는 공통점이 있다. 그러나 또 다른 공통점은 모든 인물이 자기 개선을 도모한다는 것, 결국 다 자기 개선의 이야기라는 것이다. 작중 인물들이 비극에서 살아남았다는 것이 전부가 아니다. 그보다 중요한 것은, 그들이 그 일을 겪고 더 좋은 방향으로 변했다는 것이다. 긍정심리학의 사도들이 보기에 이 이야기들은 끔찍한 일화 이후에 '반등'할 수 있다는 증거일 뿐 아니라 트라우마 이후에 자기 계발이 이루어질 수 있다는 증거다. 역경과 싸워야 할 필요성 때문에 자기 계발이 더욱 탄력을 받을 수 있기 때문이다. 긍정심리학은 이 과정에 '외상 후 성장(PTG, Post-Traumatic Growth)'이라는 명칭까지 붙여주었다. 이 개념은 21세기 초부터 관심을 모으기 시작했고 2006년에는 『외상 후 성장 핸드북』이 출간되기에 이르렀다.[67]

외상 후 성장은 외상을 남기는 사건들에 적용되고, 정상 생활로 돌아가는 데 만족하지 않고 마치 더 나은 사람으로 다시 태어난 것처럼 정신적으로 더 풍요롭고 성취감 있고 행복한 삶을 원하는 사람들에게 적용된다는 점에서 회복 탄력성보다 더 명확한 개념으로 제시되었다.[68] 긍정심리학의 사도들이 수집한 증언들은 "종교적 감수성과 매우 긍정적인 성격을 나타내는 낙관주의자들"[69]이 그렇지 않은 사람들에 비해 일반적으로 외상 후 성장을 경험할 확률이 높다고 믿게끔 유도한다.

좀 더 비판적인 고찰은 이 개념의 과학적 가치를 문제 삼는다.[70]

확실히 외상 후 성장은 "나를 죽이지 않는 것은 나를 더 강하게 만든다."라는 격언을 사이비 과학으로 공식화한 데 지나지 않는다. 그리고 이 개념이 꽤 훌륭한 돈벌이 수단이자 돈을 아끼는 수단이었던 것도 확실하다. 국가나 보험 회사는 외상 후 장애(PTD, Post-Traumatic Disorder) 진단을 받은 사람들에게 비싼 장애 수당이나 이런저런 보조금을 지불해야 한다. 그것과 관련된 소송 비용 등은 말할 필요도 없다. 게다가 셀리그먼은 한술 더 떠 "이런 유의 금전적 이익 때문에 환자가 자기 증상을 과장하거나 병을 오래 끌고 가려고 할 수도 있다."[71]라고 지적했다. 그는 꾀병이라고 말하지는 않지만, 이러한 진단이 환자의 자존심을 실추시킴으로써 자기 상태를 개선하려는 의지를 꺾을 수는 있다고 주장했다. 그러므로 외상 후 성장은 트라우마를 예방할 뿐 아니라 비극을 겪은 개인의 성장을 촉진하고 육성하는 데 초점을 맞출 것이며, 이는 결국 외상을 겪은 환자들에게도 득이 되지만 납세자들에게도 득이 될 것이다.

회복 탄력성과 외상 후 성장 개념은 심리치료 분야에 머물지 않고 노동계와 군대까지 진출하게 된다. 게다가 셀리그먼은 애초에 그러한 효과를 노리고 《하버드 비즈니스 리뷰》에 칼럼을 게재하기도 했다. 이 칼럼은 구성원들이 지구력, 배짱, 감정 조절력을 갖추기를 바라는 모든 조직을 겨냥한다. 그리고 실제로 그러한 조직이 이러한 생각에 매우 호의적으로 반응한다. 회복 탄력성 개념이 볼탕스키와 시아펠로가 말하는 "새로운 자본주의 정신"[72]과 완벽하게 호응하는 것은 분명하다. 유연성을 특징으로 하는 이 새로운

노동 문화는 결국 각자도생을 의미한다.[73]

셀리그먼이 격찬하고 임상으로 끌고 들어온 회복 탄력성 훈련이 조직 내 노동자들을 군 소속 장병들과 동일시한 것이 아닌가 의심할 수 있겠다. 그런데 셀리그먼 자신이 이렇게 말했으므로 의심이라고 할 수가 없다. "우리는 사업가들이 (특히 실패와 정체의 시기에) 회복 탄력성을 잘 활용할 수 있다고 생각한다. 그리고 병사(일반 사원)와 장교 및 하사(관리자)와 함께 작업하면서, 자신을 개선하고 자신의 효율성을 끌어올리기 위해 가장 힘들었던 경험을 사용하는 사람들로 구성된 군대를 만드는 데 도움을 주었다."[74] 그리하여 2008년에는 바버라 프레드릭슨 같은 긍정심리학의 대표자들이 셀리그먼의 감수하에 CSF(Comprehensive Soldier Fitness, 포괄적 군인 건강)라는 미군 전용 프로그램을 개발했다. 회복 탄력성과 외상 후 성장 훈련 모듈을 주로 응용한 이 프로그램에는 1억 4,500만 달러의 예산이 투입되었다. 긍정심리학 창시자의 말대로라면, 이 훈련 모듈은 군인의 적응력 신장에 도움이 되고 현장에서의 비극적 경험에서 빠르게 벗어나 좀 더 긍정적으로 일상 업무에 임하게 한다.[75] 그러한 이유로 셀리그먼은 민간 조직과 교육 기관 들도 이러한 방법으로 성과를 거둘 수 있다는 점을 주목해야 한다고 시종일관 주장했다(이미 보았듯이 그가 말한 대로 되었다).

심리학 및 사회과학 연구 역사상 가장 돈이 많이 들어간 야심 찬 프로그램 CSF의 수혜자는 서류상으로 110만 명에 달한다. 다분히 이해할 만한 일이지만 이 프로그램의 발기인이었던 셀리그먼은 흥분을 감추지 못했고 자신이 무보수로 이 프로젝트에 참여했음을 명시하기까지 했다. 그가 CSF를 통해 얻었다고 보는 수많은 이점은 모두가 알아야 하고 누려야 할 것이었다. 그는 2011년에 발표한 저작의 일부를 이 고귀한 소임에 할애하고 그 기회에 애국심과 영성이 충만한 거창한 어조로 미군에게 경의를 표했다.[76]

그러나 셀리그먼과 그 외 다수의 긍정심리학 옹호자들이 CSF의 학술적·임상적 성공을 요란하게 축하했음에도 불구하고 전혀 다른 시각으로 이 프로그램을 바라보고 모든 면(윤리적·이론적·방법론적인 면 등)에서 실패했다고 평가한 사람들은 많았다(지나가는 말로 해두자면, 긍정심리학과 관련된 출판물 가운데 일부는 CSF에 대한 비판을 '어조'가 적절치 않다는 핑계로 아예 다루지도 않았다[77]). 가장 혹독한 비판은, 비교적 초기에 나왔던 윤리적 심리학을 위한 동맹(Coalition for an Ethical Psychology)의 비판이었다. 이 단체는 일단 군인들이 이 프로그램에 자원한 게 아니라 동원되었다고 고발했다. 그리고 이러한 프로그램이 참전에 따른 후유증을 간과하거나 심지어 무시하게끔 군인들을 유도할 가능성을 우려했다. 마음이 약해진다든가 하는 정서적 변화에 무감각해지도록 군인들을 훈련하는 것이 과연 도덕적인가라는 의심도 제기했다. 또한 이 프로그램 속의 영성 생활 훈련 모듈이 그리스도교를 장려하는 방식은 부적절하기 짝이 없다.[78] 윤리적 심리학을 위한 동맹은 "효과가 있음을 보여주려고 중구난방으로 조작한 데이터는 둘째 치고서라도, CSF는 이미 개념화 단계에 심각한 결함이 있는 것으로 보인다."[79]

라고 지적하면서 이 프로그램의 과학적 가치와 실효성을 문제 삼았다. 게다가 윤리적 문제와 방법론 및 기법상의 문제가 모두 심각하다고 지적한 교수들도 많았다. 개념화 단계에서부터 있었던 근원적 문제, 통제 집단과 시험 운용의 부재, 임상으로 확증되지 않는 절차들의 동원, 효과 없음이 확인된 모듈들의 임시변통적인 개조 등이 그러한 부실함을 보여준다.[80]

> 요컨대, CSF의 주요 도구에 해당하는 회복 탄력성 훈련 모듈은 효과가 매우 미미했고, 경우에 따라서는 전혀 효과가 없었다. 동일한 목표를 지향하는 다른 모듈들은 그보다도 못했다. (…) 조작된 데이터, 훈련 모듈들의 형편없는 효과, 그리고 위에서 언급한 요인들 전체를 감안한다면 군인들의 회복 탄력성이 개선되었다고 주장할 수가 없다. 군인들 스스로 이 프로그램이 자신에게 미친 효과를 높이 평가하더라도 그 점은 마찬가지다.[81]

회복 탄력성 담론, 그리고 군대나 조직 내에서 이런 유의 프로그램을 실시하는 것이 사회적·도덕적으로 어떤 영향을 미치는지 자세히 살펴볼 필요가 있을 듯하다. 회복 탄력성이 뛰어난 군인들이 자기가 저지른 가혹 행위를 더 빨리, 더 손쉽게 털고 일어난다고 해서 그러한 일을 괴로워하면서 아프게 대가를 치르는 군인들보다 높이 평가해야 할까? 회복 탄력성이 뛰어난 노동자가 직장의 잔인한 현실이나 조직의 강압적 전략에 면역이 되어 있다고 해서 동일한 현실에 괴로워하는 사람보다 더 칭찬받을 자격이 있을까? 도덕적 측면에서나 이론적 측면에서나 다분히 의심해볼 만하다.

마지막으로, 회복 탄력성 개념은 사회적 이해와 고통의 치료라는 면에서 중대한 문제들을 야기한다. 회복 탄력성이 부족해서 괴로운 사람들, 역경 속에서 긍정적인 모습을 보일 수 없어 괴로운 사람들은 어떻게 하나? 행복해지기는 글렀구나, 혹은 충분히 행복해질 수는 없겠구나, 라는 생각에 아파하는 사람들, 그러한 생각에 죄책감마저 느끼는 사람들은 어떻게 하나? 회복 탄력성의 수사학이 실상은 순응주의를 장려하지 않는가? 어떤 상황에서든 긍정적인 태도를 굳건히 견지하라는 요청이 부정적 감정의 정당성을 박탈하지는 않는가? 고통을 쓸모없는 것, 아니 멸시해도 좋은 것으로 여기지는 않는가?

쓸모없는 고통

볼테르의 소설 「캉디드」에 등장하는 퀴네공드, 어린이문학의 고전으로 꼽히는 엘리너 H. 포터의 동화 「폴리애나」의 주인공 고아 소녀 폴리애나 휘티어, 영화 「인생은 아름다워」의 주인공 귀도 오레피체에게는 공통점이 있다. 이 인물들은 모두 비극을 경험하고서도 여전히 이 눈물의 골짜기에서 매사가 가장 좋은 방향으로 흘러

가고 있다고 믿는다. 아무것도, 최악의 모욕과 박탈조차도, 그들이 모든 상황에서, 지극한 비참 속에서도, 긍정적인 면을 보는 데 방해가 되지 않는다. 이런 유의 인생 이야기는 분명히 희망과 위로를 주지만 상당히 문제가 있다. 이런 이야기는 매번 행복을, 아니 고통조차도, 개인의 선택처럼 제시한다. 이 때문에 매사에 자발적으로 긍정적 측면을 보지 않는 사람은 불운을 추구한다는 의심을 받거니와, 실제로 불운을 책임져야 하는 상황에 종종 내몰리곤 한다.

우리가 이미 보았듯이 똑같은 메시지가 논픽션의 형태로, 소위 행복의 과학적 담론으로 전달된다. 위에서 언급한 작품들, '자조론'이 제안하는 성인전 비슷한 일대기들, 그리고 회복 탄력성 개념은 긍정적인 교훈을 끌어내지 못한 고통은 아무 쓸모가 없고 장기간 이어진 고통은 그 사람의 선택일 뿐이라고 본다. 과로, 우울증, 소외, 빈곤, 약물 중독, 질병, 고독, 실업, 파산, 실패, 압제, 가까운 이의 죽음으로 고통받는 사람이 더 행복하고 만족스럽게 살지 못하는 이유는 그저 그 사람이 충분히 노력하지 않았기 때문이라고 긍정심리학 옹호론자들은 말한다. 바버라 프레드릭슨은 그런 식의 삶, 그렇게 긍정적인 감정에만 초점을 맞추는 방식이 그 자체로 운 좋은 사람들에게나 가능한 사치 아니냐는 질문을 받고서 다음과 같이 대답했다.

나는 긍정적 감정은 누구나 가질 수 있는 거라고 봐요. 전 세계 빈민가 사람이나 매춘부를 대상으로 그들의 주관적 안녕감과 삶에 대한 만족도를 알아보는 조사들이 있었는데요. 그러한 조사들의 결과를 보면 긍정적 감정은 우리 생각과 달리 물질적 자산과 별 관계가 없어요. 실상은 삶을 대하는 태도의 문제라고 할까요. 여기서 중요한 건, 여러분이 여러분의 삶을 들여다보는 방식이에요. 힘겨운 삶은 외부에서 바라볼 때 끔찍하게 여겨지지요. 거리의 노숙자를 보면 저 사람은 정말 늘 괴로울 거라는 생각이 듭니다. 마찬가지 맥락에서, 어떤 병에 걸렸거나 신체적 장애로 고생하는 사람은 늘 하루하루가 끔찍하기만 할 것처럼 생각됩니다. 그러나 우리가 그들의 일상을 연구한 바로는 고정 거주지가 없거나 중병을 앓는 사람도 어떤 상황에서는 긍정적 감정을 느끼는 것으로 나타났습니다. 가령, 친구나 가족과 함께 시간을 보내거나 한 번도 경험해보지 못한 흥분되는 일을 겪을 때가 그렇지요.[82]

힘들고 '부정적인' 상황에서 긍정적 요소를 찾고 자기 자신을 긍정적으로 생각하는 것은 당연히 불가피한 역경을 마주하는 좋은 태도이고, (우리가 4장에서 살펴보았듯이) 성찰과 반성을 거치기만 한다면 그 자체는 전혀 문제가 되지 않는다. 문제가 생기는 것은 긍정성이 일종의 독재적 태도가 되어 불운과 무기력의 책임을 당사자에게 전가하면서부터다(이것이 얼마나 근시안적이고 부당한지에 대해서는 생각하지 않고 말이다). 그리고 행복학이 이러한 행복의 독재에 객관적이고 실증적인 근거가 있다고 주장하면서부터 문제는 더욱더 심각해진다. 각자가 자기 고통을 책임져야 하는 세상에는 연민과 공감이 들어설 여지가 거의 없다.[83] 그리고 이와 같은 세상에서는 각 사람이 역경을 기회로 삼을 능력이 있다고 간주하므로 역경에 대해 불평할 여지가 거의 없다.

기존의 질서를 문제 삼기, 익숙한 것을 낯설게 하기, 우리의 정체성과 일상 행동을 구성하는 과정·의미 작용·실천을 들여다보기―이 모든 것은 사회 비판의 근본적 소임이다.[84] 전과는 다르고, 더 해방적이며, 더 공정하고, 더 만족스러운 삶의 방식들을 그려보는 것도 그 소임 중 하나다. 유토피아에 대한 생각은 어느 정도 불가피하거니와 비판적이면서도 건설적인 사회 분석에 꼭 필요하다. 행복 이데올로기는 이 모든 것을 금지한다. 이 이데올로기는 현실의 원칙이라고 자처하지만 실은 인간 본성과 사회를 개선하려는 그 어떤 시도보다 더 유토피아적이다. 비록 행복 옹호론자들은 그 반대를 주장하지만 말이다. 권력을 쥔 자들은 누구든 자기가 현실의 편에 있다고 주장한다. 그 말이 맞아서가 아니라, 자기네들에게는 그러한 주장을 진실처럼 보이게 할 힘이 있기 때문이다.[85]

긍정심리학의 사도들은 자기네가 그리는 행복의 초상이 진짜 행복의 정확한 모습인 것처럼 여론을 설득했다. 1906년에 파블로 피카소는 미국의 시인 거트루드 스타인의 초상을 그렸다. 당시에 거트루드 스타인은 얼굴이 포동하고 광대뼈가 도드라진 젊은 여성이었다. 그런데 초상화 속의 여인은 어둡고 갸름한 전(前)입체파적 얼굴을 하고 있었다. "나하고 전혀 안 닮았는데요." 스타인이 말했다.

그러자 피카소는 "걱정하지 말아요. 결국은 닮게 될 테니까."라고 대꾸했다. 화가가 정말로 하려고 했던 말은 결국은 그녀가 자연스레 초상화를 닮아갈 거라는 뜻이 아니라 그녀는 이제 초상화 속의 인물을 닮을 의무가 있다는 뜻이었다. 무타티스 무탄디스 (Mutatis mutandis, 고칠 것은 고쳐야 한다). 행복 전문가들이 행복의 초상을 그리는 과정도 거의 이런 식이었다고 말할 수 있다. 그들은 자기네들의 기대와 규정을 과학적이고 객관적인 진실로 삼아놓고 이데올로기, 도덕, 정치, 경제의 요인들은 눈곱만치도 고려하지 않았다. 그리하여 수많은 학자와 임상가가 바라보는 행복의 모습뿐만 아니라 세상 사람들이 바라보는 행복의 모습, 여러 기관에서 바라보는 행복의 모습이 마침내 실제 행복보다 그 초상을 훨씬 더 닮기에 이르렀다. 그 이유는 무엇보다 행복의 참다운 이미지라는 것이 존재하지 않기 때문이다. 긍정심리학 예찬자들이 인정하든 인정하지 않든 간에, 그들은 자기네가 행복의 마땅한 모습이라고 생각하는 바를 묘사하는 것으로 만족하지 않았다. 그들은 무엇보다 좋은 삶이 어떠해야 하는가를 규정했다.

여기서 행복학자들이 비판적 사고에 던지는 시선을 짚고 가는 것이 의미가 있겠다. 그들의 시각에서 비판적 사고는 당연히 '부정성' 범주에 들어간다. 사회 비판은 쓸모도 없고 소득도 없는 사회적·정치적 변화에 대한 요구를 떠받치기 때문에 기만적이고 불성실하다. 고로, 사회 비판은 영원히 떨쳐버리는 것이 중요하다.[86] 예를 들어, 루트 페인호번은 인간 생활의 부단한 진보가 과학적으로 충분히 입증되었다고 보고 비판적 사고의 요구가 쓸모없고 부적절한 것처럼 일축한다.[87] 그는 이러한 부정적 시각이 "종말론적 예언과 사회 비판의 오랜 전통"[88]에 속할 뿐이라고 주장했다. 그리고 페인호번에 따르면 이 전통을 부양하는 사회 이론가와 저널리스트들은 "마르크스, 프로이트, 뒤르켐, 리스먼, 리처, 퍼트넘의 (…) 자취를 따라가면서 사회 문제를 다루는 일로 먹고살기 때문에 그러한 시각을 과장하는 경향이 있다."[89] 그는 또한 이 지식인들이 현대 사회의 엄청난 진보를 제대로 보지 못하게 하는 "부정적 시각"을 퍼뜨렸다고 말한다. 셀리그먼도 이미 동일한 주장을 대략 다음과 같은 말로 표현한 바 있다. "사회과학은 제도 및 기관을 조사하면서 그 안에서 삶을 힘겹고 견디기 어렵게 만들 만한 것이라면 뭐든지 들춰내지만" 아무 제안도 하지 않고 "이 혹독한 여건을 최소화하는 법"[90]에 대해서도 아무것도 말하지 않는다.

이러한 주장은 역사적으로 지나치게 단순하고 지적 오류가 있다는 점에서 학문적으로 실망스러울 뿐 아니라 우리가 이미 가능한 최선의 세계에서 살고 있다는 단순해빠진 낙관론을 받아들이도록 유도한다는 점에서 정치적으로 위험하기까지 하다. 토마스 만의 소설 「부덴브로크 가의 사람들」에서 불가능한 관계에 직면한 토마스는 지나치게 단순한 낙관론을 의문시하며 우리는 가능한 최선의 세계를 믿지만 상상할 수 있는 최선의 세계에서 실제로 살고 있지는 않다고 말한다. 긍정적 사고의 독재는 가능한 최선의 세계를 믿게 하는 반면, 상상할 수 있는 최선의 세계를 구상하지 못하게 방해한다.

부정적 감정과 사고를 억누르면 사회의 암묵적인 위계를 정당화하기가 수월해지고 특정 이데올로기의 헤게모니를 강화할 수도 있다. 또한 이런 유의 억압은 고통을 마땅치 않은 것, 평범한 것으로 폄하한다. 부정성은 비생산적이니 생산적인 긍정성으로 바꿔야만 한다는 이 강박은 분노, 불안, 번민 같은 감정을 바람직하지 않은 것, 나아가 쓸모없고 무익한 정서, 레비나스 말마따나 "아무것도 아닌 것을 위한 것(for nothing)"[91]으로 취급한다. 퀴네공드, 폴리애나, 귀도 같은 사람들은 고통을 겪지 않는 사람들에게 고통의 위협을 느끼게 할 뿐만 아니라 고통을 겪는 사람들에게 고통을 더욱 견디기 힘들고 모욕적인 감정으로 느끼게 한다. 자기는 행복한 삶을 영위할 만한 '장점'이 있다고 자부하는 사람들은 남들이 '바람직한 선택'을 하지 않았고 역경에 적응하는 모습과 유연성(실패도 자아실현의 기회로 보는 것과 관련하여 절실하게 필요한 유연성)을 보여주지 못했다는 이유로 그들을 비난하고 책임을 물어도 된다고 생각한다. 따라서 이제 고통스러워하는 사람들은 순수한 고통의 짐만 지는 게 아니라 죄의식의 짐까지 져야 한다. 자기가 알아서 역경을 극복해야 하는데 그렇게 하지 못하고 있다는 죄의식의 짐 말이다. 긍정의 독재는 슬픔, 희망의 부재, 가까운 이와의 사별마저도 열심히 사는 사람이라면 얼른 극복해야 할 일시적 차질로 치부한다. 이러한 시각은 부정성이 프시케에 아무 흔적도 남기지 않고 사라져야 하고 그렇게 될 수 있다는 생각을 키운다. 언제나 긍정적 측면에만 시선을 고정하는 태도는 아무리 본래 의도가 좋을지라도 정말로 고통스러워하는 사람들에 대한 몰이해, 혹은 그들에 대한 무관심으로 나아가며 결국은 이 몰이해와 무관심을 은폐할 수밖에 없다.

철학자 윌리엄 제임스는 인생에는 늘 상실이 있고 그로 인해 고통스러워하는 사람이 있을 것이라고 했다. 일생에 비극이 없을 수는 없다. "어떻게 살 것인가?" 유의 중대한 도덕적 물음에 대답한다는 것은 어떤 선과 또 다른 선 사이에서 갈등하는 것이기 때문에라도 그렇다. 편협하고 옹색한 정신만이 자기가 선택할 수도 있었을 수많은 길을 못 본 체한다. 그러한 정신만이 지금의 모습이 되고 지금의 삶을 영위하기 위해 자신이 회피하기로 했던 선택지들을 못 본 체한다.[92] 더 진정한 자아, 말하자면 최고의 자아에 도달해야 할 의무는 결코 없다. 도달해야 할 유일한 생의 목표, 그 어떤 것과도 비교할 수 없는 지고의 목표가 없는 것과 마찬가지다. 그리고 행복도 마찬가지라고 말해도 좋을 것이다. 도덕적 선택을 해야 하는 순간이 온다면, 어떤 열망이나 가치관에 부합하는 사람이 되고자 한다면, 어떤 선을 희생하고 다른 선을 선택해야 한다. 여기에 환원 불가능한 비극, 개인적·사회적·정치적 삶에 본질적으로 내재하는 비극이 있다. 더없이 정교하게 개발된 행복학일지라도, 우리가 살면서 치러야 하는 크고 작은 희생에 불가피하게 따라오는 크고 작은 고통과 상실을 달래줄 수 없다.

결론

아르헨티나 작가 훌리오 코르타사르는 1962년에 발표한 「시계태엽 감기 지침」에서 우리의 시간 강박을 절묘하게 표현하고 이 강박이 얼마나 우리를 지배하기에 이르렀는지 보여준다.

잘 생각해보라. 시계를 선물받는 것은 꽃 피는 지옥, 장미 화관, 공기 감옥을 선물받는 것이다. (…) 손목에 차고 항상 데리고 다니는 청딱따구리를 선물받은 게 아니란 말이다. (…) 깨지기 쉽고 약해빠진 새로운 당신의 한 조각, 당신 자신이지만 당신 몸뚱이는 아니기 때문에 손목에 줄로 매달아야 하는 것. 그 줄은 손목을 필사적으로 잡고 매달리는 작은 팔 같다. 당신이 받은 것은 시계가 시계 노릇을 할 수 있도록 매일 태엽을 감아야 할 필요와 의무다. 당신이 받은 것은 보석상 진열창, 라디오 광고, 소리가 나는 벽시계를 볼 때마다 시간이 맞는지 확인하지 않고는 못 배기는 강박증이다. 당신은 시계를 잃어버리거나 도난당할지 모른다는 두려움, 떨어뜨리거나 깨뜨릴지 모른다는 두려움을 선물받는다. 당신은 그 시계의 브랜드를, 그 브랜드가 다른 브랜드보다 우수하다는 보장을, 그리고 그 시계를 다른 시계들과 비교해보고 싶은 유혹을 선물받는다. 당신이 시계를 선물받은 게 아니다. 선물은 당신이다. 시계의 생일을 기념하여 당신을 선물한 것이다.[1]

하지만 코르타사르의 문장은 오늘날 우리 사회에서 행복이 무엇이 되었는가를 이해하는 데에도 도움이 된다. 확실히 이제 행복은 강박, 역효과를 내는 선물이 되었다. 프로메테우스가 인간에게 선물한 올림포스의 불처럼, 행복은 사심 없는 하얀 가운의 연구자들이 오직 인류를 해방할 목적으로 찾아낸 보물이다. 시계를 찬 사람이 사실은 시계, 다시 말해 시간에게 주어진 선물인 것처럼 행복을 찾아 나서는 사람이 실제로는 행복의 지배를 받는다. 우리가 행복을 위해 하는 일은 주로 행복의 진리를 알고 그 진리를 전할 수 있다고 주장하는 이들에게 득이 된다. 오늘날 행복을 추구한다는 것은 뭐니 뭐니 해도 이 개념을 수익성 있는 시장, 산업, 소비 지상주의적 생활 양식으로서 공고히 한다는 뜻이다. 행복이 우리 삶을 지배하는 수단이라면 그 이유는 우리가 이 강박적 추구의 노예가 되어버렸기 때문이다. 행복이 우리에게, 우리 생의 명암과 복합성에, 우리의 애매한 생각들에 적응한 게 아니라 그 반대다.

되레 우리 쪽에서 이 소비 지상주의적 논리에 굽신거리고 들어갔다. 우리가 행복의 은폐된 이데올로기적이고 독재적인 요구에 동의해줬다. 우리가 그 편협하고 환원주의적이며 뭐든지 심리적으로만 보는 전제들을 주저하지도 않고 받아들였다. 행복 예찬자들이 부풀려놓은 기대를 감안한다면 이 깨달음이 어떤 이에게는 실망스럽다 못해 고통스러울 것이다. 그렇다고 이 문제를 자각하고 비판적 시각에서 검토하지 않는다면 소수의 영향력 있는 학자, 전문가, 업계 종사자가 시동을 건 행복의 거대한 기계를 그냥 지탱해주는 격이다.

우리는 행복학이 어떤 사람들에게는 도움이 된다고 기꺼이 인정한다. 행복학의 조언과 방법 중 일부는 실제로 좀 더 좋은 기분으로 살아가는 데 도움이 된다. 우리도 정말로 과학적인 시각을 취하기만 한다면 행복은 연구할 만한 가치가 있는 개념이라고 생각한다. 그러나 우리는 그 '전문가'들이 발견했노라 주장하는 행복이 당연한 최고선이라고 생각하지 않기에 이 책에서 문제시한 것이다. 오히려 행복은, 현재의 형태와 효용을 봐서는, 조직과 기관에 유용한 도구, 복종하는 노동자·군인·시민을 양성하기에 좋은 도구다. 우리 시대에 복종은 자아에 대한 계발 작업과 그 자아의 최적화라는 모양새를 취한다. 18~19세기에는 행복에 대한 요구가 위반의 냄새를 풍겼다. 그 후 역사의 간계는 행복을 작금의 권력에 봉사하는 도구로 만들었다.

행복학자들이 부단히 주장하듯이 행복이 그토록 명백한 것이라면 행복에 다가가는 데 전문가들이 필요하지 않을 것이다. 그리고 언젠가 이 분야의 앎이 정말로 필요해진다 해도, 행복은 너무 중요한 것이기에 이데올로기적 편견에 찌든 불확실하고 환원주의적인 학문에 맡길 수 없다. 이 학문은 시장에 대하여 자율적이지 않고, 기술관료 정치에 거리낌 없이 재활용되며, 기업과 군대와 신자유주의 교육 앞에 머리를 조아리기 바쁘다. 어떤 면을 보더라도 행복의 비결을 쥐고 있다고 주장하는 이들을 경계해야 할 이유를 찾을 수 있다. 우리는 이런 주장이 어디서 나왔고, 어떻게 만들어졌으며, 무엇을 위해 이용되는지 살펴보았다. 우리는 누가 이로써 득을 보고 어떤 이해관계가 이면에 숨어 있는지 보았다. 좀 더 근본적으로, 우리가 행복의 사도들을 경계해야 하는 이유는 훌륭한 인생의 열쇠를 주겠다는 그들의 줄기찬 약속에도 불구하고 그러한 열쇠는 아무 데도 없으며 앞으로도 없을 것이기 때문이다. 햄릿이 폴로니어스에게 외치는 대사처럼, 그들은 그저 "말, 말, 말"뿐이다. 지금까지 긍정심리학 임상가, 행복경제학자, 그 밖의 자기 계발 전문가에게 실제로 큰 도움을 받은 사람이 몇 명이나 되는지는 확실치 않지만 그러한 서비스 제공자들이 막대한 수입을 거두었고 지금도 거둬들이고 있음은 확실하다.

우리가 심리학적 비결 따위는 없다고 믿을 만한 이유 역시 충분하다. 물론, 우리는 심리학이 중대한 사회 현상을 이해하는 열쇠를 쥐고 있다는 말을 종종 듣는다. 가해자의 '심리를 꿰뚫어 봄으로써' 학대의 메커니즘을 이해할 수 있다든가, 성공한 사람의 '정신을 통찰함으로써' 성공의 동력을 파악한다든가, 그 밖에도 연애의 심리, 테러리스트의 심리, 성직자의 심리 등등을 알 수 있다고 말한다. 긍정심리학의 사도들도 마찬가지 방식으로 그들이 행복한 사람의 '머릿속에 들어감으로써' 행복을 이해할 수 있다고 주장한다. 심리학자들 일반, 특히 긍정심리학 신봉자들은 지치지도 않고 그들 자신의 이야기를 반복한다. 아마도 그들이 행한 과거의 남용, 그들 자신의 문화적 뿌리, 이데올로기적 부채에 관심을 두지 않기 위해서 그러는 듯하다.

긍정심리학의 지지자와 행복학자 들은 행복을 기술하는 것으로 만족하지 않는다. 그들은 행복을 만들어내고 처방까지 한다. 그들이 작성한 행복한 사람의 몽타주가 상당 부분 이상적인 신자유주의 시민의 초상과 일치한다는 것은 장님이 아닌 이상 누구라도 알 수 있다. 우리는 지금까지 이 같은 일치의 이유와 여기에 함축된 의미를 보여주었다. 물론, 사회과학이라고 해서 이데올로기와 경제의 영향력에 휘둘리지 않을 수는 없다. 그러나 행복학의 현장에서, 정치와 시장의 관계, 그 제도적 결합이 흰 종이 위의 잉크처럼 뚜렷이 눈에 띄는 이 분야에서, 그러한 영향력은 지구상의 그 어떤 분야보다 기승을 부리는 듯하다.

어떤 학문도 절대 오류가 없으라는 법은 없다. 그러나 행복의 연구자와 전문가 들은 자기네만은 예외라는 듯이 '혁명적인 발견', '반박할 수 없는 증거', '틀림없는 기정사실' 따위의 표현을 남발한다. 사실, 그들이 한 말이 전부 틀리지는 않았다. 문제는, 그들이

상식에 불과한 내용(그나마 이게 가장 좋은 경우이다)을 거창하고 으스대는 말로 포장해 떠들어댄다는 것이다. 그리고 이미 믿고 싶어 안달 난 사람들은 그런 말을 놀랄 만큼 쉽게 받아들인다. 행복 전문가들은 비판 정신이 부족한 일부 여론이 쏟는 이 관심에 완전히 취해서, 아무리 엄정하고 전문적인 비판에 부딪혀도 눈 하나 깜짝하지 않는다. 도무지 거리를 취할 줄 모르는 이 관심도 물론 이해는 간다. 우리가 보았듯이, 힘든 시기일수록 희망, 역량, 위로를 간절히 찾는 사람들이 많아진다. 그러나 행복은 희망이 아니요, 역량은 더더욱 아니다. 어쨌든 행복은 이 전문가들이 작당해서 만들어놓은 환원주의적·심리주의적·헤게모니적 시각이 절대로 아니다. 따라서 이런 유의 시각에 과감히 등을 돌리고 이 행복관을 떠받치는 위험한 생각들, 또한 이 행복관이 은근히 떠받치는 또 다른 이데올로기들이 무엇인지 아는 것이 중요하다. 실은 그 이데올로기들이 우리 시대를 힘들게 하는 요인이기도 하기 때문이다. 테리 이글턴이 말했던 것처럼, 우리에게 희망이 필요하다는 것은 분명하지만, 현재의 행복관에 수반되는 독재적이고 순응적이며 거의 종교를 방불케 하는 낙관주의는 눈곱만큼도 필요 없다.[2] 우리는 비판적 분석, 사회 정의, 가부장적이지 않은 정치에 기초한 희망을 필요로 한다. 그러한 희망은 우리에게 좋은 것을 우리 대신 선택해주지 않고, 고난을 막아주지는 않되 고립된 개인으로서가 아니라 함께하는 사회로서 고난에 대처하는 자세를 길러주고자 한다.

　내면의 성채는 우리가 우리 인생을 건설하고자 하는 장소가 아니다. 우리는 더 나은 나를 만들어야 한다는 자기중심적 강박 속에서 살기를 원치 않는다. 그런 강박은 과도한 자기 검열, 자기 단련의 한 방식에 지나지 않는다. 더 나은 우리 자신에 도달했다는 생각은 잠시 잠깐의 착각, 혹은 자기기만이다. 우리는 그런 신기루를 좇으면서 우리 자신을 소진시키고 싶지 않다. 우리는 사회 개선이 개인들의 자기 개선을 통해서만 가능하다는 주장의 노예가 되기를 거부한다. 우리는 우리 자신을 행복에 바치는 선물로 삼고 싶지 않고, 그렇게 되지도 않을 것이다.

그 반대를 선택하는 것, 부정적인 생각에 찌든 개인으로서 살기를 선택하는 것 또한 다다를 수 없는 목표를 좇는 일이기는 마찬가지다. 그것은 마치 제논의 역설에서 표적에 결코 닿지 못할 화살이 되는 것, 집단행동의 수립 자체를 의심스럽게 만드는 것이다.

여기서 마지막으로 눈여겨봐야 할 것은 부정적 감정의 중요성이다. 이미 말한 바와 같이, 사회 변화의 의지, 기성 질서에 대한 거부는 분노나 회한 같은 감정에 기대는 부분이 많다. 부정적 감정을 감추게끔 강요한다면 사실상 사회의 불편과 병폐를 느끼는 감정 구조 자체를 죄악시하고 그러한 감정을 수치스러운 것으로 깎아내리는 셈이다. 어떤 이들은 우리가 미미하기 짝이 없는 집단적 양심을 옹호하느라 묵묵히 노력하는 시민들의 수고를 간과하고 있다고 쏘아붙일 것이다. 또 어떤 이들은 경험론의 시각에서 행복은 인간이 추구해서 얻을 가능성이 있는 유일한 선(善)이고 오늘날 실제로 성취되었다고 주장할지도 모른다. 우리는 그러한 주장에 대하여 철학자 로버트 노직이 1974년에 발표한, 저 유명한 공리주의에 대한 반박[3]을 그대로 들려주고 싶다. 하버드 대학 교수이기도 했던 로버트 노직은 무정부주의적 감성의 철학자였다. 그는 독자들에게 아주 특이한 사고 실험을 제안했다. 어떤 사람의 두뇌 신경을 자극해서 그 사람이 원하는 쾌감을 제공하는 기계(일명 '경험 기계')가 있다고 치자. 그리고 그 사람이 그 기계를 이용하여 항상 자기가 바라는 삶을 살고 있다고 철석같이 믿는다 치자. 노직은 이 지점에서 다음과 같은 질문을 던진다. 과연 그 기계에 의지한 가상적 삶이 그보다 당연히 덜 즐거운 실제 삶보다 바랄 만한 것인가? 이 질문에 대한 답변은 그 어느 때보다 지금 이 시대에, 특히 행복학 헤게모니가 (그리고 가상 현실 기술이) 확대되어가는 이 시점에서 시사하는 바가 크다. 우리의 대답은 노직의 대답과 비슷하다. 행복의 추구와 쾌락은 앎의 추구와 현실을 결코 이길 수 없다. 눈 가리고 아웅하기가 비판 정신을, 우리 자신과 우리를 둘러싼 세계에 대한 성찰을 이길 수 없다. 현재 우리의 주체성을 통제하려 드는 행복 산업은 일찍이 헉슬리가 소설에 등장시켰고 노직이 사고 실험의 예로 들었던 '경험 기계'와 다르지 않다. 이 행복 산업은 삶을 구성하는 조건들을 파악하는 능력을 교란하고 흐려놓을 뿐만 아니라, 그러한 능력을 부적절한 것으로 만들어버린다. 삶을 혁신하는 도덕적 목표로 남아야 하는 것은 행복이 아니라 정의와 앎이다.

감사의 글

이 책은 여러 기관, 여러 사람의 지적 창의성과 관대한 정신에서 나왔다.

가장 먼저 이 프로젝트의 실현과 완성에 결정적 도움을 주었던 파리 시앙스에레트르(Paris Sciences et Lettres) 연구대학에 감사를 표한다. 저자 중 한 명에게 지급된 이 기관의 우수 연구 지원금은 상업성과 동떨어진 학술 연구도 계속되어야 할 필요성을 잘 보여준다. 에바 일루즈에게 회복 탄력성이라는 주제의 기고문을 맨 처음 청탁한 《르 몽드》의 저널리스트 니콜라 베유, 그 글을 게재한 《르 몽드》 '논쟁' 섹션 담당 니콜라 트뤼옹에게 감사한다. 그리고 무엇보다 그 기고문이 한 권의 책으로 발전해야 할 이유와 방법을 찾아준 아멜리 프티에게 고마움을 전한다. 그녀의 놀라운 통찰력이 없었더라면 이 책은 결코 나오지 못했을 것이다.

긍정적 감정과 행복의 추구를 굳이 프로젝트로 삼을 필요가 없게 만드는 모든 이에게 감사한다.

미주

들어가는 글

1 Edgar Cabanas, '"Psytizens", or the Construction of Happy Individuals in Neoliberal Societies', in Eva Illouz (dir.), *Emotions as Commodities: Capitalism, Consumption and Authenticity*, London and New York, Routledge, 2018, p. 173-196.

2 Thomas Piketty, Emmanuel Saez and Gabriel Zucman, *Distributional National Accounts: Methods and Estimates for the United States*, National Bureau of Economic Research document de travail No. 22945, December 2016 〈https://doi.org/10.3386/w22945〉.

3 Jonathan J. B. Mijs, 'Visualizing Belief in Meritocracy, 1930-2010', *Socius: Sociological Research for a Dynamic World*, 4 (2018) 〈https://doi.org/10.1177/2378023118811805〉.

4 Eva Illouz, *Oprah Winfrey and the Glamour of Misery: An Essay on Popular Culture*, New York, Columbia University Press, 2003.

5 〈http://www.margaretthatcher.org/document/104475〉

6 Eva Illouz (dir.), *Emotions as Commodities: Capitalism, Consumption and Authenticity*, London and New York, Routledge, 2018.

7 Barbara Ehrenreich, *Smile or Die: How Positive Thinking Fooled America and the World*, London, Granta Books, 2009.

8 Barbara S. Held, 'The Tyranny of the Positive Attitude in America:

Observation and Speculation' in *Journal of Clinical Psychology*, 58.9 (2002), p. 965–991 〈https://doi.org/10.1002/jclp.10093〉.

9　Sam Binkley, *Happiness as Enterprise: An Essay on Neoliberal Life*, New York, Sunny Press, 2014.

10　William Davies, *The Happiness Industry: How the Government and Big Business Sold Us Well-Being*, London and New York, Verso, 2015.

11　Carl Cederström and André Spicer, *The Wellness Syndrome*, Cambridge, Polity, 2015.

12　Eva Illouz, *Saving the Modern Soul: Therapy, Emotions, and the Culture of Self-Help*, Berkeley and Los Angeles, University of California Press, 2008 ; Eva Illouz, *Cold Intimacies: The Making of Emotional Capitalism*, Cambridge, Polity, 2007 ; Illouz, *Oprah Winfrey and the Glamour of Misery* ; Edgar Cabanas and Eva Illouz, 'The Making of a "Happy Worker": Positive Psychology in Neoliberal Organizations', in Allison Pugh (dir.), *Beyond the Cubicle: Insecurity Culture and the Flexible Self*, New York, Oxford University Press, 2017, p. 25–50 ; Edgar Cabanas and Eva Illouz, 'Fit Fürs Gluck: Positive Psychologie und ihr Einfluss auf die Identität von Arbeitskräften in Neoliberalen Organisationen', *Verhaltenstherapie & Psychosoziale Praxis*, 47.3 (2015), p. 563–578 ; Edgar Cabanas, 'Rekindling Individualism, Consuming Emotions: Constructing "Psytizens" in the Age of Happiness', *Culture & Psychology*, 22.3 (2016), p. 467–480 〈https://doi.org/10.1177/1354067X16655459〉 ; Edgar Cabanas and José Carlos Sánchez-González, 'Inverting the Pyramid of Needs: Positive Psychology's New Order for Labor Success', *Psicothema*, 28.2 (2016), p. 107–113 〈https://doi.org/10.7334/psicothema2015.267〉 ; Cabanas, '"Psytizens", or the Construction of Happy Individuals' ; Edgar Cabanas, 'Positive Psychology and the Legitimation of Individualism', *Theory & Psychology*, 28.1 (2018), p. 3–19 〈https://doi.org/10.1177/0959354317747988〉 ; Illouz, *Emotions as Commodities*. 저자들은 이 출처에서 일부 문단과 문장을 이 책에 부분적으로 가져왔음을 밝혀두고 싶다.

제1장　전문가들이 여러분을 보살펴줍니다

1　Martin E. P. Seligman, *Authentic Happiness: Using the New Positive*

Psychology to Realize Your Potential for Lasting Fulfillment, New York, Free Press, 2002. p. 25.

2 〈http://www.apa.org/about/apa/archives/apa-history.aspx〉

3 Seligman, *Authentic Happiness*.

4 ibid., p. 25.

5 ibid., p. 28.

6 ibid., p. 28.

7 Martin E. P. Seligman and Mihaly Csikszentmihalyi, 'Positive Psychology: An Introduction', *American Psychologist*, 55 (2000), p. 5-14 〈https://doi.org/10.1177/0022167801411002〉, p. 6.

8 Seligman, *Flourish: A New Understanding of Happiness and Well-Being - and How to Achieve Them*, London, Nicholas Brealey Publishing, 2011, p. 75

9 Seligman and Csikszentmihalyi, 'Positive Psychology: An Introduction', p. 8.

10 Kristján Kristjánsson, 'Positive Psychology and Positive Education: Old Wine in New Bottles?', *Educational Psychologist*, 47.2 (2012), p. 86-105 〈http://doi.org/10.1080/00461520.2011.610678〉 ; Roberto García, Edgar Cabanas and José Carlos Loredo, 'La Cura Mental de Phineas P. Quimby y el Origen de la Psicoterapia Moderna', *Revista de historia de la psicología*, 36.1 (2015), p. 135-154 ; Dana Becker and Jeanne Marecek, 'Positive Psychology: History in the Remaking?', *Theory & Psychology*, 18.5 (2008), p. 591-604 〈http://doi.org/10.1177/0959354308093397〉 ; Eugene Taylor, 'Positive Psychology and Humanistic Psychology: A Reply to Seligman', *Journal of Humanistic Psychology*, 41 (2001), p. 13-29 〈http://doi.org/10.1177/0022167801411003〉.

11 Seligman and Csikszentmihalyi, 'Positive Psychology: An Introduction', p. 13.

12 Martin E. P. Seligman and Mihaly Csikszentmihalyi, '"Positive Psychology: An Introduction": Reply', *American Psychologist*, 56 (2001), p. 89-90 〈https://doi.org/10.1037/0003-066X.56.1.89〉, p. 90.

13 Martin E. P. Seligman, *Learned Optimism: How to Change Your Mind and Your Life*, New York, Pocket Books, 1990, p. 291.

14 Seligman and Csikszentmihalyi, 'Positive Psychology: An Introduction', p. 6.

15 Ibid., p. 13.

16 Seligman, *Flourish*, p. 7.

17 C. R. Snyder et al., 'The Future of Positive Psychology: A Declaration of Independence', in C. R. Snyder and S. J. Lopez (dir.), *Handbook of Positive Psychology*, New York, Oxford University Press, 2002, p. 751-767, p. 752. (기울임체는 원저자의 강조)

18 Martin E. P. Seligman, 'Building Resilience', *Harvard Business Review*, April 2011 〈https://hbr.org/2011/04/building-resilience〉, para. 7.

19 Bruce E. Levine, 'Psychologists Profit on Unending U.S. Wars by Teaching Positive Thinking to Soldiers', *Huffpost*, 22 July 2010 〈http://www.huffingtonpost.com/bruce-e-levine/psychologists-profit-on-u_b_655400.html?guccounter=1〉.

20 Christopher Peterson and Martin E. P. Seligman, *Character Strengths and Virtues: A Handbook and Classification*, New York, Oxford University Press, 2004, p. 4.

21 Ibid., p. 5.

22 Ibid., p. 6.

23 Ryan M. Niemiec, 'VIA Character Strengths: Research and Practice(The First 10 Years)', in H. H. Knoop and A. D. Fave (dir.), *Well-Being and Cultures: Perspective from Positive Psychology*, Dordrecht and Heidelberg, Springer Netherlands, 2013, p. 11-29 〈https://doi.org/10.1007/978-94-007-4611-4_2〉.

24 Gabriel Schui and Günter Krampen, 'Bibliometric Analyses on the Emergence and Present Growth of Positive Psychology', *Applied Psychology: Health and Well-Being*, 2.1 (2010), p. 52-64 〈https://doi.org/10.1111/j.1758-0854.2009.01022.x〉 ; Reuben D. Rusk and Lea E. Waters, 'Tracing the Size, Reach, Impact, and Breadth of Positive Psychology', *The Journal of Positive Psychology*, 8.3 (2013), p. 207-221. 〈https://doi.org/10.1080/17439760.2013.777766〉.

25 Pierre Bourdieu, *La Distinction: Critique sociale du jugement*, Paris, Minuit, coll. 'Le Sens commun', 1979 and 1982.

26 Ehrenreich, *Smile or Die*.

27 Elaine Swan, *Worked Up Selves: Personal Development Workers, Self-Work and Therapeutic Cultures*, New York, Palgrave Macmillan, 2010, p. 4.

28 Seligman, *Flourish*, p. 1.

29 〈https://coachfederation.org/app/uploads/2017/12/2016ICFGlobalCoachingStudy_ExecutiveSummary-2.pdf〉

30 Martin E. P. Seligman, 'Coaching and Positive Psychology', *Australian*

Psychologist, 42.4 (2007), p. 266-267, p. 266.

31 Seligman, *Flourish*, p. 70.

32 Ibid., p. 1-2.

33 George A. Miller, 'The Constitutive Problem of Psychology', in S. Koch and D. E. Leary (dir.), *A Century of Psychology as Science*, Washington DC, American Psychological Association, 1985, p. 40-59 〈https://doi.org/10.1037/10117-021〉.

34 Henry James, 'The Novels of George Eliot', *The Atlantic Monthly*, 18 (1866), p. 479-492 〈https://unz.org/Pub/AtlanticMonthly-1866oct-00479〉.

35 J. C. Christopher, F. C. Richardson and B. D. Slife, 'Thinking through Positive Psychology', *Theory & Psychology*, 18.5 (2008), p. 555-561 〈https://doi.org/10.1177/0959354308093395〉 ; J. C. Christopher et S. Hickinbottom, 'Positive Psychology, Ethnocentrism, and the Disguised Ideology of Individualism', *Theory & Psychology*, 18.5 (2008), p. 563-589 〈https://doi.org/10.1177/0959354308093396〉.

36 B. D. Slife and F. C. Richardson, 'Problematic Ontological Underpinnings of Positive Psychology: A Strong Relational Alternative', *Theory & Psychology*, 18.5 (2008), p. 699-723 〈https://doi.org/10.1177/0959354308093403〉 ; Alistair Miller, 'A Critique of Positive Psychology – or "the New Science of Happiness"', *Journal of Philosophy of Education*, 42 (2008), p. 591-608 〈https://doi.org/10.1111/j.1467-9752.2008.00646.x〉 ; Richard S. Lazarus, 'Author's Response: The Lazarus Manifesto for Positive Psychology and Psychology in General', *Psychological Inquiry*, 14.2 (2003), p. 173-189 〈https://doi.org/10.1207/S15327965PLI1402_04〉 ; Id., 'Does the Positive Psychology Movement Have Legs?', *Psychological Inquiry*, 14.2 (2003), p. 93-109 〈https://doi.org/10.1207/S15327965PLI1402_02〉.

37 James K. McNulty and Frank D. Fincham, 'Beyond Positive Psychology? Toward a Contextual View of Psychological Processes and Well-Being', *American Psychologist*, 67.2 (2012), p. 101-110 〈https://doi.org/10.1037/a0024572〉 ; Erik Angner, 'Is It Possible to Measure Happiness?', *European Journal for Philosophy of Science*, 3.2 (2013), p. 221-240.

38 Myriam Mongrain and Tracy Anselmo-Matthews, 'Do Positive Psychology Exercises Work? A Replication of Seligman et al.', *Journal of Clinical Psychology*, 68 (2012), p. 382-389 〈https://doi.org/10.1002/

jclp.21839⟩.

39 James C. Coyne and Howard Tennen, 'Positive Psychology in Cancer
    Care: Bad Science, Exaggerated Claims, and Unproven Medicine', *Annals
    of Behavioral Medicine*, 39.1 (2010), p. 16-26 ⟨https://doi.org/10.1007/
    s12160-009-9154-z⟩.

40 Marino Pérez-Álvarez, 'The Science of Happiness: As Felicitous as It
    Is Fallacious', *Journal of Theoretical and Philosophical Psychology*, 36.1
    (2016), p. 1-19 ⟨https://doi.org/10.1037/teo0000030⟩; Luis Fernández-
    Ríos and Mercedes Novo, 'Positive Pychology: Zeigeist (or Spirit of
    the Times) or Ignorance (or Disinformation) of History?', *International
    Journal of Clinical and Health Psychology*, 12.2 (2012), p. 333-344.

41 Ruth Whippman, 'Why Governments Should Stay Out of the Happiness
    Business', *Huffington Post*, 24 March 2016 ⟨https://www.huffingtonpost.
    com/ruth-whippman/why-governments-should-st_b_9534232.html⟩.

42 Richard Layard, 'Happiness: Has Social Science a Clue? Lecture 1: What
    Is Happiness? Are We Getting Happier?', in *Lionel Robbins Memorial
    Lecture Series*, London, London School of Economics and Political
    Science, 2003 ⟨https://eprints.lse.ac.uk/47425/⟩.

43 Id., 'Happiness and Public Policy: A Challenge to the Profession', *The
    Economic Journal*, 116.510 (2006), p. C24-33 ⟨https://doi.org/10.1111/
    j.1468-0297.2006.01073.x⟩. p. C24.

44 Richard A. Easterlin, 'Does Economic Growth Improve the Human
    Lot? Some Empirical Evidence', in P. A. David and M. V. Reder (dir.),
    *Nations and Households in Economic Growth: Essays in Honor of Moses
    Abramovitz*, New York, Academic Press, 1974, p. 89-125, p. 118.

45 Amos Tversky and Daniel Kahneman, 'The Framing of Decisions and
    the Psychology of Choice', *Science*, 211.4481 (1981), p. 453-458 ⟨https://
    doi.org/10.1126/science.7455683⟩; Tversky and Kahneman, 'Judgment
    under Uncertainty: Heuristics and Biases', *Science*, 185.4157 (1974), p.
    1124-1131 ⟨https://doi.org/10.1126/science.185.4157.1124⟩.

46 Ed Diener, E. Sandvik and W. Pavot, 'Happiness Is the Frequency,
    Not the Intensity, of Positive versus Negative Affect', in F. Strack, M.
    Argyle and N. Schwarz (dir.), *Subjective Well-Being: An Inter-Disciplinary
    Perspective*, Oxford, Pergamon Press, 1991, p. 119-139, ⟨https://doi.
    org/10.1007/978-90-481-2354-4_10⟩, p. 119.

47 Daniel Kahneman, Ed Diener and Norbert Schwarz (dir.), *Well-Being:*

The *Foundations of Hedonic Psychology*, New York, Russell Sage Foundation, 1999.

48 Richard Layard and David M. Clark, *Thrive: The Power of Psychological Therapy*, London, Penguin, 2015.

49 Binkley, *Happiness as Enterprise*.

50 Naomi Klein, *The Shock Doctrine: The Rise of Disaster Capitalism* (New York, Picador, 2008).

51 OCDE, *OECD Guidelines on Measuring Subjective Well-Being*, Paris, OECD Publishing, 2013, 〈https://doi.org/10.1787/9789264191655-en〉, p. 3.

52 Layard, 'Happiness: Has Social Science a Clue?'.

53 Id., *Happiness: Lessons from a New Science*, London, Allen, 2005, p. 112-113. (기울임체는 인용자들의 강조)

54 Derek Bok, *The Politics of Happiness: What Government Can Learn from the New Research on Well-Being*, Princeton, Princeton University Press, 2010, p. 204.

55 Thomas H. Davenport and D. J. Patil, 'Data Scientist. The Sexiest Job of the 21st Century', *Harvard Business Review*, October 2012 〈http://hbr.org/2012/10/datascientist-the-sexiest-job-of-the-21st-century/〉.

56 A. D. I. Kramer, J. E. Guillory and J. T. Hancock, 'Experimental Evidence of Massive-Scale Emotional Contagion through Social Networks', *Proceedings of the National Academy of Sciences*, 111.24 (2014), p. 8788-8790 〈https://doi.org/10.1073/pnas.1320040111〉.

57 Sydney Lupkin, 'You Consented to Facebook's Social Experiment', *ABCNews*, 30 June 2014 〈https://abcnews.go.com/Health/consented-facebooks-social-experiment/story?id=24368579〉.

58 Robert Booth, 'Facebook Reveals News Feed Experiment to Control Emotions', *The Guardian*, 30 June 2014 〈https://www.theguardian.com/technology/2014/jun/29/facebook-users-emotions-news-feeds〉.

59 Wendy Nelson Espeland and Mitchell L. Stevens, 'A Sociology of Quantification', *European Journal of Sociology*, 49.3 (2008), p. 401-436.

60 Richard Layard and Gus O'Donell, 'How to Make Policy When Happiness Is the Goal', in J. F. Halliwell, R. Layard and J. Sachs (dir.), *World Happiness Report*, New York, Sustainable Development Solutions Network, 2015, p. 76-87, p. 77.

61 Kirstie McCrum, 'What Exactly Does Happiness Cost? A Mere £7.6 Million Say Britons', *Mirror*, 15 May 2015 〈https://www.mirror.co.uk/

news/uk-news/what-exactly-happiness-cost-mere-5702003⟩.

62 Gallup, *State of the American Workplace: Employee Engagement Insights for U.S. Business Leaders*, Washington DC, Gallup, 2013.

63 Luigino Bruni and Pier Luigi Porta, 'Introduction', in Bruni and Porta (dir.), *Handbook on the Economics of Happiness*, Cheltenham, Edward Elgar, 2007, p. xi-xxxvii ; Bruno S. Frey and Alois Stutzer, *Happiness and Economics: How the Economy and Institutions Affect Human Well-Being*, Princeton, Princeton University Press, 2006.

64 Angner, 'Is It Possible to Measure Happiness?'

65 OECD, *OECD Guidelines on Measuring Subjective Well-Being*, p. 23.

66 Norbert Schwarz et al., 'The Psychology of Asking Questions', in E. de Leeuw, J. Hox and D. Dillman (dir.), *International Handbook of Survey Methodology*, New York, Taylor & Francis, 2008, p. 18-36.

67 I. Ponocny et al., 'Are Most People Happy? Exploring the Meaning of Subjective Well-Being Ratings', *Journal of Happiness Studies*, 17.6 (2015), p. 2635-2653 ⟨https://doi.org/10.1007/s10902-015-9710-0⟩, p. 2651.

68 Alejandro Adler and Martin E. P. Seligman, 'Using Wellbeing for Public Policy: Theory, Measurement, and Recommendations', *International Journal of Wellbeing*, 6.1 (2016), p. 1-35 ⟨https://doi.org/10.5502/ijw.v6i1.429⟩, p.14.

69 Ibid., p. 14.

70 Piketty, *Le Capital au xxie siècle*, Paris, Seuil, 2013 ; Joseph Stiglitz, *The Price of Inequality: How Today's Divided Society Endangers Our Future* (New York and London: W. W. Norton, 2013).

71 Jonathan Kelley and M. D. R. Evans, 'Societal Inequality and Individual Subjective Well-Being: Results from 68 Societies and over 200,000 Individuals, 1981-2008', *Social Science Research*, 62 (2017), p. 1-23, p. 33 ⟨https://doi.org/10.1016/j.ssresearch.2016.04.020⟩.

72 Ibid., p. 35. (기울임체는 인용자들의 강조)

73 Layard and O'Donell, 'How to Make Policy When Happiness Is the Goal', p. 79.

74 William Davies, *The Happiness Industry*.

75 Ashley Frawley, *Semiotics of Happiness: Rhethorical Beginnings of a Public Problem*, London and New York, Bloomsbury, 2015.

제2장 개인주의를 더욱 선명하게

1 Cabanas and Illouz, 'The Making of a "Happy Worker" ; Id., 'Fit fürs Gluck'.

2 Jason Read, 'A Genealogy of Homo-Economicus: Neoliberalism and the Production of Subjectivity', in *Foucault Studies*, 6 (2009), p. 25-36 ; David Harvey, *A Brief History of Neoliberalism*, New York, Oxford University Press, 2007.

3 Michèle Lamont, 'Toward a Comparative Sociology of Valuation and Evaluation', *Annual Review of Sociology*, 38.2 (2012), p. 1-21 〈https://doi. org/10.1146/annurev-soc-070308-120022〉.

4 Jean Baudrillard, *La Société de consommation: Ses mythes, ses structures*, Paris, Gallimard, Folio-Essais, 1986.

5 Ulrich Beck, *Risk Society: Towards a New Modernity*, London, SAGE, 2000 ; Luc Boltanski and Ève Chiapello, *Le Nouvel Esprit du capitalisme*, Paris, Gallimard, NRF-Essais, 1999, Tel, 2011.

6 Eva Illouz, *Why love Hurts: A Sociological Explanation*, Cambridge, Polity, 2012 ; Arlie Russell Hochschild, *The Managed Heart: Commercialization of Human Feeling*, Berkeley, University of California Press, 2003.

7 Illouz., *Saving the Modern Soul* ; Id., *Cold Intimacies*.

8 Axel Honneth, 'Organized Self-Realization: Some Paradoxes of Individualization', *European Journal of Social Theory*, 7.4 (2004), p. 463-478 〈https://doi.org/10.1177/1368431004046703〉.

9 Nicole Aschoff, *The New Prophets of Capitalism*, London, Verso, 2015, p. 87.

10 Sara Ahmed, *The Promise of Happiness*, Durham, NC, Duke University Press, 2010.

11 Gilles Lipovetsky, *L'Ère du vide: Essais sur l'individualisme contemporain*, Paris, Gallimard, 1983.

12 Michel Foucault, *Naissance de la biopolitique. Cours au Collège de France. 1978-1979*, Paris, EHESS-Gallimard-Seuil, 2004 ; Ulrich Beck and Elisabeth Beck-Gernsheim, *Individualization: Institutionalized Individualism and Its Social and Political Consequences*, London, SAGE, 2002 ; Anthony Giddens, *Modernity and Self-Identity*, Cambridge, Polity, 1991 ; Martin Hartmann and Axel Honneth, 'Paradoxes of Capitalism', *Constellations*, 2006 〈http://onlinelibrary.wiley.com/doi/10.1111/j.1351-

0487.2006.00439.x/full⟩.

Eduardo Crespo and José Celio Freire, 'La Atribucíon de Responsabilidad: De la Cognición al Sujeto', *Psicologia e Sociedade*, 26.2 (2014), p. 271–279.

Kenneth McLaughlin, 'Psychologization and the Construction of the Political Subject as Vulnerable Object', *Annual Review of Critical Psychology*, 8 (2010), p. 63–79.

Cabanas, 'Rekindling Individualism'.

Foucault, *Naissance de la biopolitique*, 2004.

Held, 'The Tyranny of the Positive Attitude' ; Ehrenreich, *Smile or Die* ; Binkley, *Happiness as Enterprise* ; Davies, *The Happiness Industry* ; Cederström and Spicer, *The Wellness Syndrome*.

F. C. Richardson and C. B. Guignon, 'Positive Psychology and Philosophy of Social Science', *Theory & Psychology*, 18.5, (2008), p. 605–627 ⟨https://doi.org/10.1177/0959354308093398⟩ ; Christopher and Hickinbottom, 'Positive Psychology, Ethnocentrism, and the Disguised Ideology of Individualism' ; Christopher, Richardson and Slife, 'Thinking through Positive Psychology' ; Becker and Marecek, 'Positive Psychology' ; Louise Sundararajan, 'Happiness Donut: A Confucian Critique of Positive Psychology', *Journal of Theoretical and Philosophical Psychology*, 25.1 (2005), p. 35–60 ; Sam Binkley, 'Psychological Life as Enterprise: Social Practice and the Government of Neo-Liberal Interiority', *History of the Human Sciences*, 24.3 (2011), p. 83–102 ⟨https://doi.org/10.1177/0952695111412877⟩ ; Jeff Sugarman, 'Neoliberalism and Psychological Ethics', *Journal of Theoretical and Philosophical Psychology*, 35.2 (2015), ⟨https://doi.org/10.1037/a0038960⟩. p. 103–116 ; Ehrenreich, *Smile or Die* ; Binkley, *Happiness as Enterprise*.

Edgar Cabanas, 'Rekindling Individualism, Consuming Emotions' ; Id., 'Positive Psychology and the Legitimation of Individualism'.

Nikolas Rose, *Inventing Our Selves: Psychology, Power and Personhood*, London, Cambridge University Press, 1998 ; Ron Roberts, *Psychology and Capitalism: The Manipulation of Mind*, Alresford, Zero Books, 2015.

Seligman, *Authentic Happiness*, p. 303.

Ibid., p. 303.

Sundararajan, 'Happiness Donut' ; Ahmed, *Promise of Happiness*.

Seligman, *Authentic Happiness*, p. 129.

25 Cabanas, 'Positive Psychology and the Legitimation of Individualism'.

26 William Tov and Ed Diener, 'Culture and Subjective Well-Being', in E. Diener (dir.), *Culture and Well-Being: The Collected Works of Ed Diener*, London and New York, Springer, 2009, p. 9-42 ; Ruut Veenhoven, 'Quality-of-Life in Individualistic Society', *Social Indicators Research*, 48.2 (1999), p. 159-188 ; Id., 'Life Is Getting Better: Societal Evolution and Fit with Human Nature', *Social Indicators Research*, 97.1 (2010), p. 105-122 〈https://doi.org/10.1007/s11205-009-9556-0〉 ; Seligman, *Flourish* ; William Tov and Ed Diener, 'The Well-Being of Nations: Linking Together Trust, Cooperation, and Democracy', in E. Diener (dir.), *The Science of Well-Being: The Collected Works of Ed Diener*, London and New York, Springer, 2009, p. 155-173 ; Ed Diener, 'Subjective Well-Being: The Science of Happiness and a Proposal for a National Index', *American Psychologist*, 55 (2000), p. 34-43.

27 Robert Biswas-Diener, Joar Vitterso and Ed Diener, 'Most People Are Pretty Happy, but There Is Cultural Variation: The Inughuit, the Amish, and the Maasai', in E. Diener (dir.), *Culture and Well-Being*, p. 245-260 ; Ed Diener, 'Introduction-The Science of Well-Being: Reviews and Theoretical Articles by Ed Diener', in E. Diener (dir.), *The Science of Well-Being*, p. 1-10 ; Ulrich Schimmack, Shigehiro Oishi and Ed Diener, 'Individualism: A Valid and Important Dimension of Cultural Differences Between Nations', *Personality and Social Psychology Review*, 9.1 (2005), p. 17-31 〈https://doi.org/10.1207/s15327957pspr0901_2〉 ; Tov and Diener, 'Culture and Subjective Well-Being'.

28 Ed Diener, Marissa Diener and Carol Diener, 'Factors Predicting the Subjective Well-Being of Nations', in E. Diener (dir.), Culture and Well-Being, p. 43-70, p. 67.

29 Ed Diener and Martin E. P. Seligman, 'Very Happy People', *Psychological Science*, 13 (2002), 81-84 〈https://doi.org/10.1111/1467-9280.00415〉 ; Seligman, *Flourish* ; Veenhoven, 'Quality-of-Life in Individualistic Socieoty' ; Veenhoven, 'Life Is Getting Better', p.120.

30 Shigehiro Oishi, 'Goals as Cornerstones of Subjective Well-Being', in E. Diener and E. M. Suh (dir.), *Culture and Subjective Well-Being*, Cambridge MA, MIT Press, 2000, p. 87-112.

31 Liza G. Steele and Scott M. Lynch, 'The Pursuit of Happiness in China: Individualism, Collectivism, and Subjective Well-Being During China's

Economic and Social Transformation', *Social Indicators Research*, 114.2 (2013), p. 441-451 〈https://doi.org/10.1007/s11205-012-0154-1〉.

32 Aaron C. Ahuvia, 'Individualism/Collectivism and Cultures of Happiness: A Theoretical Conjecture on the Relationship between Consumption, Culture and Subjective Well-Being at the National Level', *Journal of Happiness Studies*, 3.1 (2002), p. 23-36 〈https://doi.org/10.1023/A:1015682121103〉.

33 Ronald Fischer and Diana Boer, 'What Is More Important for National Well-Being : Money or Autonomy? A Meta-Analysis of Well-Being, Burnout, and Anxiety across 63 Societies', *Journal of Personality and Social Psychology*, 101.1 (2011), p. 164-184 〈https://doi.org/10.1037/a0023663〉, p. 164.

34 Navjot Bhullar, Nicola S. Schutte and John M. Malouff, 'Associations of Individualistic-Collectivistic Orientations with Emotional Intelligence, Mental Health, and Satisfaction with Life: A Tale of Two Countries', *Individual Differences Research*, 10.3 (2012), p. 165-175 ; Ki-Hoon Jun, 'Re-Exploration of Subjective Well-Being Determinants: Full-Model Approach with Extended Cross-Contextual Analysis', *International Journal of Wellbeing*, 5.4 (2015), p. 17-59 〈https://doi.org/10.5502/ijw.v5i4.405〉.

35 William Pavot and and Diener, 'The Satisfaction With Life Scale and the Emerging Construct of Life Satisfaction', *The Journal of Positive Psychology*, 3.2 (2008), p. 137-152 〈https://doi.org/10.1080/17439760701756946〉 ; Ed Diener, Robert A. Emmons et al., 'The Satisfaction With Life Scale', *Journal of Personality Assessment*, 49.1 (1985), p. 71-75 〈https://doi.org/10.1207/s15327752jpa4901_13〉.

36 Seligman, *Authentic Happiness*.

37 Ibid., p. 58.

38 Ibid., p. 55.

39 Ibid., p. 50.

40 Sonja Lyubomirsky, *The How of Happiness: A Scientific Approach to Getting the Life You Want*. p. 22. (기울임체는 원저자의 강조)

41 Ehrenreich, *Smile or Die*, p. 172.

42 Layard, *Happiness: Lessons from a New Science*.

43 Id., 'Happiness: Has Social Science a Clue?'.

44 D. Kahneman and A. Deaton, 'High Income Improves Evaluation of Life

but Not Emotional Well-Being', *Proceedings of the National Academy of Sciences*, 107.38 (2010), p. 16489-16493 〈https://doi.org/10.1073/pnas.1011492107〉.

45 Betsey Stevenson and Justin Wolfers, 'Subjective Well-Being and Income: Is There Any Evidence of Satiation?', *American Economic Review*, 103.3 (2013), p. 598-604 〈https://doi.org/10.3386/w18992〉, p. 604.

46 Id., 'Economic Growth and Subjective Well-Being: Reassessing the Easterlin Paradox', *Brookings Papers on Economic Activity*, 39.1 (2008), p. 1-102, p. 2.

47 Ibid., p. 2.

48 Dana Becker and Jeanne Marecek, 'Dreaming the American Dream: Individualism and Positive Psychology', *Social and Personality Psychology Compass*, 2.5 (2008), p. 1767-1780 〈https://doi.org/10.1111/j.1751-9004.2008.00139.x〉, p. 1771.

49 Lyubomirsky, *The How of Happiness*. p. 21.

50 Carmelo Vázquez, 'El bienestar de Las Naciones', in Carmelo Vázquez and Gonzalo Hervás (dir.), *La Ciencia Del Bienestar: Fundamentos de Una Psicología Positiva*, Madrid, Alianza Editorial, 2009, p. 75-102, p. 131.

51 Seligman, *Authentic Happiness*.

52 Jason Mannino, 'How To Care for Yourself in Times of Crisis', *Huffpost*, 17 November 2011 〈https://www.huffingtonpost.com/jason-mannino/how-to-care-for-yourself_b_170438.html〉.

53 Heinrich Geiselberger, ed., *The Great Regression*, Cambridge, Polity Press, 2017.

54 Christopher Lasch, *The Minimal Self: Psychic Survival in Troubled Times*, New York and London, W.W. Norton, 1984, p.174.

55 Isaiah Berlin, *Four Essays on Liberty*, Oxford, Oxford University Press, 1968, p. 139.

56 Jack M. Barbalet, *Emotion, Social Theory, and Social Structure: A Macrosociological Approach*, Cambridge, Cambridge University Press, 2004, p. 174.

57 2008년부터 전 세계를 휩쓴 생존 제일주의는 이러한 현상의 극단적 표현이지만 시사하는 바가 많다. 생존 제일주의는 극도의 개인주의적 사고방식을 요구한다. 여기서 중요한 것은 언제 최악의 사태가 일어날지 모르는 붕괴 일로의 세상에서 자급자족하며 홀로 살아남는 것이다. 이러한 세계관은 그리 새

롭지 않지만 지난 10여 년간 엄청난 상승세를 타고, 현재 점점 힘을 얻고 있는 산업이 설파하는 라이프스타일이 되기에 이르렀다(Neil Howe, 'How Millennials Are Reshaping the Survivalism Industry', *Financial Sense*, 12 December 2016 〈https://www.financialsense.com/neil-howe/how-millennials-reshaping-survivalism-industry〉). 텔레비전의 서바이벌 방송 프로그램, 생존 제일주의 자조를 주제로 하는 영화와 책이 2008년 이후로 점점 더 큰 성공을 거두고 있다. 가령 《본 서바이버》 같은 텔레비전 방송 프로그램은 세계에서 가장 많은 사람(12억 명)이 시청한 방송 중 하나다. 좀비 영화와 생존 영화도 2010년 이후로 1990년대의 4배 수준으로 성장했다(Zachary Crockett and Javier Zarracina, 'How the Zombie Represents America's Deepest Fears', *Vox*, 31 October 2016 〈https://www.vox.com/policy-and-politics/2016/10/31/13440402/zombie-political-history〉). 대니얼 니어링과 그 동료들은 생존 제일주의가 어떤 식으로, 어느 정도까지 최근 몇 년간 자조 문학의 중심 주제가 되었는지 상세하게 분석했다. 그들은 생존 제일주의 자조가 그 자체로 독자적인 장르를 이루고 개인주의적 시각을 제시한다고 본다. 그리고 이 개인주의적 시각은 자아실현, 내향성, '사회적 압력과 타협하고 거기서 살아남거나 그러한 압력을 피하는 전략'을 써서 자신의 꿈을 실현해야 할 필요를 특히 강조한다(Daniel Nehring et al., *Transnational Popular Psychology and the Global Self-Help Industry: The Politics of Contemporary Social Change*, New York, Palgrave Macmillan, 2016, p. 4).

58 Michèle Lamont, 'Trump's Triumph and Social Science Adrift… What Is to Be Done?', *American Sociological Association*, 2016, p. 8 〈https://www.asanet.org/trumps-triumph-and-social-science-adrift-what-be-done〉.

59 Illouz, *Saving the Modern Soul*, p. 2.

60 Cabanas, 'Positive Psychology and the Legitimation of Individualism'.

61 Emma Seppälä, 'Secrets of a Happier Life', *The Science of Happiness: New Discoveries for a More Joyful Life*, New York, TIME, 2016, p. 11-17, p.13.

62 Ellen Seidman, 'Fourteen Ways to Jump for Joy', Ibid., p. 34-41. p. 37.

63 Seppälä, 'Secrets of a Happier Life', p. 16.

64 Pickert, 'The Art of Being Present', Ibid., p. 71-79, p. 77.

65 Traci Pedersen, 'Mindfulness May Ease Depression, Stress in Poor Black Women', *PsychCentral*, 2016 〈https://psychcentral.com/news/2016/08/18/mindfulness-may-ease-depression-stress-in-poor-blac k-women/108727.html〉.

66 Olga R. Sanmartín, '"Mindfulness" en el albergue: Un consuelo para

los "sintecho"', *El Mundo*, 7 January 2016 〈https://www.elmundo.es/sociedad/2016/01/07/567d929a-46163fa0578b465d.html〉.

67 Cabanas, 'Positive Psychology and the Legitimation of Individualism'.

68 Jen Wieczner, 'Meditation Has Become A Billion-Dollar Business', *Fortune*, 12 March 2016 〈http://fortune.com/2016/03/12/meditation-mindfulness-apps/〉.

69 Miguel Farias and Catherine Wikholm, *The Buddah Pill: Can Meditation Change You?*, London, Watkins, 2015.

70 Cabanas, 'Positive Psychology and the Legitimation of Individualism'.

71 Ad Bergsma and Ruut Veenhoven, 'The Happiness of People with a Mental Disorder in Modern Society', *Psychology of Well-Being: Theory, Research and Practice*, 1.2 (2011), p. 1-6 〈https://doi.org/10.1186/2211-1522-1-2〉, p. 2.

72 Seligman, *Flourish* ; Veenhoven, 'Life Is Getting Better' ; Veenhoven, 'Quality-of-Life in Individualistic Society' ; Diener and Seligman, 'Very Happy People'.

73 Brandon H. Hidaka, 'Depression as a Disease of Modernity: Explanations for Increasing Prevalence', *Journal of Affective Disorders*, 140.3 (2012), p. 205-214 〈https://doi.org/10.1016/j.jad.2011.12.036〉 ; Ethan Watters, *Crazy Like Us: The Globalization of the American Psyche*, New York and London, Free Press, 2010 ; Richard Eckersley, 'Is Modern Western Culture a Health Hazard?', *International Journal of Epidemiology*, 35.2 (2005), p. 252-258 〈https://doi.org/10.1093/ije/dyi235〉 ; Allan Horwitz and Jerome C. Wakefield, 'The Age of Depression', *Public Interest*, 158 (2005), p. 39-58 ; Robert Whitaker, *Anatomy of an Epidemic: Magic Bullets, Psychiatric Drugs, and the Astonishing Rise of Mental Illness in America*, New York, Crown 2010 ; Lasch, *Minimal Self* ; James L. Nolan, Jr., *The Therapeutic State: Justifying Government at Century's End*, New York, New York University Press, 1998. ; Ann Cvetkovich, *Depression: A Public Feeling*, Durham NC, Duke University Press, 2012.

74 Robert D. Putnam, *Bowling Alone: The Collapse and Revival of American Community*, New York, Simon and Schuster, 2000.

75 Anushka Asthana, 'Loneliness Is a "Giant Evil" of Our Time, Says Jo Cox Commission', *The Guardian*, 10 December 2017 〈https://www.theguardian.com/society/2017/dec/10/loneliness-is-a-giant-evil-of-our-time-says-jo-cox-commission〉.

76 Peter Walker, 'May Appoints Minister to Tackle Loneliness Issues Raised by Jo Cox', *The Guardian*, 16 January 2018 〈https://www.theguardian.com/society/2018/jan/16/may-appoints-minister-tackle-loneliness-issues-raised-jo-cox〉.

77 Charles Taylor, *Sources of the Self: The Making of the Modern Identity*, Cambridge MA, Harvard University Press, 1989.

78 Ashis Nandy, *Regimes of Narcissism, Regimes of Despair*, New Delhi, Oxford University Press, 2013, p. 176.

79 Cederström and Spicer, *The Wellness Syndrome*；Frawley, *Semiotics of Happiness*；Barbara S. Held, 'The "Virtues" of Positive Psychology', *Journal of Theoretical and Philosophical Psychology*, 25.1 (2005), p. 1-34 〈https://doi.org/10.1037/h0091249〉；Alenka Zupančič, *The Odd One In*, Cambridge MA, MIT Press, 2008.

80 Illouz, *Saving the Modern Soul*.

81 Iris B. Mauss et al., 'Can Seeking Happiness Make People Unhappy? Paradoxical Effects of Valuing Happiness', *Emotion*, 11.4 (2011), p. 807-815 〈https://doi.org/10.1037/a0022010〉.

82 Paul Rose and Keith W. Campbell, 'Greatness Feels Good: A Telic Model of Narcissism and Subjective Well-Being', *Advances in Psychology Research*, 31 (2004), p. 3-26；Hillary C. Devlin et al., 'Not As Good as You Think? Trait Positive Emotion Is Associated with Increased Self-Reported Empathy but Decreased Empathic Performance', in M. Iacoboni (dir.), *PLoS ONE*, 9.10 (2014) e110470 〈https://doi.org/10.1371/journal.pone.0110470〉；Joseph P. Forgas, 'Don't Worry, Be Sad! On the Cognitive, Motivational, and Interpersonal Benefits of Negative Mood', *Current Directions in Psychological Science*, 22.3 (2013), p. 225-232 〈https://doi.org/10.1177/0963721412474458〉；Jessica L. Tracy and Richard W. Robins, 'The Psychological Structure of Pride: A Tale of Two Facets', *Journal of Personality and Social Psychology*, 92.3 (2007), p. 506-525 〈https://doi.org/10.1037/0022-3514.92.3.506〉.

83 Marino Pérez-Álvarez, 'Reflexividad, Escritura y Génesis del Sujeto Moderno', *Revista de Historia de la Psicología*, 36.1 (2015), p. 53-90.

84 Frawley, *Semiotics of Happiness*；Frank Furedi, 'From the Narrative of the Blitz to the Rhetoric of Vulnerability', *Cultural Sociology*, 1.2 (2007), p. 235-254 〈https://doi.org/10.1177/1749975507078189〉；Id., *Therapy Culture: Cultivating Vulnerability in an Uncertain Age*, London, Routledge,

2004.

85 Gilles Lipovetsky, *La Felicidad Paradójica*, Barcelona, Editorial Anagrama, 2007.

86 Robert A. Cummins and Helen Nistico, 'Maintaining Life Satisfaction: The Role of Positive Cognitive Bias', *Journal of Happiness Studies*, 3.1 (2002), p. 37-69 ⟨https://doi.org/10.1023/A:1015678915305⟩ ; Adrian J. Tomyn and Robert A. Cummins, 'Subjective Wellbeing and Homeostatically Protected Mood: Theory Validation With Adolescents', *Journal of Happiness Studies*, 12.5 (2011), p. 897-914 ⟨https://doi.org/10.1007/s10902-010-9235-5⟩.

87 Bergsma and Veenhoven, 'The Happiness of People with a Mental Disorder in Modern Society' ; Veenhoven, 'Life Is Getting Better'.

88 Vázquez, 'El Bienestar de las Naciones' ; Seligman, *Flourish* ; Id., *Authentic Happiness*.

89 Seligman, *Flourish*, p. 164.

90 The Global Happiness Council, *Global Happiness Policy Report 2018*, New York, GHC, 2018, ⟨https://s3.amazonaws.com/ghc-2018/GlobalHappinessPolicyReport2018.pdf⟩, p. 69.

91 Jack Martin and Ann-Marie McLellan, *The Education of Selves: How Psychology Transformed Students*, New York, Oxford University Press, 2013.

92 British Columbia Ministry of Education, 2008, *Career Planning* (J. Sugarman, 'Neoliberalism and Psychological Ethics', p. 112에서 인용).

93 ⟨http://www.ipositive-education.net/movement/⟩

94 The Global Happiness Council, *Global Happiness Policy Report*.

95 Richard Layard and Ann Hagell, 'Healthy Young Minds: Transforming the Mental Health of Children', in J. Helliwell, R. Layard and J. Sachs (dir.), *World Happiness Report*, New York, Sustainable Development Solutions Network, 2015, p. 106-130.

96 Martin E. P. Seligman et al., 'Positive Education: Positive Psychology and Classroom Interventions', *Oxford Review of Education*, 35.3 (2009), p. 293-311 ⟨https://doi.org/10.1080/03054980902934563⟩, p. 295.

97 Mark T. Greenberg et al., 'Enhancing School-Based Prevention and Youth Development through Coordinated Social, Emotional, and Academic Learning', *American Psychologist*, 58. 6-7 (2003), p. 466-474 ⟨https://doi.org/10.1037/0003-066X.58.6-7.466⟩.

98 K. Reivich et al., 'From Helplessness to Optimism: The Role of Resilience in Treating and Preventing Depression in Youth', in S. Goldstein and R. B. Brooks (dir.), *Handbook of Resilience in Children*, New York, Kluwer Academic/Plenum, 2005, p. 223-237.

99 Lea Waters, 'A Review of School-Based Positive Psychology Interventions', *The Australian Educational and Developmental Psychologist*, 28.2 (2011), p. 75-90 〈https://doi.org/10.1375/aedp.28.2.75〉; Seligman, *Flourish*.

100 e.g. Kathryn Ecclestone and Dennis Hayes, *The Dangerous Rise of Therapeutic Education*, London and New York, Routledge, 2009.

101 Alison L. Calear et al., 'The YouthMood Project: A Cluster Randomized Controlled Trial of an Online Cognitive Behavioral Program with Adolescents', *Journal of Consulting and Clinical Psychology*, 77.6 (2009), p. 1021-1032 〈https://doi.org/10.1037/a0017391〉.

102 Patricia C. Broderick and Stacie Metz, 'Learning to BREATHE: A Pilot Trial of a Mindfulness Curriculum for Adolescents', *Advances in School Mental Health Promotion*, 2.1 (2009), p. 35-46 〈https://doi.org/10.1080/1 754730X.2009.9715696〉.

103 Cabanas, '"Psytizens", or the Construction of Happy Individuals in Neoliberal Societies'.

104 Ecclestone and Hayes, *The Dangerous Rise*.

105 Ibid., p. 164.

106 N. J. Smelser, 'Self-Esteem and Social Problems: An Introduction', in A.M. Mecca, N. J. Smelser and J. Vaconcellos (dir.), *The Social Importance of Self-Esteem*, Berkeley, University of California Press, 1989, p. 1-23. p. 1.

107 Nathaniel Branden, 'In Defense of Self', *Association for Humanistic Psychology*, August-September (1984), p. 12-13, p. 12.

108 Roy F. Baumeister et al., 'Does High Self-Esteem Cause Better Performance, Interpersonal Success, Happiness, or Healthier Lifestyles?', *Psychological Science in the Public Interest*, 4.1 (2003), p. 1-44 〈https://doi.org/10.1111/1529-1006.01431〉, p. 1.

109 Ibid., p. 3.

110 Neil Humphrey, Ann Lendrum and Michael Wigelsworth, *Social and Emotional Aspects of Learning (SEAL) Programme in Secondary School: National Evaluation*, London, Department for Education, 2010, p. 2.

111 Leslie M. Gutman and Ingrid Schoon, *The Impact of Non-Cognitive Skills on Outcomes for Young People: Literature Review*, London,

Institute of Education, Univercity of London, 2013, 〈https://
v1.educationendowmentfoundation.org.uk/public/files/publications/
EEF_Lit_Review_Non-CognitiveSkills.pdf〉, p. 10.

112 Kathryn Ecclestone, 'From Emotional and Psychological Well-Being
to Character Education: Challenging Policy Discourses of Behavioural
Science and "vulnerability"', Research Papers in Education, 27.4 (2012), p.
463-480 〈https://doi.org/10.1080/02671522.2012.690241〉, p. 476.

113 Kristján Kristjánsson, Virtues and Vices in Positive Psychology: A
Philosophical Critique, New York, Cambridge University Press, 2013.

114 Sugarman, 'Neoliberalism and Psychological Ethics', p. 115.

제3장 긍정의 작동

1 Ehrenreich, Smile or Die, 2009.

2 Cabanas and Sánchez-González, 'Inverting the Pyramid of Needs'.

3 Abraham Maslow, Motivation and Personality, New York, Harper & Row,
1970, p. 7.

4 Kurt Danziger, Naming the Mind: How Psychology Found Its Language,
London, SAGE, 1997 ; Roger Smith, The Norton History of the Human
Sciences, New York, W. W. Norton, 1997.

5 Cabanas and Sánchez-González, 'Inverting the Pyramid of Needs'.

6 Daniel Wren, The Evolution of Management Thought, New York, John
Wiley & Sons, 1994.

7 William G. Scott, Organizational Theory: A Behavioral Analysis for
Management, Willowbrook, Richard D. Irwin, 1967.

8 Boltanski and Chiapello, The New Spirit of Capitalism.

9 Maslow, Motivation and personality.

10 Zygmunt Bauman, The Individualized Society, Cambridge, Polity, 2001 ;
Beck, Risk Society.

11 Richard Sennett, The Corrosion of Character: The Personal Consequences
of Work in the New Capitalism, New York, W.W. Norton, 1998.

12 Boltanski and Chiapello, The New Spirit of Capitalism.

13 Bob Aubrey, (Boltanski and Chiapello, The New Spirit of Capitalism, p.185
에서 인용-)

14 Richard Sennett, The Culture of the New Capitalism, New Haven, Yale

University Press, 2006 ; Boltanski and Chiapello, *The New Spirit of Capitalism*.

15 M. Daniels, 'The Myth of Self-Actualization', *Journal of Humanistic Psychology*, 28.1 (1988), p. 7-38 〈https://doi.org/10.1177/0022167888281002〉 ; A. Neher, 'Maslow's Theory of Motivation: A Critique', *Journal of Humanistic Psychology*, 31.3 (1991), p. 89-112 〈https://doi.org/10.1177/0022167891313010〉.

16 Edgar Cabanas and J. A. Juan Antonio Huertas, 'Psicología Positiva y Psicología Popular de la Autoayuda: Un Romance Histórico, Psicológico y Cultural', *Anales de Psicologia*, 30.3 (2014), p. 852-864 〈https://doi.org/10.6018/analesps.30.3.169241〉 ; Edgar Cabanas and José Carlos Sánchez-González, 'The Roots of Positive Psychology', *Papeles del Psicólogo*, 33.3 (2012), p. 172-182 ; García, Cabanas and Loredo, 'La Cura Mental de Phineas P. Quimby'.

17 Cabanas and Illouz, 'The Making of a "Happy Worker"' ; Illouz, *Saving the Modern Soul*.

18 Cabanas and Sánchez-González, 'Inverting the Pyramid of Needs'.

19 J. K. Boehm and S. Lyubomirsky, 'Does Happiness Promote Career Success?', *Journal of Career Assessment*, 16.1 (2008), p. 101-116 〈https://doi.org/10.1177/1069072707308140〉, p. 101.

20 Olivier Herrbach, 'A Matter of Feeling? The Affective Tone of Organizational Commitment and Identification', *Journal of Organizational Behavior*, 27. (2006), p. 629-643 〈https://doi.org/10.1002/job.362〉 ; R. Ilies, B. A. Scott and T. A. Judge, 'The Interactive Effects of Personal Traits and Experienced States on Intraindividual Patterns of Citizenship Behavior', *Academy of Management Journal*, 49 (2006), p. 561-575 〈https://doi.org/10.5465/AMJ.2006.21794672〉 ; C. M. Youssef and F. Luthans, 'Positive Organizational Behavior in the Workplace: The Impact of Hope, Optimism, and Resilience', *Journal of Management*, 33.5 (2007), p. 774-800 〈https://doi.org/10.1177/0149206307305562〉.

21 R. A. Baron, 'The Role of Affect in the Entrepreneurial Process', *Academy of Management Review*, 33.2 (2008), p. 328-340 ; Robert J. Baum, Michael Frese and Robert A. Baron (dir.), *The Psychology of Entrepreneurship*, New York, Taylor & Francis, 2007 ; Ed Diener, Carol Nickerson et al., 'Dispositional Affect and Job Outcomes', *Social Indicators Research*, 59 (2002), p. 229 〈https://doi.org/10.1023/A:1019672513984〉 ; Katariina

Salmela-Aro and Jari Erik Nurmi, 'Self-Esteem during University Studies Predicts Career Characteristics 10 Years Later', *Journal of Vocational Behavior*, 70 (2007), p. 463-477 〈https://doi.org/10.1016/j.jvb.2007.01.006〉 ; Carol Graham, Andrew Eggers and Sandip Sukhtankar, 'Does Happiness Pay? An Exploration Based on Panel Data from Russia', *Journal of Economic Behavior and Organization*, 55 (2004), p. 319-342 〈https://doi.org/10.1016/j.jebo.2003.09.002〉.

22 Timothy A. Judge and Charlice Hurst, 'How the Rich (and Happy) Get Richer (and Happier): Relationship of Core Self-Evaluations to Trajectories in Attaining Work Success', *Journal of Applied Psychology*, 93.4 (2008), p. 849-863 〈https://doi.org/10.1037/0021-9010.93.4.849〉.

23 Ed Diener, 'New Findings and Future Directions for Subjective Well-Being Research', *American Psychologist*, 67.8 (2012), p. 590-597 〈https://doi.org/10.1093/acprof〉, p.593.

24 Shaw Achor, *The Happiness Advantage*, New York, Random House, 2010, p. 4.

25 Michel Feher, 'Self-Appreciation ; or, The Aspirations of Human Capital', *Public Culture*, 21.1 (2009), p. 21-41 〈https://doi.org/10.1215/08992363-2008-019〉.

26 F. Luthans, C. M. Youssef and B. J. Avolio, *Psychological Capital: Developing the Human Competitive Edge*, New York, Oxford University Press, 2007 ; A. Newman and D. Ucbasaran et al., 'Psychological Capital: A Review and Synthesis', *Journal of Organizational Behavior*, 35.1 (2014), p. 120-138.

27 Jessica Pryce-Jones, *Happiness at Work: Maximizing Your Psychological Capital For Success*, Chichester, John Wiley & Sons, 2010, p. ix.

28 Tim Smedley, 'Can Happiness Be a Good Business Strategy?', *The Guardian*, 20 June 2012 〈https://www.theguardian.com/sustainable-business/happy-workforce-business-strategy-wellbeing〉.

29 Pryce-Jones, *Happiness at Work*, p. 28-29.

30 James B. Avey et al., 'Meta-Analysis of the Impact of Positive Psychological Capital on Employee Attitudes, Behaviors, and Performance', *Human Resource Development Quarterly*, 22.2 (2011), p. 127-152 〈https://doi.org/10.1002/hrdq.20070〉.

31 Youssef and Luthans, 'Positive Organizational Behavior in the Workplace'.

32 Cabanas and Illouz, 'The Making of a "Happy Worker"' ; Cabanas and Illouz, 'Fit Fürs Glück'.

33 Eeva Sointu, 'The Rise of an Ideal: Tracing Changing Discourses of Well-being', *The Sociological Review*, 53.2 (2005), p. 255-274 〈https://doi.org/10.1111/j.1467-954X.2005.00513.x〉.

34 Arnold B. Bakker and Wilmar B. Schaufeli, 'Positive Organizational Behavior: Engaged Employees in Flourishing Organizations', *Journal of Organizational Behavior*, 29.2 (2008), p. 147-154 〈https://doi.org/10.1002/job.515〉 ; Thomas A. Wright, 'Positive Organizational Behavior: An Idea Whose Time Has Truly Come', *Journal of Organizational Behavior*, 24.4 (2003), p. 437-442 〈https://doi.org/10.1002/job.197〉.

35 Gerard Zwetsloot and Frank Pot, 'The Business Value of Health Management', *Journal of Business Ethics*, 55.2 (2004), p. 115-124 〈https://doi.org/10.1007/s10551-004-1895-9〉.

36 Joshua Cook, 'How Google Motivates Their Employees with Rewards and Perks', HubPages, 2012 〈https://hubpages.com/business/How-Google-Motivates-their-Employees-with-Rewards-and-Perks〉.

37 Robert Biswas-Diener and Ben Dean, *Positive Psychology Coaching: Putting the Science of Happiness to Work for Your Clients*, Hoboken, John Wiley & Sons, 2007, p. 190.

38 Ibid., p. 195-196.

39 Micki McGee, *Self-Help, Inc: Makeover Culture in American Life*, New York, Oxford University Press, 2005.

40 P.Alex Linley and George W. Burns, 'Strengthspotting: Finding and Developing Client Resources in the Management of Intense Anger', in G. W. Burns (dir.), *Happiness, Healing, Enhancement: Your Casebook Collection for Applying Positive Psychology in Therapy*, Hoboken, John Wiley & Sons, 2010, p. 3-14 ; Peterson and Seligman, Character Strengths and Virtues, 2004.

41 Angel Martínez Sánchez et al., 'Teleworking and Workplace Flexibility: A Study of Impact on Firm Performance', *Personnel Review*, 36.1 (2007), p. 42-64 〈https://doi.org/10.1108/00483480710716713〉, p.44.

42 Gabe Mythen, 'Employment, Individualization and Insecurity. Rethinking the Risk Society Perspective', *The Sociological Review*, 53.1 (2005), p. 129-149 〈https://doi.org/10.1111/j.1467-954X.2005.00506.x〉.

43 Cabanas and Illouz, 'The Making of a "Happy Worker"' ; Cabanas and

Illouz, 'Fit Fürs Gluck'.

44 Louis Uchitelle and N. R. Kleinfield, 'On the Battlefields of Business,
Millions of Casualties', *The New York Times*, 3 March 1996 ⟨http://www.
nytimes.com⟩.

45 Eduardo Crespo and María Amparo Serrano-Pascual, 'La Psicologización
del Trabajo: La Desregulación del Trabajo y el Gobierno de Las
Voluntades', *Teoría y Crítica de La Psicología*, 2 (2012), p. 33-48.

46 European Commission, *Towards Common Principles of Flexicurity: More
and Better Jobs through Flexibility and Security*, COM(2007), 359 (Brussels,
EC, 2007), p. 5.

47 Sennett, *The Corrosion of Character*.

48 F. Luthans, G. R. Vogelgesang and P. B. Lester, 'Developing the
Psychological Capital of Resiliency', *Human Resource Development
Review*, 5.1 (2006), p. 25-44 ⟨https://doi.org/10.1177/1534484305285335⟩.

49 Debra Jackson, Angela Firtko and Michel Edenborough, 'Personal
Resilience as a Strategy for Surviving and Thriving in the Face of
Workplace Adversity: A Literature Review', *Journal of Advanced Nursing*,
60.1 (2007), p. 1-9 ⟨https://doi.org/10.1111/j.1365-2648.2007.04412.x⟩.

50 ⟨https://www.bls.gov⟩.

51 ⟨http://ec.europa.eu/eurostat/statistics-explained/index.php/
Employment_statistics⟩.

52 ⟨https://blog.linkedin.com/2016/04/12/will-this-year_s-college-grads-
job-hopmore-than-previous-grads⟩.

53 Alison Doyle, 'How Often Do People Change Jobs?', *The Balance*, 1 May
2017 ⟨https://www.thebalance.com/how-often-do-people-change-
jobs-2060467⟩.

54 Romain Felli, 'The World Bank's Neoliberal Language of Resilience', in
Susanne Soederberg, (dir.), *Risking Capitalism*, Bingley, Emerald Group,
2016, p. 267-295.

55 Salvatore R. Maddi and Deborah M. Khoshaba, *Resilience at Work: How
to Succeed No Matter What Life Throws at You*, New York, American
Management Association, 2005, p. 1.

56 Cabanas and Illouz, 'The Making of a "Happy Worker" '; ibid., 'Fit Fürs
Gluck'.

57 Charles S. Carver, Michael F. Scheier and Suzanne C. Segerstrom,
'Optimism', *Clinical Psychology Review*, 30.7 (2010), p. 879-889 ⟨https://

doi.org/10.1016/j.cpr.2010.01.006〉; Robert Weis, 'You Want Me to Fix It? Using Evidence-Based Interventions to Instill Hope in Parents and Children', in G. W. Burns (dir.), *Happiness, Healing, Enhancement*, 2012, p. 64-75 〈https://doi.org/10.1002/9781118269664.ch6〉; Shane J. Lopez, C. R. Snyder and Jennifer T. Pedrotti, 'Hope: Many Definitions, Many Measures', in Shane J. Lopez and C. R. Snyder (dir.), *Positive Psychological Assessment: A Handbook of Models and Measures*, Washington DC: American Psychological Association, 2003, p. 91-106 〈https://doi.org/10.1037/10612-006〉; K. Reivich and J. Gillham, 'Learned Optimism: The Measurement of Explanatory Style', Ibid., p. 57-74 〈https://doi.org/10.1037/10612-004〉.

58 Peterson and Seligman, *Character Strengths and Virtues*.

59 Michela Marzano, *Programados para Triunfar: Nuevo Capitalismo, Gestión Empresarial, y Vida Privada*. Barcelona, Tusquets, 2012.

60 Maria Konnikova, 'What Makes People Feel Upbeat at Work', *The New Yorker*, 30 July 2016 〈http://www.newyorker.com/?p=3234730&mbid=nl_073016 Daily Newsletter(1)&CNDID=38849113&spMailingID=9280546&spUserID=MTEwMTIzMzIyNTUzS0&spJobID=962432916&spReportId=OTYyNDMyOTE2S0〉.

61 Cabanas and Sánchez-González, 'Inverting the Pyramid of Needs'; Cabanas and Illouz, 'The Making of a "Happy Worker"'; Cabanas and Illouz, 'Fit Fürs Gluck'.

제4장 행복한 자아를 팝니다

1 〈http://possibilitychange.com/steps-to-change-my-life/〉.

2 Illouz, *Emotions as Commodities*.

3 Cabanas, 'Rekindling Individualism, Consuming Emotions'; Cabanas, '"Psytizens", or the Construction of Happy Individuals in Neoliberal Societies'.

4 Christopher Lasch, *The Culture of Narcissism: American Life in An Age of Diminishing Expectations*, New York, W.W. Norton, 1979; Frank Furedi, *Therapy Culture*; Nolan, *The Therapeutic State*; Ahmed, *The Promise of Happiness*.

5 Binkley, *Happiness as Enterprise*, p. 163.

6   Wilhelm Hofmann et al., 'Yes, But Are They Happy? Effects of Trait Self-Control on Affective Well-Being and Life Satisfaction', *Journal of Personality*, 82.4 (2014), p. 265-277 〈https://doi.org/10.1111/jopy.12050〉 ; Derrick Wirtz et al., 'Is the Good Life Characterized by Self-Control? Perceived Regulatory Success and Judgments of Life Quality', *The Journal of Positive Psychology*, 11.6 (2016), p. 572-583 〈https://doi.org/10.1080/1 7439760.2016.1152503〉 ; Denise T. D. de Ridder et al., 'Taking Stock of Self-Control', *Personality and Social Psychology Review*, 16.1 (2012), p. 76-99 〈https://doi.org/10.1177/1088868311418749〉.

7   Peterson and Seligman. *Character Strengths and Virtues*, p. 38.

8   Heidi Marie Rimke, 'Governing Citizens through Self-Help Literature', *Cultural Studies*, 14.1 (2000), p. 61-78 〈https://doi. org/10.1080/095023800334986〉 ; Fernando Ampudia de Haro, 'Administrar el Yo: Literatura de Autoayuda y Gestión del Comportamiento y Los Afectos', *Revista Española de Investigaciones Sociológicas (REIS)*, 113.1 (2006), p. 49-75 ; Sam Binkley, 'Happiness, Positive Psychology and the Program of Neoliberal Governmentality', *Subjectivity*, 4.4 (2011), p. 371-394 〈https://doi.org/10.1057/sub.2011.16〉 ; Rose, *Inventing Our Selves*.

9   Reivich and Gillham, 'Learned Optimism'.

10 Weis, 'You Want Me to Fix It?'.

11 Lopez, et al., 'Hope', p. 94.

12 Carver, et al., 'Optimism' p. 1.

13 Lyubomirsky, *The How of Happiness*, p. 280-281.

14 Marc A. Brackett, John D. Mayer and Rebecca M. Warner, 'Emotional Intelligence and Its Relation to Everyday Behaviour', *Personality and Individual Differences*, 36.6 (2004), p. 1387-1402 〈https://doi.org/10.1016/ S0191-8869(03)00236-8〉, p. 1389.

15 Illouz, *Cold Intimacies* ; Lipovetsky, *La Felicidad Paradójica*.

16 〈https://my.happify.com/〉

17 Ibid.

18 Annika Howells, Itai Ivtzan and Francisco Jose Eiroa-Orosa, 'Putting the "app" in Happiness: A Randomised Controlled Trial of a Smartphone-Based Mindfulness Intervention to Enhance Wellbeing', *Journal of Happiness Studies*, 17.1 (2016), p. 163-185 〈https://doi.org/10.1007/ s10902-014-9589-1〉.

19 Stephanie Baum, 'Happify Health Raises $9M to Expand Behavioral Health Research Business (Updated)', *MedCity News*, 15 August 2017 〈https://medcitynews.com/2017/08/happify-health-raises-9m-expand-behavioral-health-research-business/?rf=1〉.

20 Espeland and Stevens, 'A Sociology of Quantification' ; Nikolas Rose, 'Governing by Numbers: Figuring out Democracy', *Accounting, Organizations and Society*, 16.7 (1991), p. 673-692 〈https://doi.org/10.1016/0361-3682(91)90019-B〉.

21 Carl Rogers, *On Becoming a Person: A Therapist's View of Psychotherapy*, Boston, Houghton Mifflin, 1961. p. 166.

22 Ibid., p. 33.

23 Id., 'Some Observations on the Organization of Personality', *American Psychologist*, 2 (1947), p. 358-368. p. 362.

24 Maslow, *Motivation and personality*, p. 46.

25 Peterson and Seligman, *Character Strengths and Virtues*, p. 29.

26 T. D. Hodges and D. O. Clifton, 'Strengths-Based Development in Practice', in A. Linley and S. Joseph (dir.), *Positive Psychology in Practice*, Hoboken, John Wiley & Sons, 2004, p. 256-258, p. 258.

27 Kenneth Gergen, *The Saturated Self*, New York, Basic Books, 1991.

28 Isaiah Berlin, *Four Essays on Liberty*, Oxford, Oxford University Press, 1968.

29 Eugene Taylor, *Shadow Culture: Psychology and Spirituality in America*, Washington DC. Counterpoint, 1999; Beril Satter, *Each Mind a Kingdom: American Women, Sexual Purity, and the New Thought Movement, 1875-1920*, London, University of California Press, 1999.

30 Peterson and Seligman, *Character Strengths and Virtues*, p. 13.

31 Linley and Burns, 'Strengthspotting'.

32 Seligman, *Authentic Happiness*.

33 James H. Gilmore and Joseph B. Pine, *Authenticity: What Consumers Really Want*, Boston, Harvard Business School Press, 2007.

34 G. Redden, 'Makeover Morality and Consumer Culture', in D. Heller (dir.), *Reading Makeover Television: Realities Remodelled*, London, I. B. Tauris, 2007, p. 150-164.

35 Linley and Burns, 'Strengthspotting', p. 10.

36 Bill O'Hanlon, 'There Is a Fly in the Urinal: Developing Therapeutic Possibilities from Research Findings', in Burns (dir.), *Happiness, Healing,*

Enhancement, 2012, p. 303-314, p. 312.

37 Daniel J. Lair, Katie Sullivan and George Cheney, 'Marketization and the Recasting of the Professional Self: The Rhetoric and Ethics of Personal Branding', *Management Communication Quarterly*, 18.3 (2005), p. 307-343 〈https://doi.org/10.1177/0893318904270744〉.

38 Donna Freitas, *The Happiness Effect: How Social Media Is Driving a Generation to Appear Perfect at Any Cost*, New York, Oxford University Press, 2017, p. 13-15.

39 Ehrenreich, *Smile or Die*.

40 Freitas, *The Happiness Effect*, p. 71.

41 Ibid., p. 77.

42 Corey L. M. Keyes and Jonathan Haidt (dir.), *Flourishing: Positive Psychology and the Life Well-Lived*, Washington DC, American Psychological Association, 2003.

43 Seligman, *Flourish*.

44 Ibid.

45 Lahnna I. Catalino and Barbara L. Fredrickson, 'A Tuesday in the Life of a Flourisher: The Role of Positive Emotional Reactivity in Optimal Mental Health', *Emotion*, 11.4 (2011), p. 938-950 〈https://doi.org/10.1037/a0024889〉 ; Barbara L. Fredrickson, *Positivity*, New York, Crown, 2009 ; Judge and Hurst, 'How the Rich (and Happy) Get Richer (and Happier)'.

46 Seligman, *Flourish*, p. 13.

47 Sonja Lyubomirsky, Laura King and Ed Diener, 'The Benefits of Frequent Positive Affect: Does Happiness Lead to Success?', *Psychological Bulletin*, 131 (2005), p. 803-855 〈https://doi.org/10.1037/0033-2909.131.6.803〉 ; Fredrickson, *Positivity*.

48 Seligman, *Flourish*, p. 13.

49 Beck and Beck-Gernsheim, *Individualization*.

50 Carl Cederström and André Spicer, *Desperately Seeking Self-Improvement: A Year Inside the Optimization Movement*, New York and London, OR Books, 2017, p. 10.

51 John Schumaker, 'The Happiness Conspiracy', *New Internationalist*, 2 july 2006 〈https://newint.org/columns/essays/2006/07/01/happiness-conspiracy〉.

52 〈https://positivepsychologytoolkit.com/〉

53 Kennon M. Sheldon and Sonja Lyubomirsky, 'How to Increase and

Sustain Positive Emotion: The Effects of Expressing Gratitude and Visualizing Best Possible Selves', *The Journal of Positive Psychology*, 1.2 (2006), p. 73-82, 〈https://doi.org/10.1080/17439760500510676〉, p. 76-77.

54 Ibid.

55 Lyubomirsky, *The How of Happiness*. p. 104.

56 Ibid., p. 106.

57 Michel Foucault, *Technologies of the Self: A Seminar with Michel Foucault*, Amherst, University of Massachusetts Press, 1988.

58 Mongrain and Anselmo-Matthews, 'Do Positive Psychology Exercises Work?', p. 383.

59 Sheldon and Lyubomirsky, 'How to Increase and Sustain Positive Emotion', p. 76-77. (기울임체는 인용자들의 강조)

60 Cabanas, 'Rekindling Individualism, Consuming Emotions' ; Id., "'Psytizens'', or the Construction of Happy Individuals in Neoliberal Societies'.

61 Illouz, *Saving the Modern Soul*.

62 Sugarman, 'Neoliberalism and Psychological Ethics', 2015.

63 Peter Greer and Chris Horst, *Entrepreneurship for Human Flourishing*, Washington DC, American Enterprise Institute for Public Policy Research, 2014.

64 〈http://blog.approvedindex.co.uk/2015/06/25/map-entrepreneurship-around-the-world/〉

제5장 행복, 새로운 정상성

1 Gretchen Rubin, *The Happiness Project: Or, Why I Spent a Year Trying to Sing in the Morning, Clean My Closets, Fight Right, Read Aristotle, and Generally Have More Fun*, New York, HarperCollins, 2009. p. 12-14.

2 Lyubomirsky, *The How of Happiness*. p. 1.

3 Zupančič, *The Odd One In*, p. 216.

4 Kennon M. Sheldon and Laura King, 'Why Positive Psychology Is Necessary', *American Psychologist*, 56.3 (2001), p. 216-217 〈https://doi.org/10.1037/0003-066X.56.3.216〉.

5 Marie Jahoda, *Current Concepts of Positive Mental Health*, New York, Basic Books, 1958 〈https://doi.org/10.1037/11258-000〉.

6   Boehm and Lyubomirsky, 'Does Happiness Promote Career Success?'
    ; Catalino and Fredrickson, 'A Tuesday in the Life of a Flourisher' ;
    Diener, 'New Findings and Future Directions for Subjective Well-Being
    Research' ; Judge and Hurst, 'How the Rich (and Happy) Get Richer (and
    Happier)' ; Lyubomirsky et al., 'The Benefits of Frequent Positive Affect'.

7   Illouz, *Cold Intimacies*.

8   Barbara S. Held, 'The Negative Side of Positive Psychology', *Journal of
    Humanistic Psychology*, 44.1 (2004), p. 9-46, p. 12.

9   Seligman, *Authentic Happiness*, p. 178.

10 Ibid., p. 129.

11 Lisa G. Aspinwall and Ursula M. Staudinger, 'A Psychology of Human
    Strengths : Some Central Issues of an Emerging Field', in Aspinwall
    and Staudinger (dir.), *A Psychology of Human Strengths: Fundamental
    Questions and Future Directions for a Positive Psychology*, Washington
    DC, American Psychological Association, 2003, p. 9-22, p. 18.

12 Laura A. King, 'The Hard Road to the Good Life: The Happy, Mature
    Person', *Journal of Humanistic Psychology*, 41.1 (2001), p. 51-72 〈https://
    doi.org/10.1177/0022167801411005〉, p. 53.

13 Barbara L. Fredrickson, 'Cultivating Positive Emotions to Optimize
    Health and Well-Being', *Prevention & Treatment*, 3.1 (2000) 〈https://doi.
    org/10.1037/1522-3736.3.1.31a〉 ; Barbara L. Fredrickson and T. Joiner,
    'Positive Emotions', in C. R. Snyder and S. J. Lopez (dir.), *Handbook of
    Positive Psychology*, p. 120-134.

14 Barbara L. Fredrickson, 'Updated Thinking on Positivity Ratios',
    American Psychologist, 68.9 (2013), p. 814-822 〈https://doi.org/10.1037/
    a0033584〉, p. 816.

15 Barbara L. Fredrickson and M. F. Losada, 'Positive Affect and the
    Complex Dynamics of Human Flourishing', *American Psychologist*, 60.7
    (2005), p. 678-686 〈https://doi.org/10.1037/0003-066X.60.7.678〉, p. 678.

16 Fredrickson, 'Updated Thinking on Positivity Ratios', p. 816.

17 Ibid.

18 Barbara L. Fredrickson, 'The Role of Positive Emotions in
    Positive Psychology: The Broaden-and-Build Theory of Positive
    Emotions', *American Psychologist*, 56 (2001), p. 218-226 〈https://doi.
    org/10.1037/0003-066X.56.3.218〉, p. 221.

19 Ibid., p. 221.

20 Fredrickson, *Positivity*.

21 Fredrickson, 'The Role of Positive Emotions in Positive Psychology', p. 223.

22 Fredrickson, 'Updated Thinking on Positivity Ratios', p. 819.

23 Ibid.

24 Ibid., p. 818.

25 Ibid., p. 815.

26 Fredrickson and Losada, 'Positive Affect and the Complex Dynamics of Human Flourishing'.

27 Elisha Tarlow Friedman, Robert M. Schwartz and David A. F. Haaga, 'Are the Very Happy Too Happy?', *Journal of Happiness Studies*, 3.4 (2002), p. 355-372 〈https://doi.org/10.1023/A:1021828127970〉.

28 Fredrickson, *Positivity*, p. 122.

29 Barbara L. Fredrickson and Laura E. Kurtz, 'Cultivating Positive Emotions to Enhance Human Flourishing', in S. I. Donaldson, M. Csikszentmihalyi and J. Nakamura (dir.), *Applied Positive Psychology: Improving Everyday Life, Health, Schools, Work, and Society*, New York, Routledge, 2011, p. 35-47, p. 42.

30 Nicholas J. L. Brown, Alan D. Sokal and Harris L. Friedman, 'The Complex Dynamics of Wishful Thinking: The Critical Positivity Ratio', *The American Psychologist*, 68.9 (2013), p. 801-813 〈https://doi.org/10.1037/a0032850〉, p. 801.

31 Ibid., p. 812.

32 Fredrickson, 'Updated Thinking on Positivity Ratios', p. 814.

33 Ibid., p. 814.

34 Ibid., p. 819.

35 Jerome Kagan, *What Is Emotion? History, Measures, and Meanings*, New Haven, Yale University Press, 2007 ; Margaret Wetherell, *Affect and Emotions: A New Social Science Understanding*, London, SAGE, 2012.

36 Deborah Lupton, *The Emotional Self: A Sociocultural Exploration*, London, SAGE, 1998.

37 Ute Frevert, *Emotions in History: Lost and Found*, Budapest, Central European University Press, 2011 ; Richard S. Lazarus and Bernice N. Lazarus, *Passion and Reason: Making Sense of Our Emotions*, New York and Oxford, Oxford University Press, 1994 ; Michael Lewis, Jeannette Haviland-Jones and Lisa Feldman Barret (dir.), *Handbook of*

Emotions, New York and London, The Guilford Press, 2008 ; Barbara H. Rosenwein, 'Worrying About Emotions in History', *The American Historical Review*, 107.3 (2002), p. 821-845 ; Wetherell, *Affect and Emotions*.

38 Catharine A. MacKinnon, *Are Women Human? And Other International Dialogues*, Cambridge MA and London, Harvard University Press, 2007 ; Lauren Berlant, *Cruel Optimism*, Durham NC, Duke University Press, 2011.

39 C. Lutz and G. M. White, 'The Anthropology of Emotions', *Annual Review of Anthropology*, 15.1 (1986), p. 405-436 〈https://doi.org/10.1146/annurev.an.15.100186.002201〉.

40 Jack M. Barbalet, *Emotion, Social Theory, and Social Structure: A Macrosociological Approach*, Cambridge, Cambridge University Press, 2004 ; Arlie Russell Hochschild, *The Outsourced Self: Intimate Life in Market Times*, New York, Metropolitan Books, 2012.

41 Illouz, *Why Love Hurts* ; Id., 'Emotions, Imagination and Consumption: A New Research Agenda', *Journal of Consumer Culture*, 9 (2009) p. 377~413 〈https://doi.org/10.1177/1469540509342053〉.

42 Horace Romano Harré, *Physical Being: A Theory for a Corporeal Psychology*, Oxford, Blackwell, 1991.

43 Ehrenreich, *Smile or Die* ; Sundararajan, 'Happiness Donut' ; Cabanas and Sánchez-González, 'The Roots of Positive Psychology'.

44 Lazarus, 'Does the Positive Psychology Movement Have Legs?'.

45 Kagan, *What Is Emotion?*, p. 8.

46 Lazarus, 'Does the Positive Psychology Movement Have Legs?'.

47 Forgas, 'Don't Worry, Be Sad!' ; Hui Bing Tan and Joseph P. Forgas, 'When Happiness Makes Us Selfish, but Sadness Makes Us Fair: Affective Influences on Interpersonal Strategies in the Dictator Game', *Journal of Experimental Social Psychology*, 46.3 (2010), p. 571-576 〈https://doi.org/10.1016/j.jesp.2010.01.007〉.

48 Marino Pérez-Álvarez, 'Positive Psychology: Sympathetic Magic', *Papeles del Psicólogo*, 33.3 (2012), p. 183-201.

49 Anthony Storr, *Human Agression*, Harmondsworth, Penguin, 1992.

50 Svetlana Boym, *The Future of Nostalgia*, New York, Basic Books, 2001.

51 Jens Lange and Jan Crusius, 'The Tango of Two Deadly Sins: The Social-Functional Relation of Envy and Pride', *Journal of Personality and*

Social Psychology, 109.3 (2015), p. 453-472 〈https://doi.org/10.1037/pspi0000026〉.

52 Marino Pérez-Álvarez, 'Positive Psychology and Its Friends: Revealed', *Papeles del Psicólogo*, 34 (2013), p. 208-226 ; Mauss et al., 'Can Seeking Happiness Make People Unhappy?' ; Pérez-Álvarez, 'The Science of Happiness'.

53 Tan and Forgas, 'When Happiness Makes Us Selfish, but Sadness Makes Us Fair', p. 574.

54 Devlin et al., 'Not As Good as You Think' ; Joseph P. Forgas and Rebekah East, 'On Being Happy and Gullible: Mood Effects on Skepticism and the Detection of Deception', *Journal of Experimental Social Psychology*, 44.5 (2008), p. 1362-1367 〈https://doi.org/10.1016/j.jesp.2008.04.010〉 ; Jaihyun Park and Mahzarin R. Banaji, 'Mood and Heuristics: The Influence of Happy and Sad States on Sensitivity and Bias in Stereotyping', *Journal of Personality and Social Psychology*, 78.6 (2000), p. 1005-1023 〈https://doi.org/10.1037/0022-3514.78.6.1005〉.

55 Joseph P. Forgas, 'On Being Happy and Mistaken: Mood Effects on the Fundamental Attribution Error', *Journal of Personality and Social Psychology*, 72.1 (1998), p. 318-331 ; Forgas, 'Don't Worry, Be Sad!'.

56 Peterson and Seligman, *Character Strengths and Virtues*.

57 Daniel Lord Smail, 'Hatred as a Social Institution in Late-Medieval Society', *Speculum*, 76.1 (2001), p. 90-126 〈https://doi.org/10.2307/2903707〉.

58 Barbalet, *Emotion, Social Theory, and Social Structure*.

59 Spencer E. Cahill, 'Embarrassability and Public Civility: Another View of a Much Maligned Emotion', in D. D. Franks, M. B. Flaherty and C. Ellis (dir.), *Social Perspectives on Emotions*, Greenwich CT, JAI, 1995, p. 253-271.

60 Arlie Russell Hochschild, 'The Sociology of Feeling and Emotion: Selected Possibilities', *Sociological Inquiry*, 45. 2-3 (1975), p. 280-307 〈https://doi.org/10.1111/j.1475-682X.1975.tb00339.x〉.

61 Axel Honneth, *The Struggle for Recognition: The Moral Grammar of Social Conflicts*, Cambridge MA, MIT Press, 1996.

62 Tim Lomas and Itai Ivtzan, 'Second Wave Positive Psychology: Exploring the Positive-Negative Dialectics of Wellbeing', *Journal of Happiness Studies*, 17.4 (2016), p. 1753-1768 〈https://doi.org/10.1007/

s10902-015-9668-y〉.

63 Seligman, 'Building Resilience'.

64 Luthans, Vogelgesang and Lester, 'Developing the Psychological Capital of Resiliency' ; A. S. Masten and M. J. Reed, 'Resilience in Development', in Snyder and Lopez (dir.), *Handbook of Positive Psychology*, p. 74-88 ; Reivich et al., 'From Helplessness to Optimism'.

65 Michele M. Tugade and Barbara L. Fredrickson, 'Resilient Individuals Use Positive Emotions to Bounce Back From Negative Emotional Experiences', *Journal of Personality and Social Psychology*, 86.2 (2004), p. 320-333 <https://doi.org/10.1037/0022-3514.86.2.320>, p. 320.

66 Michael Rutter, 'Psychosocial Resilience and Protective Mechanisms', *American Journal of Orthopsychiatry*, 57.3 (1987), p. 316-331 〈https://doi.org/10.1111/j.1939-0025.1987.tb03541.x〉 ; Ann S. Masten, Karin M. Best and Norman Garmezy, 'Resilience and Development: Contributions from the Study of Children Who Overcome Adversity', *Development and Psychopathology*, 2.4 (1990), p. 425-444 〈https://doi.org/10.1017/S0954579400005812〉.

67 Lawrence G. Calhoun and Richard G. Tedeschi (dir.), *Handbook of Posttraumatic Growth: Research and Practice*, Mahwah, Lawrence Erlbaum Associates, 2006.

68 Keyes and Haidt, *Flourishing* ; P. Alex Linley and Stephen Joseph, 'Positive Change Following Trauma and Adversity: A Review', *Journal of Traumatic Stress*, 17.1 (2004), p. 11-21 〈https://doi.org/10.1023/B:JOTS.0000014671.27856.7e〉 ; Richard G. Tedeschi and Lawrence G. Calhoun, 'Posttraumatic Growth: Conceptual Foundations and Empirical Evidence', *Psychological Inquiry*, 15.1 (2004), p. 1-18 〈https://doi.org/10.1207/s15327965pli1501_01〉.

69 Linley and Joseph, 'Positive Change Following Trauma and Adversity', p. 17.

70 Enric C. Sumalla, Cristian Ochoa and Ignacio Blanco, 'Posttraumatic Growth in Cancer: Reality or Illusion?', *Clinical Psychology Review*, 29.1 (2009), p. 24-33 〈https://doi.org/10.1016/j.cpr.2008.09.006〉 ; Patricia L. Tomich and Vicki S. Helgeson, 'Is Finding Something Good in the Bad Always Good? Benefit Finding Among Women With Breast Cancer', *Health Psychology*, 23.1 (2004), p. 16-23 〈https://doi.org/10.1037/0278-6133.23.1.16〉.

71 Seligman, *Flourish*, p. 159.

72 Boltanski and Chiapello, *Le Nouvel Esprit du capitalisme*, chap. XVIII.

73 Cabanas and Illouz, 'The Making of a "Happy Worker"' ; Id., 'Fit fürs Gluck'.

74 Seligman, 'Building Resilience', n.p., paras. 1-2.

75 Martin E. P. Seligman and Raymond D. Fowler, 'Comprehensive Soldier Fitness and the Future of Psychology', *American Psychologist*, 66 (2011), p. 82-86 〈https://doi.org/10.1037/a0021898〉; Seligman, *Flourish*.

76 Ibid., p. 181.

77 Nicholas J. L. Brown, 'A Critical Examination of the U. S. Army's Comprehensive Soldier Fitness Program', *The Winnower*, 2 (2015), e143751 〈https://doi.org/10.15200/winn.143751.17496〉.

78 Roy Eidelson and Stephen Soldz, 'Does Comprehensive Soldier Fitness Work? CSF Research Fails the Test', *Coalition for an Ethical Psychology Working Paper*, 1.5 (2012), p. 1-12.

79 Ibid., p. 1.

80 Thomas W. Britt et al., 'How Much Do We Really Know About Employee Resilience?', *Industrial and Organizational Psychology*, 9.02 (2016), p. 378-404 〈https://doi.org/10.1017/iop.2015.107〉; John Dyckman, 'Exposing the Glosses in Seligman and Fowler's (2011) Straw-Man Arguments', *American Psychologist*, 66.7 (2011), p. 644-645 〈https://doi.org/10.1037/a0024932〉; Harris L. Friedman and Brent Dean Robbins, 'The Negative Shadow Cast by Positive Psychology: Contrasting Views and Implications of Humanistic and Positive Psychology on Resiliency', *The Humanistic Psychologist*, 40.1 (2012), p. 87-102 〈https://doi.org/10.1080/08873267.2012.643720〉; Sean Phipps, 'Positive Psychology and War: An Oxymoron', *American Psychologist*, 66.7 (2011), p. 641-642 〈https://doi.org/10.1037/a0024933〉.

81 Brown, 'A Critical Examination of the U. S. Army's Comprehensive Soldier Fitness Program', p. 13.

82 Angela Winter, 'The Science Of Happiness: Barbara Fredrickson On Cultivating Positive Emotions', *Positivity*, 2009 〈http://www.positivityratio.com/sun.php〉.

83 Martha C. Nussbaum, *The Fragility of Goodness: Luck and Ethics in Greek Tragedy and Philosophy*, New York, Cambridge University Press, 2001.

84 Ruth Levitas, *Utopia as Method: The Imaginary Reconstruction of Society*,

Basingstoke and New York, Palgrave Macmillan, 2013.

85 Jean Baudrillard, *Simulations*, New York, Semiotext(e), 1983.

86 Veenhoven, 'Life Is Getting Better'.

87 Bergsma and Veenhoven, 'The Happiness of People with a Mental Disorder in Modern Society' ; Ad Bergsma et al., 'Most People with Mental Disorders Are Happy: A 3-Year Follow-Up in the Dutch General Population', *The Journal of Positive Psychology*, 6.4 (2011), p. 253-259 〈https://doi.org/10.1080/17439760.2011.577086〉.

88 Veenhoven, 'Life Is Getting Better', p. 107.

89 Ibid., p. 120.

90 Seligman, *Authentic Happiness*, p. 266.

91 Emmanuel Levinas, *Entre nous: Essais sur le penser-à-l'autre*, Paris, Grasset, 1991, Le Livre de poche, 1993.

92 Sidney Hook, *Pragmatism and the Tragic Sense of Life*, New York, Basic Books, 1974.

결 론

1 Julio Cortázar, *Cronopios and Famas*, New York, New Direction Books, 1999. p.23-24.

2 Terry Eagleton, *Hope without Optimism*, New Haven, Yale University Press, 2015.

3 Robert Nozick, *Anarchy, State, and Utopia*, New York, Basic Books, 1974.

지금으로부터 정확히 10년 전, 바버라 에런라이크의 『긍정의 배신』을 읽고서 요즘 말로 '사이다'를 경험한 기억이 있다. 『긍정의 배신』은 자본주의와 긍정 이데올로기의 공생 관계를 파헤친 책이다. 당시 몇 년 동안의 베스트셀러 목록을 보면 개인의 태도 혹은 습관을 바꿈으로써 인생을 바꿀 수 있다는 메시지를 전하는 책들이 이례적으로 많았다.

　출판계도 자본주의 사회의 추이에 따라 늘 눈에 띄는 변화를 보인다. 사회 비판적인 에세이가 유독 잘 팔리는 시기가 있는가 하면, 어떤 해는 대형 서점의 매대를 부동산과 주식 관련 서적이 점령한다. 이성에 호소하는 책들이 공감을 부르는 때도 있고, 성공과 부의 신비한 기운(?)을 말하는 책들이 유독 반응이 좋은 때가 있다.

　자본주의의 경기가 순환하듯 출판계의 도서 목록도 순환한다. 최근 몇 년 동안 베스트셀러 목록을 볼 때마다 예전에도 이런 적이 있지, 라는 생각이 들었다. 다시 한번 출판계에서 특정한 유형의 책들이 치고 올라오는 것을 알 수 있었다.

이제 이러한 풍조를 비판적으로 분석하는 책이 다시 등장할 때가 됐다고 생각하던 차에, 『감정 자본주의』, 『사랑은 왜 아픈가』 등에서 개인적인 것의 사회적인 의미를 명쾌하게 파헤친 에바 일루즈가 에드가르 카바나스라는 공동 저자와 함께 바로 그런 책을 들고 나와주었다.

지금 우리 사회는 10년 전보다 더 많은 것을 개인의 책임으로 돌리고 있는 듯하다. 모두가 당연한 것처럼 각자도생을 부르짖기 때문에 개인의 노력, 개인의 태도 변화로 성공과 행복이 보장되지 않는다는 말이 무슨 큰일 날 소리처럼 들릴지도 모른다. '내가' 여느 사람들보다 아침 일찍 일어나 긍정적인 기운을 몸 안 가득 채우고, 말이 씨가 된다고 했으니 "나는 100억 부자가 될 거야." 같은 말을 입버릇처럼 하고, '내가' 나의 감정을 관리하고, '내가' 매일 감사 일기를 쓰고…… 행복은 이렇게 '나의' 의지로 도달할 수 있는 심리 상태들의 총합처럼 으레 생각되곤 한다.

그리고 10년 사이에 소셜네트워크가 발달하면서 행복한 나의 모습을 불특정 다수에게 전시하는 것이 긍정 행동의 한 갈래가 되었다. 긍정 행동과 자본주의의 공생은 내가 이러이러한 것을 구매하고/구경하고/입고/먹고/사용하고 얼마나 만족했는지 아느냐, 아름답고 행복한 나의 비결은 바로 이것이다, 라는 메시지를 대량 양산했다. 돈이 많이 드는 귀한 경험을 하더라도 '위화감'을 조성할까

봐 크게 드러내지 않으려던 얌전한 사람들의 시대는 갔다.

시대의 정서가 이미 이렇게 기울었더라도 사실 행복해지기 위해 긍정적으로만 생각하려는 정신의 태도가 과연 그렇게 자명하고 자연스러운 것인지는 생각해볼 필요가 있다. 미래에 발생할 수 있는 부정적 사태를 미리 생각하거나 두려워하는 것은 오히려 인간의 생존 본능에 가깝다. 또한 자기 자신과 우리를 둘러싼 세상을 비판적으로 성찰하지 않고도 행복해질 수 있으리라는 믿음에는 아무런 과학적 근거가 없다.

이 책을 번역하면서 볼테르의 「캉디드」가 자주 생각났다. 프랑스어에서 '캉디드(candide)'는 라틴어 '칸디두스(candidus, 빛나는 흰색의, 새하얀)'에서 유래하여 '순수한, 순진한'이라는 뜻으로 쓰인다. 캉디드는 그 이름에 걸맞게 얼굴과 성품이 순박하다. 게다가 어릴 적부터 스승에게 낙관주의 세계관을 교육받았다. 하지만 순진하다 못해 맹하다 싶은 캉디드조차도 인생의 역풍을 다 맞아보고는 "낙관주의는 상황이 나쁠 때도 모든 것이 최선이라고 우기는 광기"라고 말한다.

세상에는 '사상', 더 심하게는 '학(學)'의 탈을 쓴 광기들도 있다. 그래서 우리의 생존에는 비판적 사고가 필요하다. 사회의 변화를 여러 관점에서 읽어내고 무엇을 따르고 무엇을 거부할 것인지 주체적으로 결정하기 원하는 독자에게 이 책을 권한다.

이세진

해피크라시

1판 1쇄 발행 2021년 6월 10일
1판 2쇄 발행 2021년 8월 2일
지은이 에바 일루즈 · 에드가르 카바나스
옮긴이 이세진
펴낸이 이종호
편 집 김미숙
디자인 씨오디
발행처 청미출판사
출판등록 2015년 2월 2일 제2015-000040호
주 소 서울시 마포구 토정로 158, 103-1403
전 화 02-379-0377
팩 스 0505-300-0377
전자우편 cheongmipub@daum.net
블로그 blog.naver.com/cheongmipub
페이스북 www.facebook.com/cheongmipub
인스타그램 www.instagram.com/cheongmipublishing

ISBN 979-11-89134-25-9 03300

* 책값은 뒤표지에 있습니다.